La biblia del lenguaje

MW01059480

Paidós Psicología Hoy

Últimos títulos publicados

Judi James

La biblia del lenguaje corporal

Guía práctica para interpretar los gestos
y las expresiones de las personas

PAIDÓS
Barcelona • Buenos Aires • México

Obra editada en colaboración con Espasa Libros, S.L.U. – España

Título original: *The Body Language Bible. The Hidden Meaning Behind People's Gestures and Expressions*, de Judi James
Publicado en inglés, en 2008, por Vermilion, un sello de Ebury Publishing, Reino Unido

Traducción: Montserrat Asensio
Portada: Idee

Primera edición impresa en España: febrero de 2010
ISBN: 978-84-493-2337-9

Primera edición impresa en México: noviembre de 2013
Décima reimpresión en México: noviembre de 2017
ISBN: 978-607-9202-74-3

Impreso en los talleres de Encuadernación Domínguez
Progreso núm. 10, colonia Centro Ixtapaluca, Estado de México
C.P. 56530, México.
Impreso en México – *Printed in Mexico*

A mi madre, Renée Sale

SUMARIO

PRIMERA PARTE
INTRODUCCIÓN AL LENGUAJE CORPORAL

SEGUNDA PARTE
LENGUAJE CORPORAL EN LA PRÁCTICA

TERCERA PARTE
UTILIZAR EL LENGUAJE CORPORAL EN EL MUNDO REAL

CUARTA PARTE
LENGUAJE CORPORAL Y TRABAJO

INTRODUCCIÓN

El lenguaje corporal es el sistema de comunicación más importante, fluido, lírico y revelador con que contamos. Esta rama de la psicología de la conducta resulta sugerente, emocionante, fascinante y divertida, pero, al mismo tiempo, extraordinariamente frustrante. Como mecanismo de comunicación, el lenguaje corporal supone más del 50 % del impacto percibido de todos los mensajes transmitidos cara a cara; por lo tanto, hay que asumir las consecuencias de subestimar su poder y su influencia. Al crear y definir su propio lenguaje corporal y, por lo tanto, su propia imagen, evitará que la percepción que los demás puedan tener de usted se base en suposiciones y en malentendidos, en lugar de hacerlo en habilidades y en capacidades reales. Sin embargo, la cuestión del lenguaje corporal ha dado lugar a mucha confusión y gran parte de los consejos que se dan en la actualidad no son más que sandeces. Al hacer afirmaciones tales como que el lenguaje corporal «nos delata» y al analizar los gestos de un modo simplista, en un estilo que recuerda a las tiras cómicas (en la línea de «rascarse la nariz significa que se está mintiendo»), muchos psicólogos, magos televisivos y supuestos expertos han llevado a error a gran parte del público y han deteriorado lo que debería ser, fundamentalmente, un proceso instintivo y en ocasiones aleatorio, pero siempre revelador.

¿Cree que cruzar los brazos significa que se está a la defensiva? ¿O que si alguien se retoca el cabello está coqueteando? Si es así, ha leído los libros equivocados, porque el lenguaje corporal no es una ciencia exacta. Afirmar lo contrario resulta muy tentador, pero lo cierto es que un mismo gesto puede interpretarse de varias maneras, al igual que una misma palabra puede tener varios significados. Cruzar los brazos puede significar que se está nervioso o enfadado... o, sencillamente, que se tiene frío. Puede indicar malestar o ser un modo de levantar una barrera, pero también es lo que llamamos una acción descubierta, es decir, algo que hacemos, sencillamente, porque es cómodo. Tocarse la nariz puede indicar que uno se tapa la boca para ocultar una mentira, pero es igualmente probable que se rasque porque le pica. Muchos gestos son innatos, es decir, instintivos, y ejercemos muy poco control sobre ellos.

Para entender las palabras, debemos situarlas en el contexto de una frase; con los gestos del lenguaje corporal sucede exactamente lo mismo, excepto que, en este caso, la frase se compone del resto de los movimientos y de las señales. Y por ese motivo he escrito este libro. Durante mis cursos de formación y mis conferencias, una de las preguntas más recurrentes es qué significa este gesto u este otro, como si mis estudios y mi experiencia me hubieran otorgado una capacidad casi mística para leer la mente de los demás a partir de un único gesto o un solo parpadeo. No sacar a nadie de este error resulta muy tentador y sería más sencillo, pero debo admitir que las cosas no son tan simples. Por lo tanto, lo cierto es que:

- El lenguaje corporal emite miles de señales sutiles e inconscientes sobre el orador mientras éste habla.
- Estas señales pueden ser las responsables del éxito o del fracaso en cualquier aspecto de su carrera profesional o de su vida social y sexual.
- Lo más probable es que no sea consciente de la mayoría de las señales que emite.
- Los demás perciben el lenguaje corporal como una expresión de los pensamientos y de las emociones más

honesta y fiable que las palabras. Cuando los gestos son incongruentes con las palabras, se cree a los gestos.

- Si analiza las señales que emite y trabaja para mejorarlas, su imagen y su impacto sobre los demás también mejorarán.
- Si estudia las señales del lenguaje corporal de los demás y aumenta su percepción visual, le será más fácil identificar las emociones y los pensamientos que se esconden tras las palabras.
- Busque «pistas» o indicios, no «revelaciones». Esto implica percibir cada movimiento y cada gesto, y evaluarlo en el contexto de otros movimientos y gestos, sin aislarlos y encapsularlos con un único significado.
- Si lee a los demás, los entenderá mejor, por lo que su comunicación cara a cara será un cien por cien más efectiva.
- La buena noticia es que *todos* somos expertos en lenguaje corporal. Lo leemos sin cesar a partir de los quince minutos de haber nacido. Si dedica tiempo a estudiar, o a redescubrir, esta habilidad humana básica, conectará con algo que ha sido una parte fundamental de nuestra evolución social desde siempre.

He dedicado gran parte de mi vida profesional a lograr que el lenguaje corporal sea más accesible e, incluso, divertido, y me encanta aplicarlo a políticos, a miembros de la realeza, a personajes famosos y, obviamente, a los concursantes del *Gran Hermano* británico. Todos estos personajes hacen mucho hincapié en vender la imagen «correcta» al público, y resulta educativo (y muy divertido) estudiarlos y analizarlos, para descubrir qué es lo que puede estar ocurriendo entre bambalinas en realidad.

Sin embargo, hacer que un tema sea accesible no debería significar desvirtuarlo en «hechos» y «obviedades» que pueden entorpecer, en lugar de mejorar, un proceso comunicativo extraordinariamente efectivo.

Si interpretamos el lenguaje corporal de manera unidimensional, nos arriesgamos a situarlo en la misma categoría que otras teorías pseudocientíficas y no comprobadas, como la astrología. Sin embargo, a diferencia de lo que sucede con la astrología, puedo demostrar que el lenguaje corporal funciona. ¿Cómo? Observe a cualquier otro animal. El ser humano es el único que se comunica con palabras. El resto del reino animal se las arregla muy bien con lo que son, fundamentalmente, señales no verbales. Hace poco, dediqué varias horas a observar cómo se comunican los monos entre ellos; vi que existía una relación directa entre la eficiencia con que se comunicaban y su supervivencia. Al observar cómo una mona establecía vínculos con una cría de mono abandonada mediante señales de sumisión, una aproximación progresiva y algunos períodos de retirada completa, me di cuenta de lo mucho que perdimos cuando aprendimos a hablar. Es posible que las palabras hayan logrado que comunicarnos sea más fácil, pero también han hecho que nos sea más difícil entendernos, especialmente cuando se trata de emociones. Y, sin embargo, muchos de los gestos de los monos aún encuentran correspondencia en nuestras comunicaciones «de monos humanos».

La imagen y los procesos de marketing personal

La imagen es importante, probablemente más de lo que se piensa; el lenguaje corporal es un componente crucial de esa imagen y, por lo tanto, de cómo nos vendemos. Vivimos en una sociedad muy consciente de la imagen y que sigue los dictados de la misma, una sociedad en la que tener la mejor imagen gana por goleada a tener las mejores habilidades. ¿Es justo? Probablemente no, pero es lo que hay. Internet, los mensajes de texto y el correo electrónico han dado lugar a una cantidad enorme e inmanejable de información muerta, por lo que cada vez somos más conscientes de que dependemos de las señales y de los indicios visuales para saber qué hay de cierto tras todo ese sensacionalismo y esa exageración. La desconfianza y la necesidad de obtener pruebas de honestidad son tan intensas que las he identificado como el síndrome de «una imagen vale más que mil palabras». En todas las situaciones clave, desde los procesos de selección de personal hasta las elecciones a primer ministro, se tiende cada vez más a utilizar pruebas visuales en lugar de auditivas. Idealmente, las «pruebas» deberían proceder de las acciones, no de la imagen corporal, pero otro de los síntomas de la vida moderna es que vivimos en lo que se ha dado en llamar el culto a la competición por ver quién está más ocupado. En pocas palabras, el día no tiene suficientes horas para que podamos tomar decisiones ponderadas sobre las personas o sobre sus habilidades basándonos en lo que hacen o en lo que hayan podido hacer en el pasado.

Grandes negocios

En el trabajo, la imagen que se proyecta es fundamental. ¿Se ha sentido invisible alguna vez, o ha visto cómo su voz, sus ideas y su potencial se han perdido porque no ha conseguido transmitirlos a la audiencia? La comunicación frustrada es una enfermedad muy frecuente en el mundo de los negocios, y por eso ahora es más importante que nunca utilizar el lenguaje corporal como herramienta para avanzar. Si nadie escucha sus palabras, ¿por qué no deja que su cuerpo hable por usted?

Oímos sin cesar que el tamaño no importa, pero, si hablamos del mundo de los negocios actual, el tamaño es el que manda. Las empresas utilizan el tamaño como medida del éxito y, por lo tanto, se expanden de un modo que no tiene precedentes. Cuando formo a directivos, éstos suelen preguntarme cómo pueden detectar indicios de estrés o de conflicto en sus equipos. El problema al que se enfrentan es que sus equipos son tan numerosos que rara vez llegan a verlos, excepto cuando tienen tiempo para andar por la empresa o cuando tienen una reunión de crisis, por ejemplo por cuestiones disciplinarias.

Por lo tanto, si quiere introducirse en el mundo de los grandes negocios, tendrá que captar la atención de las personas importantes y, entonces, presentarse de la manera más positiva y rápida posible; normalmente, sólo dispondrá de algunos minutos. Esto ha llevado a muchos trabajadores a vivir en una cultura en la que no dejan de pronunciar argumentos de venta para venderse, precisamente, a sí mismos. Ahora, el marketing personal es una actividad muy popular en el ámbito corporativo, mientras que «pasar desapercibido y hacer bien el trabajo» ya no lo es.

Reacciones instintivas

¿Cuántas veces ha visto a alguien tomar decisiones importantes sobre otras personas «siguiendo su instinto»? ¿Le parece demasiado aleatorio? Muchos psicólogos afirman que las «reacciones instintivas» son, en realidad, decisiones tomadas con base en la integración de toda una serie de indicios visuales complejos que se captan inconscientemente. Los que apuntan a lo más alto de la escala corporativa también deben ser conscientes de ello.

Gordon Brown pronunció su primer discurso como candidato a primer ministro pocos días después de que Tony Blair hubiera anunciado la fecha en que abandonaría el cargo. Brown se esmeró en enfatizar que no se convertiría en un político estrella, preocupado por la imagen y por el marketing personal. Sin embargo, era obvio que se había cambiado de peinado y que podía presumir de una sonrisa blanqueada y de un traje sospechosamente bien cortado. Al día siguiente, los titulares de la prensa se centraron en las sombras que el *teleprompter* le había proyectado sobre el rostro. Consiguió instalarse en el número 10 de Downing Street, pero estoy segura de que no volverá a cometer esos errores.

Por lo tanto, la imagen es ahora más importante que nunca. Si ofrece la imagen equivocada, su talento oculto puede pasar desapercibido y no ser recompensado. Sin embargo, si ofrece la imagen adecuada, elevará su estatus, aumentará su atractivo y también sus probabilidades de ascender en la empresa.

La biblia del lenguaje corporal no trata únicamente de *su* imagen. Gran parte del libro versa sobre la habilidad de entender a los demás. Al estudiar la psicología de su propia comunicación, también logrará entender con mayor claridad el modo en que las personas que lo rodean trasmiten y reciben mensajes no verbales, por lo que aprenderá a leer entre las líneas de la comunicación cotidiana y obtendrá una ventaja psicológica evidente en cualquier situación.

Primera parte

INTRODUCCIÓN AL LENGUAJE CORPORAL

La primera parte de *La biblia del lenguaje corporal* lo guiará a través de la psicología de las señales corporales y le permitirá entender el cómo y el porqué de todos esos indicios no verbales.

En estos capítulos encontrará información fascinante sobre las señales animales que nos unen a nuestros ancestros evolutivos con una fuerza mucho mayor de lo que, probablemente, se cree. ¿Sabía usted que el coqueteo en el trabajo se relaciona con la sumisión, con la jerarquía y con el deseo de mantener la paz en la oficina? ¿O que saludar a un cliente con un apretón de manos y una sonrisa para establecer vínculos es un gesto que ha evolucionado a partir de la conducta de los simios? ¿Alguna vez se ha preguntado por qué, cuando un jefe o un compañero lo pone nervioso en una reunión de trabajo, acaba mordisqueando el bolígrafo o desmontando un clip? Encontrará la respuesta a estas preguntas y a muchas otras en las páginas que siguen.

La información que encontrará en esta sección del libro lo ayudará a entender mejor los procesos de comunicación, lo que le permitirá ser mucho más efectivo a la hora de interpretar y de transmitir señales de alto impacto. Obtendrá información privilegiada sobre los métodos instintivos que utilizamos tanto los seres humanos como los animales y sobre cómo y por qué leemos a otros seres humanos en menos de lo que tardamos en parpadear.

Capítulo 1

CÓMO SE HACE

Resulta difícil definir el lenguaje corporal «perfecto», pero lo haré, claro, porque para eso estoy aquí. ¡Quiero ayudarlo y quiero agradarle! A continuación, encontrará su primer dato básico, que describe el efecto percibido de las tres formas de comunicación. Es uno de los datos más importantes del libro, por lo que sería conveniente que se lo tatuara en algún lugar del cuerpo, no se le fuera a olvidar.

En la comunicación cara a cara, las palabras tan sólo suponen el 7 % del impacto percibido de la comunicación. El tono vocal supone, aproximadamente, un 38 %, y son las señales no verbales las que se llevan el gato al agua con, aproximadamente, el 55 %.

El segundo dato básico es que el modo en que se utilizan estas tres formas de comunicación puede marcar la diferencia entre las comunicaciones exitosas, que tienen significado y ejercen un impacto, y las comunicaciones a las que nadie presta atención o nadie cree. La clave reside en la congruencia.

Impacto percibido del mensaje
Palabras: 7 %
Tono de voz: 38 %
Señales no verbales: 55 %

Breve introducción a la congruencia

Se trata de la comunicación perfecta, en la que las palabras, el tono de voz y los gestos van al unísono. Transmiten el mismo mensaje y se complementan. Esto significa que se transmite una imagen honesta y genuina y que se habla totalmente en serio. La congruencia del lenguaje corporal es el objetivo fundamental de este libro.

Es crucial que la comunicación sea congruente. Quizá piense que es muy fácil conseguirlo si se es *realmente* sincero, pero no es así. La comunicación incongruente no sólo aparece cuando se miente o cuando se intenta engañar u ocultar algo. Las señales del lenguaje corporal pueden perder sincronía por varios motivos. El más habitual es la timidez o la vergüenza. La timidez genera torpeza física. Cuanto más observados y analizados nos sentimos, más torpe se vuelve el lenguaje corporal, así que cuando al final intentamos hablar, es muy poco probable que logremos transmitir las señales adecuadas. Quizá le digamos a un cliente que nos alegramos de verlo, y puede que sea totalmente cierto, pero si la timidez hace que dirijamos la vista hacia el suelo, si el apretón de manos es flojo o si cruzamos los brazos en un ademán de autoprotección, es muy poco probable que nos crea.

Consejos para ofrecer una imagen congruente

- **Céntrese en sus objetivos antes de hablar.**
  Así se motivará y conseguirá que sus palabras suenen veraces, lo que debería lograr que los gestos parezcan genuinos, en lugar de ensayados.
- **Véndase el mensaje a usted mismo antes de empezar.**
  Si cree en lo que dice, sincronizará el lenguaje corporal con las palabras.
- **Evite exagerar cuando intente ser convincente.**
  Si insiste mucho, es muy probable que los gestos no lo sigan.
- **Controle la respiración y relaje el cuerpo antes de hablar.**
  Cuando los músculos acumulan tensión, es imposible

que el lenguaje corporal parezca natural. Espire lentamente para relajar el cuerpo y sacuda con suavidad las
manos y los pies, para distender la musculatura de los
brazos y de las piernas.

- **Si acumula tensión en los hombros, el resto del cuerpo
también estará tenso.**
Rótelos hacia atrás y hacia abajo y estire el cuello hacia
arriba; así desbloqueará la postura.
- **Los gestos genuinos preceden a las palabras en una frac-
ción de segundo.**
Si nota que le cuesta añadir un gesto que avale lo que
acaba de decir, olvídelo y haga otra cosa con las manos.
- **Practique frente a un espejo de cuerpo entero.**
Si no está acostumbrado a hablar con el cuerpo, es posible que se sienta algo incómodo cuando empiece a va-
lidar sus palabras con gestos. Si practica un poco todos
los días, conseguirá sentirse, y parecer, más seguro de sí
mismo.
- **Visualícese hablando y gesticulando.**
La imaginación es una herramienta muy potente, y dedicar algunos minutos a la práctica virtual es casi tan útil
como hacerlo frente al espejo.
- **La congruencia también puede aplicarse a situaciones
de grupo.**
Llamamos congruencia postural al hecho de estar con
otras personas y permanecer sentados o de pie, según
cómo estén los demás, y puede interpretarse como uni-
formidad del grupo o aceptación por parte del mismo.

Breve introducción a la incongruencia

A ver, ¿quién no ha seguido el ritmo y quién ha pisado a
quién? Esto sucede cuando las palabras bailan el tango, el
tono de voz danza a ritmo de vals y el lenguaje corporal está
inmerso en el *break-dance*. Las señales no encajan y eso hace
que sus interlocutores perciban algo sospechoso en lo que

intenta transmitirles. No da la impresión de ser sincero. ¡Si ni siquiera su cuerpo está convencido de lo que dice! Suelo llamar autosabotaje a este tipo de lenguaje corporal.

Cuando las palabras, el tono de voz y el lenguaje corporal van cada uno por su lado, la comunicación es incongruente y eso genera una disonancia cognitiva en el interlocutor o en la audiencia, es decir, reciben señales contradictorias y no saben qué mensaje deben creer. En aras de su propia comodidad intelectual, optarán por la señal más fiable y eso quiere decir que, en general, aceptarán que el lenguaje corporal es el comunicador más honesto. Creemos que es más difícil manipularlo y, en muchos sentidos, es cierto. La única variable es que el oyente desee creerse la «mentira»; de ser así, decidirá creer las señales que transmitan el mensaje que desea recibir. Por ejemplo, alguien que esté locamente enamorado de su pareja podría creerlo cuando ésta le dice que también lo quiere, a pesar de que esté mirando a otra persona mientras lo dice.

Por lo tanto, hay que evitar las señales incongruentes. O, como alguien dijo una vez, hay que ser claro para no quedarse a oscuras.

Si las palabras no van a encajar con los gestos, es mejor que no diga nada en absoluto, porque, en el mejor de los casos, parecerá poco sincero y, en el peor, parecerá un mentiroso. Imagine que le dice a alguien que lo quiere mientras sonríe con suficiencia, o que intenta convencer a su mejor amiga de que le encanta su nuevo peinado mientras la mira con los ojos abiertos como platos del pasmo. Estas conductas son ejemplos de autosabotaje.

Los gestos incongruentes también pueden ser lo que llamamos señales ambivalentes. Esto sucede cuando no hay intención de engañar, pero igualmente se dice una cosa mientras el lenguaje corporal sugiere otra, lo que muestra a la audiencia los pensamientos contradictorios del orador y puede generar confusión.

Una vez asistí a una conferencia en la que el orador, procedente del sector financiero, era soberanamente aburrido. Si su manera de hablar hubiera podido embotellarse y venderse a hospitales, ya no necesitaríamos anestesias. Era tan aburrido que, de haber habido alguna ostra entre la audiencia, probablemente se habría planteado denunciarlo por suplantación de identidad. En algún momento, hacia el final del discurso, decidió afirmar que su empresa «sentía pasión por sus clientes». Acompañó esta afirmación tan exuberante con un rostro impasible y una mirada esquiva a la audiencia. Pensé que, si ésa era su idea de la pasión, su mujer me daba mucha pena. Ciertamente, no esperaba que empezara a hacerle el amor al proyector para añadir énfasis a sus palabras, pero me hubiera gustado que el entusiasmo le iluminara el rostro. Tanta incongruencia echó a perder el mensaje que quería transmitir.

Cómo eludir la incongruencia

- **Evite imitar a otras personas.**
  Aunque todos aprendemos por imitación, se puede ser demasiado obvio a la hora de «tomar prestado» el gesto característico de otra persona. Son lo que llamamos acciones absorbidas. A ellos les quedan bien, pero es posible que a usted le sienten como un postizo.
- **Si su trabajo lo obliga a hablar en público, grábese en vídeo mientras habla en contextos sociales y profesionales.**
  Detecte las diferencias en el modo de comunicarse. ¿Es como el doctor Jekyll y míster Hyde? ¿Da la impresión de estar interpretando un papel? Si es así, dedique tiempo a analizar las señales más naturales de su repertorio y elimine el resto.
- **Evite la técnica de la cara de póquer.**
  Quedándose inmóvil no logrará nunca que los otros crean que es más sincero, porque se preguntarán qué intenta esconder. Hacer pequeños movimientos genuinos es mejor que parecer una estatua.
- **Atención a los puntos de fuga no verbales.**
  Se trata de la esencia de la incongruencia: las palabras dicen una cosa, pero los pequeños gestos delatan algo

completamente distinto. Descubra cuáles son sus tics o «adaptadores». Los adaptadores son esos pequeños gestos que utilizamos para tranquilizarnos cuando estamos nerviosos o nos sentimos inseguros. ¿Se toca el pelo o se dedica a juguetear con los anillos? ¿Se recoloca las gafas más veces de las necesarias? Encuentre otra ocupación para sus manos, porque pueden delatarlo mientras habla.

Cuando empiece a trabajar sobre su lenguaje corporal, se dará cuenta de que hace movimientos de «autocontrol»; por ejemplo, se meterá la mano en el bolsillo, sólo para sacarla inmediatamente después, si nota que se trata de un gesto inadecuado. Es una fase normal en el aprendizaje, pero debe intentar superarla lo antes posible, porque da lugar a incongruencias. Intente decirse qué *quiere* hacer con las manos, en lugar de lo que *no quiere* hacer.

Las señales por defecto son las que parecen insuficientes ante un estímulo concreto. Por ejemplo, no ha logrado un objetivo, pero se queda sentado, con cara de póquer y sin apenas fruncir el ceño. Todo el mundo sabe que le hierve la sangre, por lo que disimularlo no le servirá de nada y, además, parecerá incongruente. Pase al siguiente nivel de honestidad, si puede, o salga de la sala, para desahogarse sin que nadie lo oiga.

Breve introducción al exceso de congruencia

Esto sucede cuando sus palabras, su tono de voz y sus señales no verbales están sincronizadas (algo bueno), pero se esfuerza demasiado en ello y acaba exagerando (algo malo). El tono de voz es demasiado fuerte y los movimientos, muy exagerados. Parece un estafador muy incompetente. O un político. Nadie está *tan* convencido de sus propias palabras. Tómese una ducha fría y cálmese. Vuelva a intentarlo cuando consiga parecer sincero.

Las comunicaciones excesivamente congruentes son enemigas de la sinceridad y hay que evitarlas a toda costa. Lo empalagoso no vende, a no ser que usted trabaje en un canal de teletienda.

Los discursos demasiado congruentes también se conocen como señales exterminadoras y resultan pesadísimos. Solían ser muy poco frecuentes, con algunas excepciones, como los científicos locos de la tele o los presentadores del Disney Channel, pero ahora el culto a la congruencia desmedida ha invadido las calles. Son gestos exagerados y contorsiones faciales que anulan el menor atisbo de sinceridad en cualquier comunicación.

Exceso de congruencia es Tony Blair con los ojos empañados y conteniendo las lágrimas al hablar sobre cualquier tema que pueda considerarse «algo triste». Es Gordon Brown tocando un piano gigante e invisible cuando apuñala el aire con los dedos índices mientras habla de algo no demasiado importante. Es la cajera del supermercado que lo saluda con una sonrisa fija o el jefe de equipo que da botes como una animadora pasada de vueltas mientras anuncia otro temido día de «convivencia», de esos que destruyen el espíritu.

Si lo hace *demasiado* bien, le saldrá rematadamente mal y la gente lo odiará, porque gracias a gente como Jeremy Paxman* pueden detectar a un farsante a kilómetros de distancia.

Cómo evitar el exceso de congruencia

- **Mantenga las manos dentro de la zona de congruencia (entre los hombros y la cintura).**
  Cuanto más eleve las manos, menos congruente parecerá.
- **Pregúntese si realmente es una persona alocada y desenfrenada y rebosa de entusiasmo sobre ese tema.**
  Si la respuesta es «no» (y le aconsejo que sea honesto consigo mismo), rebaje el tono en varios puntos.

* Presentador de la BBC, célebre por su estilo agresivo como entrevistador. *(N. de la t.)*

- **Póngase frente a un espejo de cuerpo entero y practique lenguaje corporal en un nivel decreciente de desenfreno.** Repita la frase «Vendemos los mejores productos al precio más reducido» e intente aparentar que se la cree. Empiece agitando los brazos de manera exagerada y vaya calmándose hasta quedar prácticamente inmóvil. Entonces, vuelva a incrementar gradualmente la intensidad, hasta alcanzar el nivel de movimiento adecuado.

Breve introducción al enmascaramiento

Sin embargo, el lenguaje corporal no sólo debe proyectar el mensaje «ideal». A diferencia de los animales, los seres humanos invertimos gran cantidad de tiempo en intentar eliminar las señales negativas. Esta supresión de pensamientos y de emociones recibe el nombre de «enmascaramiento del lenguaje corporal». Los animales suelen ponerlo en práctica por motivos ligados a la supervivencia. Los simios tienden a ocultar el dolor y la enfermedad, porque, en la naturaleza, cualquier signo de debilidad puede dar lugar a un ataque. Sin embargo, aunque la mayoría de los animales transmiten sus emociones y pensamientos abierta y honestamente, los humanos, inhibidos, preferimos cubrir con un manto de modestia cualquier manifestación espontánea o instintiva. Al igual que los remilgados personajes de la era victoriana cubrían las patas de las mesas y de las sillas, los seres humanos dedican grandes esfuerzos a evitar mostrar cualquier tipo de emoción desnuda y pura, a no ser que se encuentren en un partido de fútbol, donde se sueltan la melena por completo.

Este reparo a mostrar las emociones nos ha convertido en unos mentirosos verbales y no verbales muy prolíficos. Decimos que estamos bien cuando, en realidad, las estamos pasando moradas; nos hacemos los interesantes cuando lo cierto es que nos morimos de amor o de deseo; contenemos las lágrimas en los funerales; fingimos indiferencia cuando nos niegan un ascenso o no logramos un premio importante, y hacemos todo un alarde de estrategias de negación cuando nuestro compañero nos pregunta si se está quedando calvo o si se está convirtiendo en una bola de grasa. La vida se ha convertido en una lucha constante entre la faceta animal e instintiva y la faceta humana, social y estratégica de nuestra naturaleza. Enmascarar las emociones nos hace sentir superiores y más evolucionados.

Cómo enmascarar con eficacia

- **Enmascarar todo el lenguaje corporal es muy complicado.** En general, son las manos y los pies los que delatan las verdaderas emociones. Conviértalos en sus cómplices o manténgalos ocupados en otra cosa mientras enmascara sus emociones. Si una amiga le pregunta qué le parece su detestable nuevo novio, asegúrese de atarse los zapatos o de recomponerse la corbata mientras le contesta.
- **Si está muy nervioso antes de proceder al enmascaramiento, la verdad es el mejor remedio.** Cuando su pareja le pregunte si se ha olvidado de su cumpleaños, gritarle «¡Sí, claro que me he olvidado, soy una desconsiderada y una egoísta!» le despejará el camino para el siguiente enmascaramiento: «¡Era una broma! Claro que no me he olvidado, te he preparado una sorpresa para luego».
- **Analice siempre por qué quiere enmascarar la verdad antes de hacerlo.** ¿Cree que la verdad será muy dolorosa o que supondrá un grave perjuicio para su carrera profesional o su relación? ¿Se sentirá muy dolida su madre si le dice lo que piensa realmente del jersey que le ha tejido? ¿Y perjudicaría mucho su vida amorosa que le dijera a su pareja que el sexo con su ex era mejor? Las respuestas pueden ser un factor de motivación importante a la hora de elaborar una máscara convincente.

ades verbales y no verbales

Si las palabras son tan poco importantes a la hora de establecer una comunicación efectiva, ¿por qué hemos dejado de lado las habilidades no verbales? Al igual que el sexo, la habilidad con el lenguaje corporal *debería* ser algo natural, pero, por desgracia (y al igual que con el sexo), muy pocas veces es así. Los animales no necesitan manuales que les expliquen cómo indicar que tienen miedo, que están preparados para la lucha o que quieren cortejar a una hembra. ¿Por qué, entonces, el animal humano, con su inmensa inteligencia, se muestra tan confuso e intimidado ante los mensajes no verbales? ¿Cómo es posible que nos hayamos vuelto tan paranoicos y torpes en relación con un proceso que es tan sencillo que debería ser cuestión de coser y cantar?

La respuesta es que los animales se las arreglaban bien con el lenguaje corporal, pero los seres humanos (como de costumbre) decidieron modificar lo que ya era un sistema absolutamente eficiente. Dicho de otro modo: empezamos a hablar. Abrumados por la inteligencia que demostrábamos al inventar palabras, decidimos dejar de utilizar los ojos. En un esfuerzo por mantener el decoro social y la armonía, a partir de los 2 años, aproximadamente, les decimos a los niños que quedarse mirando a la gente es de mala educación. Fantástico. Dejad de mirar a otros seres humanos y dejad de leer su lenguaje corporal.

Entonces, subimos las palabras a lo más alto de la jerarquía de la comunicación. Gracias al uso desenfrenado de los mensajes de texto y del correo electrónico, nos gusta hacer como si el lenguaje corporal estuviera más extinguido que la grasa corporal de Victoria Beckham. Pero, si es así, ¿por qué es un factor tan importante en la vida moderna? Si las palabras son más importantes, ¿por qué los políticos hacen tantos malabarismos para conseguir que su imagen aparezca en la televisión o en la prensa en un intento de lograr más votos? ¿Por qué no se limitan a publicar las transcripciones de sus discursos? ¿Por qué las estrellas de Hollywood siguen pasándose horas poniendo morritos y posando en la alfombra roja, y por qué los procesos de selección incluyen entrevistas en las que se analiza la imagen del candidato durante más tiempo que su currículo?

¿Qué hace el lenguaje corporal que no hacen las palabras?

Los mensajes de texto y el correo electrónico han supuesto una gran revolución en la manera en que nos comunicamos, pero su capacidad de comunicación es limitada. Por muchos emoticonos y mayúsculas que utilicemos, ni los mensajes de texto ni el correo electrónico pueden transmitir emociones genuinas. Al igual que las básculas que nos dicen lo que pesamos, nos cuentan los hechos, pero sin significado ni actitud. Son la versión moderna del semáforo o del telegrama.

Lo mismo puede decirse de la comunicación cara a cara. Imagine a alguien que habla de manera monótona y sin valerse de la entonación o de los gestos para apoyar lo que quiere decir. Si entrara en una sala para decir que el edificio está en llamas, tendría muchos problemas para evacuar a alguien.

La cuestión es que, por mucho que queramos negarlo o pasarlo por alto, cuando se trata de mensajes importantes nos fiamos de la comunicación no verbal, porque si nos basamos sólo en las palabras, nos cuesta entender, recordar o creer lo que se nos dice.

Imagine que ha decidido llamar al trabajo para decir que está enfermo y que hoy no puede ir. Tiene que hablar con su jefe para venderle la mentira de que está en cama, tapado hasta las orejas, porque «algo me ha sentado mal». ¿Cómo preferiría transmitir el mensaje, por correo electrónico, por teléfono o por videoconferencia? Seguro que el cobarde que hay en usted se lanzaría al teléfono o al correo electrónico, porque la imagen lo delataría inmediatamente si optara por la comunicación visual. Si se decidiera por el teléfono, es muy probable que le pidiera a otra persona que llamara por usted y, entonces, le tocaría pasar por el ritual de analizar la respuesta del jefe, porque no lo ha visto. «¿*De verdad* ha sonado como si se lo creyera?» «¿Parecía enfadado?» «¿Estás *seguro* de que no ha sonado sarcástico cuando te ha dicho que esperaba que me mejorara pronto?» «Cuando ha dicho que podía tomarme todos los días que necesitara, ¿habrá querido decir que no hace falta que vuelva?»

Por lo tanto, las palabras a secas, es decir, el correo electrónico y los mensajes de texto, son para cuestiones triviales. Aunque pueda parecer genial valerse del correo electrónico o de mensajes de texto para dejar al marido, para despedir a un empleado o para decirle al director del banco dónde se puede meter la hipoteca, lo cierto es que se lo parece sólo porque tiene el trasero tan apretado de miedo que parece que le hubieran inyectado Botox.

Las palabras son también para los charlatanes y para los ansiosos; para las personas que creen que un correo electrónico es como un «correo certificado con acuse de recibo»; para los que temen que todos los mensajes tengan implicaciones legales, o para políticos de la vieja escuela que creen que la incontinencia verbal es el antídoto perfecto contra las preguntas incendiarias de Jeremy Paxman.

La sociedad moderna está saturada de palabras, pero ser bombardeado con demasiadas palabras no es lo mismo que entender mejor las cosas; de hecho, en la realidad es justo al contrario. La expresión psicológica «poda sináptica» describe el equivalente del filtro *antispam* del cerebro. El exceso de palabras en forma de llamadas telefónicas, de correos electrónicos, de mensajes de texto, de reuniones de trabajo y de conferencias o discursos inaugurales sólo consigue que el cerebro deje de atender. En lugar de adaptarse para poder absorber más información, ha evolucionado para deshacerse de gran parte de la misma, lo que quiere decir que eliminamos información útil junto a la inútil. También utilizamos más jerga, en un intento de crear atajos, pero la jerga suele ser tan rancia que, en lugar de activar la memoria, logra que desconectemos.

En cierto modo, las palabras son como las fotografías que se toman en vacaciones. ¿Alguna vez ha mirado las fotos de otro? ¿Hay algo más aburrido? La cuestión es que hay que estar allí. Para la persona que las ha tomado, evocan toda la experiencia, pero usted no ve más que un burro un tanto sarnoso o un atardecer como tantos otros.

Cuando se trata de comunicaciones importantes, las palabras no son más que una pobre representación de los pensamientos y de las emociones.

Palabras que funcionan

El cotilleo es la única comunicación verbal de alto impacto en el lugar de trabajo. Cuente un buen chisme sobre la jefa y el contable y, menos de un nanosegundo después, toda la oficina estará repitiendo la historia; ello se debe a que el cotilleo es la versión moderna de los cuentos y de las narraciones que se fijan en la mente gracias a que conjuran imágenes mentales muy potentes (aunque, probablemente, indeseadas si se trata de la jefa y del contable). Por lo tanto, hasta las comunicaciones verbales más interesantes requieren el apoyo de imágenes visuales fuertes.

Hablar sin tapujos es otro modo de transmitir información sin posibilidad de equívoco. Puede tomar como ejemplo al maestro de la claridad verbal, Simon Cowell. Después de escuchar a otro cantante sin talento en *Pop Idol*, Cowell se limita a decir: «Lo siento, me he aburrido soberanamente». Sí, es posible que utilice las palabras como si fueran cuchillos, pero, como mínimo, sabe que cuando habla deja muy poco margen a la ambigüedad.

Cuando enviamos un mensaje de texto o un correo electrónico, asumimos que el receptor interpretará las palabras que hemos seleccionado exactamente igual que nosotros, pero la vida nos demuestra a diario lo equivocados que estamos.

Volviendo a Cowell, es importante no subestimar ese pequeño 7% que supone el impacto verbal. Aunque nuestros oídos tienen su propio filtro *antispam*, especialmente cuando escuchamos a padres, a profesores, al pesado de la oficina o a nuestra pareja desde hace unos años contándonos cómo le ha ido el día en el trabajo, hay comunicaciones verbales que superan la barrera, por lo que hay que vigilar las palabras tanto como el tono de voz.

El valor de la palabra: descubra por qué las palabras no siempre importan

Puede hacer esta prueba en casa, para darse cuenta por fin del escaso valor de la comunicación verbal, especialmente cuando se usa sin otro apoyo.

Pídale a un amigo, a un familiar o a su pareja que se tienda en el suelo, con los ojos cerrados. Entonces, utilizando instrucciones verbales concisas y paso a paso, dígale cómo ha de incorporarse. Cada instrucción ha de ser gradual y específica y no puede utilizar el lenguaje corporal para transmitirla. No puede decir «date la vuelta» o «siéntate», pero sí puede decir cosas como «gira la mano 45 grados a la izquierda». Verá lo difícil que le resulta formular instrucciones claras, precisas y específicas sin utilizar señales no verbales. Es la manera más rápida de darse cuenta de que, lo que está en su mente, se queda en su mente. Lo que dice sólo transmite parcialmente lo que piensa. Cuando se pelee con este ejercicio, empezará a entender lo inespecíficas que son las comunicaciones verbales y cuánto esperamos que los demás nos lean la mente.

Puntos clave

- Recuerde que los diálogos verbales sólo suponen el 7 % del efecto percibido de la comunicación.
- Para elaborar un buen mensaje, es necesario ser congruente, es decir, las palabras, el tono de voz y el lenguaje corporal han de decir lo mismo.
- Entrénese para aumentar el poder de sus palabras. El discurso claro y conciso es fundamental a la hora de evitar comunicación «muerta».

Ahora ya conoce el impacto que ejercen las señales no verbales y por qué desempeñan una función tan importante en las comunicaciones cotidianas, por lo que ha llegado el momento de analizar por qué las utilizamos. Para entender la psicología de las señales que transmite el lenguaje corporal, estudiaremos la conducta de los simios y las lecciones que todos aprendemos durante la infancia. Si el porqué de la conducta humana no le interesa, pase directamente a los consejos prácticos que encontrará en la segunda parte (véase página 53). De todos modos, piense que si entiende mejor los motivos que subyacen a su conducta, logrará que el cambio y la mejora sean mucho más efectivos.

Capítulo 2

DEL MONO AL HOMBRE

¿Cuándo cree que utilizó el lenguaje corporal por primera vez? Aproximadamente a los quince minutos de vida, esa fue la primera vez. El ser humano es el único animal que se encuentra verdaderamente indefenso al nacer. Otros animales pueden luchar y buscar comida, pero los bebés se limitan a tenderse sobre la espalda y hacer una monería tras otra.

Y todas esas monerías son beneficiosas. De hecho, son fundamentales para la supervivencia, porque así es como los bebés consiguen que los adultos los cuiden; muy pronto, empiezan a imitar las expresiones faciales de quienes los rodean, porque así refuerzan los vínculos afectivos. A medida que crecen, esto se convierte en lo que llamamos una conducta adquirida, ya que, para comunicarse, los niños imitan a la perfección a todos los que se mueven en su entorno.

La mayor parte del lenguaje corporal que utilizamos se compone de conductas adquiridas, pero hay una parte más instintiva, que se remonta al proceso evolutivo. La aportación de padres, hermanos e iguales ejerce una gran influencia sobre la propia conducta, pero mucho de lo que hacemos tiene raíces bastante más profundas. Una visita al zoológico puede explicar gran parte del lenguaje corporal que utilizamos en la actualidad, sobre todo en el lugar de trabajo.

La vida es una lucha constante entre nuestra faceta animal e instintiva y nuestra faceta humana, lógica, estratégica y social. Estamos convencidos de que nuestra conducta está a años luz de la de los simios, pero lo cierto es que nos resulta imposible reprimir el instinto de luchar por el poder, por el estatus, por el espacio, por la comida y por el sexo. El simio interior es una voz muy potente en la mente del ser humano, pero ¿cómo influye en nuestra conducta cotidiana y en nuestro lenguaje corporal?

La supervivencia es la principal preocupación de los simios y del resto de los animales. Los seres humanos seguimos enfrentándonos a riesgos a diario, pero nos hemos vuelto inmunes a la preocupación constante por cómo obtener suficiente comida o por cómo evitar que otro ser humano más fuerte nos dé una paliza. Hemos desarrollado una mayor capacidad para la preocupación, el miedo y el estrés, pero la focalizamos sobre todo en cuestiones triviales, como la recogida de basuras, los ordenadores que se cuelgan o el politiqueo en la oficina. Nuestro lado «animal» aparece ante los domingueros sobre el asfalto, las carreras de carritos de la compra en el súper o incluso algunas llamadas telefónicas.

Al igual que sucede con los simios, nuestras vidas giran en torno a la jerarquía, el poder y el estatus, pero, a diferencia de ellos, ponemos menos énfasis en la fuerza y en la potencia física y más en la carrera profesional, en la clase social o en el nivel económico.

Nos guste o no, los instintos animales siguen desempeñando una función básica en la mayoría de las señales que transmite el lenguaje corporal. Cuando aparecen emociones intensas, resurge el simio que todos llevamos dentro. Analicemos, por ejemplo, los rituales de saludo. Retraer los labios indica sumisión o aceptación para la mayoría de los simios y nosotros hemos refinado esta señal para convertirla en la sonrisa del saludo; por eso nos molesta tanto que un colega se olvide de devolvernos la sonrisa a primera hora de la mañana. Nosotros le hemos comunicado que venimos en son de paz, pero, a cambio, hemos recibido una respuesta evasiva. En términos animales, es como si hubiera dejado abierta la opción de «pelear». Por lo tanto, no resulta sorprendente que una de las quejas que oigo con mayor frecuencia en las jornadas con ejecutivos sea: «Dije buenos días y le sonreí, pero no me hizo ni caso». Aunque pueda parecer algo sin importancia en el mundo de la empresa, en términos animales es muy serio.

El simio macho alfa pone de manifiesto su autoridad mediante la inmovilidad física y el uso del espacio, por eso es tan obvio que sir Alan Sugar es el que manda en el programa de la BBC *El aprendiz*. El enorme tamaño de la mesa de despacho y de la butaca transmite una señal de autoridad parecida a la de los simios, lo mismo que su impasibilidad mientras deja que los aspirantes a aprendiz parloteen y se peleen entre ellos.

Los miembros de la realeza utilizan todas estas señales con gran efectividad a la hora de establecer su posición jerárquica. Lady Di era el único miembro importante de la casa real británica que utilizaba técnicas de reflejo y que alteraba su propio estilo de lenguaje corporal para adaptarse a las pautas de quienes la rodeaban. Para la mayoría de los personajes reales, este descenso en la categoría jerárquica sería impensable. En términos de reflejo, la reina Isabel de Inglaterra se parece mucho más a un macho alfa, porque proyecta constantemente una imagen de impasibilidad y de ausencia de empatía física, esté con quien esté.

Los machos alfa proyectan poder mediante la fuerza, la impasibilidad y el espacio, mientras que las hembras alfa tienden a utilizar el acicalamiento, la comida y la atención a las crías para establecer su base de poder. El acicalamiento es para los monos lo que el cotilleo para nosotros: genera empatía y vínculos sociales. Las hembras alfa acicalan a otros monos para tranquilizarlos y establecer vínculos con ellos. También se valen del afecto, que luego emplean como una herramienta de negociación muy poderosa. Si otro mono se porta mal, le retiran las muestras de afecto hasta que vuelve a comportarse como es debido. ¿Le recuerda algo?

Peleas de monos

Los animales se pelean principalmente por dos cosas: la jerarquía y el territorio. Sin embargo, una vez que han establecido la jerarquía, la mayoría de los miembros de la colonia la
respetan en mayor o en menor medida, porque saben que la or-
ganización jerárquica es la mejor garantía de paz. Lo mismo
sucede en la mayoría de las oficinas: se plantean muy pocos
desafíos a la autoridad del jefe, por draconiano que sea o por
mal que les caiga a sus trabajadores. Es así porque los seres humanos temen más la incertidumbre que vivir de un modo que
les desagrada. Este mismo miedo afecta a la política. Por impopular que sea un líder, el mero hecho de que sea el líder
hace que conseguir que deje su puesto sea una tarea complicada. Los partidos de la oposición lo saben. Por mucho que la
población se queje o vote en contra del partido en el poder en
las elecciones locales «como toque de atención», deben tener
en cuenta el factor miedo si quieren ocupar su lugar.

Los retos a la autoridad son más habituales en las estruc-
turas familiares, porque cuando se ha criado a los hijos hasta
el punto en que ya pueden sobrevivir por sí mismos, la autoridad de los padres desaparece. «Porque lo digo yo» o «Mientras
vivas bajo mi techo harás lo que yo diga» son algunas de las
tácticas de poder verbales que más se oyen en las casas de todo
el mundo, pero, en general, no son más que faroles. Cuando el
hijo es más decidido o más atrevido que el padre (y, muy posiblemente, también más fuerte y más alto), hay muy pocas maneras de tenerlo bajo control.

Activación agresiva

Cuando los animales, y también los seres humanos, repri-
men la agresividad, generan un lenguaje corporal muy interesante. Al verse amenazados, los simios pasan a un estado
que se conoce como activación agresiva. Cuando hablamos de
seres humanos, éste es el momento en que el sistema nervio-

so autónomo entra en acción. El sistema nervioso simpático genera un estado adecuado para la lucha, es decir, la adrenalina empieza a fluir por la sangre, el ritmo respiratorio se altera, la musculatura se tensa y el vello corporal se pone de punta. Esto permite a los simios, y a los seres humanos, ejecutar un lenguaje corporal que se conoce como combate ritual: por ejemplo, amagar un ataque, con la esperanza de que nuestra fortaleza aparente intimide al oponente hasta el punto de rendirse.

Del mono al hombre: señales de activación agresiva en el ser humano

Ante una situación en la que un mono chillaría, se pavonearía y cargaría contra el oponente, su simio interior podría mostrar:

- Un parpadeo acelerado.
- Respiración rápida y superficial.
- Voz más aguda.
- Aceleración del pulso.
- Dientes apretados.
- Puños cerrados.

Combate ritual

En los simios, adopta la forma de golpes en el pecho, de zancadas, de saltos, de gritos y de mucho ruido. Si le suena mucho esta escena, pero le cuesta ubicarla, la próxima vez que dos equipos rivales se enfrenten en un partido de fútbol, dedique algo de tiempo a observar las gradas. Los seguidores de cada equipo hacen exactamente los mismos movimientos para intimidar a los rivales: sacan pecho, van arriba y abajo y gritan sin parar. Entonces, como sucede con los monos, llegan los amagos de ataque y las extrañas danzas rituales que pretenden encender un poco más a los asistentes. Normalmente, cuanto «más seguros» se sienten los seguidores, más exagerados son los gestos de poder simiescos, por lo que si hay mucha policía, todos se unen al alboroto, pero cuando hay posibilidad de que estalle una pelea de verdad, el combate ritual baja de intensidad.

Del mono al hombre: señales de combate ritual en el ser humano

Ante la situación en que un mono daría grandes zancadas de un lado a otro, se golpearía el pecho o agitaría los brazos, su simio interior podría:

- Dar zancadas.
- Hacer como que va a empujar al otro en el pecho.
- Andar con los brazos separados del cuerpo.
- Sacar pecho.
- Fruncir el ceño.
- Hacer el ariete (adelantar la cabeza al hablar).
- Señalar con el dedo.
- Agitar los puños.
- Gritar.
- Ponerse en jarras.
- Separar las piernas.

Señales de desplazamiento

Si pelear no es una opción, quizá porque el otro simio ocupa una jerarquía superior o, sencillamente, porque es más fuerte o más grande, surgen toda una serie de señales de desplazamiento. Aparecen cuando el miedo hace que sea necesario suprimir la agresividad. Entre los monos, este proceso suele acabar en agresiones autoinfligidas, ya que la frustración hace que dirijan la violencia contra sí mismos. En las mismas circunstancias, los animales humanos emplean técnicas similares. Si tiene un compañero de trabajo autoritario o un cliente que no deja de atosigarlo, quizá se dé cuenta de que dirige toda la agresividad contra sí mismo.

Del mono al hombre: señales de desplazamiento en el ser humano

Ante la situación en que un mono se tiraría del pelo hasta arrancárselo, su simio interior podría:

- Morderse las uñas.
- Tirarse de los dedos.
- Tirarse del pelo.
- Rechinar los dientes.
- Rascarse con agresividad.
- Mascar chicle.
- Golpearse la mano con el puño.

Señales de distracción

Por último tenemos las señales de cortejo o de redirección. Cuando un simio se siente atacado, es frecuente que haga gestos que, en apariencia, son totalmente incongruentes e incluso contraproducentes, como bostezar, acicalarse o rascarse. Hasta puede empezar a cortejar a otro. Quizá crea que ya sabe de qué va todo esto. Los seres humanos coquetean cuando están con alguien que les gusta. Pero ¿qué pasa con los coqueteos en el trabajo? ¿Y con esa gente que coquetea a diestro y siniestro, ya sea con hombres, con mujeres, con jóvenes o con no tan jóvenes? ¿Es que les gusta todo el mundo en el edificio? ¿Son *ninfómanos* corporativos? Es posible, pero no muy probable. El coqueteo humano puede parecerse a las señales de cortejo de los simios. Y los simios emplean estas señales como parte de lo que se denomina proceso de distracción. Sí, cortejan para obtener sexo, pero también lo hacen para mostrar sumisión ante otro simio al que perciben como una amenaza. Las señales de cortejo son muy intensas, pero no tienen el objetivo de promover el acto sexual, excepto en la mente del simio más fuerte. Frente a un simio muy musculoso, los más débiles suelen agacharse y mostrar el trasero, con el objetivo de distraerlo y de redirigir sus pensamientos desde la violencia hacia el sexo. Pero el sumiso no quiere sexo. Es una estratagema. Del mismo modo, gran parte del coqueteo en el puesto de trabajo no es más que una estratagema para mantener la armonía y evitar el conflicto. La próxima vez que alguien lo mire con ojos dulces, lo halague, o se incline sobre su mesa para alcanzar la grapadora, recuerde que es posible que se trate más de un intento de mantener la paz que de seducirlo.

Del mono al hombre: señales de distracción en el ser humano

Ante la situación en que un mono enseñaría el trasero, la versión humana de las señales de distracción puede consistir en:

- Sonreír mientras se establece contacto visual.
- Prolongar el contacto durante un apretón de manos.
- Recorrer con la vista el cuerpo del otro.
- Reírle las gracias al jefe.
- Correos electrónicos sugerentes.
- Halagos sobre la ropa, el peinado, el perfume o una pérdida de peso.
- Movimientos de aproximación.
- Muestras de atención excesiva, incluso en momentos de aburrimiento intenso.

El niño interior

Saltémonos unos cuantos ciclos evolutivos y pasemos a su propia infancia, cuando aprendió a utilizar el lenguaje corporal para sobrevivir y para obtener recompensas. Cuando sonreía, todos se volvían majaras, y cuando su rostro se contraía para llorar o gritar, veía el miedo reflejado en las caras de los adultos, la primera muestra del poder de los bebés.

A partir de ese momento, utilizó el lenguaje corporal para sus propios fines. Los niños pequeños son egocéntricos, por lo que su lenguaje corporal funciona más o menos así: cuando necesitan comida o atención, gritan o lloran, la sangre se les sube a la cabeza y empiezan a golpear el aire con los puñitos. Si la comida que les traen no les gusta, hacen una mueca de asco y empiezan a mover la cabeza de un lado a otro. Cuando se enfadan, cruzan los brazos, bajan la cabeza y adelantan el labio inferior. Los celos les desfiguran el rostro si otro niño tiene algo y ellos no.

Si mienten, intentan cubrirse la cara con las manos y no les importa en absoluto tener una rabieta en un lugar público.

También desarrollan un sistema muy sofisticado para calmarse y consolarse a sí mismos. A veces se chupan el dedo o se frotan con la mantita de la cuna. En otras ocasiones, se mecen en el carrito o mordisquean juguetes.

Obviamente, usted ya ha superado todo eso, ¿verdad? Es cierto que no se sienta en una reunión de trabajo con el pulgar en la boca, ni se tira al suelo en el despacho del jefe, gritando y pataleando, cuando éste le dice que no le va a subir el sueldo.

Rituales de manipulación

A estas alturas, ya supondrá que estoy a punto de decirle que, tanto si se da cuenta como si no, aún se vale de muchas de estas pautas de conducta de lenguaje corporal. Es posible que ya no se chupe el dedo, pero estoy segura de que ha encontrado algún tipo de sustituto para llevárselo a la boca cuando se siente presionado. ¿Los hombres maduros se enfurruñan y hacen mohínes con el labio inferior cuando las cosas no les salen como quieren? Écheles un vistazo a José Mourinho y a Simon Cowell. Ambos han convertido la expresividad del labio inferior en todo un arte.

Muchas de estas conductas aniñadas son lo que llamamos remotivadores pseudoinfantiles, es decir, ofrecemos una apariencia de indefensión o de vulnerabilidad para motivar a un tercero para que se muestre amable, para que no nos critique o incluso para que nos cuide.

Gestos que consuelan

Le guste o no, conserva muchos de los gestos del lenguaje corporal de los bebés y los seguirá utilizando durante toda su vida. Se convierten en gestos de consuelo, como juguetear con algún objeto o acariciarse, algo que todos hacemos para estimular una sensación de felicidad o de relajación; en gestos agresivos, como colgar el teléfono con violencia o salir de una sala bruscamente cuando no nos salimos con la nuestra, o incluso en gestos manipuladores más infantiles, como intentar parecer simpático, dulce y sumiso cuando queremos gustar o conseguir que alguien haga algo por nosotros.

Cuando se trata de las señales del lenguaje corporal, los que están al mando son su niño interior y su simio interior. Es fundamental que sea consciente de estas influencias si quiere modificar su lenguaje corporal con el objetivo de aprovechar al máximo todas las situaciones; si no, las comunicaciones seguirán siendo muy incongruentes, es decir, las palabras, el tono de voz y las señales no verbales no estarán sincronizadas en absoluto en los momentos más importantes.

Del bebé al adulto

¿De niño...?	¿De adulto...?
Se chupaba el dedo.	Chupa o mordisquea bolígrafos.
	Fuma.
	Se toca los labios o se mete los dedos en la boca.
Se quedaba quieto o se escondía.	Se cruza de brazos.
	Se toca la cara o se cubre el rostro parcialmente.
	Encorva los hombros.
	Se mete las manos en los bolsillos.
	Evita el contacto visual.
Lloraba.	Adelanta el labio o la mandíbula inferior cuando se siente presionado.
	Se frota los ojos con los dedos o con los nudillos.

Se cubre el rostro con el cabello.

Frunce los labios en lugar de sonreír.

Habla en voz muy alta.

Tenía rabietas.　Cuelga los teléfonos de golpe.

Hace gestos ruidosos, como golpear la mesa o dar golpecitos con el bolígrafo.

Se pasa la mano por el cabello.

Se rasca o se acaricia la coronilla.

Aprieta los labios.

Se queda mirando fijamente.

Lenguaje corporal adulto

Cuando los lóbulos frontales empezaron a desarrollarse, aprendió a compartir y a mostrar empatía; también dejó de ser tan egocéntrico y sintonizó más con las necesidades y los deseos de los demás. Empezó a mostrar una conducta estratégica y a analizar los resultados a largo plazo, en lugar de vivir en el aquí y en el ahora.

En la edad adulta, tres factores clave, o «voces», dictan sus elecciones conductuales:

1. **La voz instintiva, o el simio interior**
   Esta voz lo dirige hacia la consecución de recompensas inmediatas. Es decir, lo quiero, lo cojo y al diablo con las consecuencias. Éste es su guerrero o su cobarde interior, en función de las circunstancias. Piensa rápidamente y actúa a una velocidad aún mayor. Quizá piense que lo tiene controlado; sin embargo, tiene la mala costumbre de aparecer a través de los gestos más pequeños, pero más delatores, y les hace saber a los demás lo que siente *verdaderamente*.

2. **La voz social, o el diplomático interior**
   Ésta es su voz adulta, la que piensa a largo plazo y muestra empatía. Conoce la diferencia entre los beneficios a corto y a largo plazo de una situación y lo dirigirá hacia los segundos. En términos de lenguaje corporal, es el

enmascarador supremo, esconde todos los gestos instintivos, como los gruñidos, los ceños fruncidos, los mohínes y las miradas fijas, sustituyéndolos por una sonrisa
luminosa y un labio superior liso.

3. **La voz lógica**

   Es el ordenador interior, el que procesa datos y cifras y
   genera un pensamiento claro; el que hace caso omiso
   de las emociones y el que decide fijarse en los detalles.
   Esta voz no se hace oír demasiado en algunas personas,
   pero, en otras, ocupa la posición principal y da lugar a
   poca actividad del lenguaje corporal y a muchos movimientos que recuerdan a los de los robots.

La voz instintiva es la más rápida y la que más grita, pero
(con frecuencia por motivos de pura supervivencia) hemos
aprendido a controlarla y a enmascarar sus señales no verbales. Esto significa que su lenguaje corporal es como un *collage*,
el resultado de tres voces distintas que intentan hacerse oír simultáneamente.

Veamos un ejemplo. Imagine que trabaja en una zapatería
y que está atendiendo a un cliente infernal. Es exigente y maleducado y ahora quiere probarse el decimosexto par de zapatos. Su simio interior le dice que le meta ese par de zapatos
por donde le quepa, pero su diplomático interior le explica
que no es más que un comprador meticuloso y estresado después de una dura semana de trabajo. No es que sea maleducado, es sólo que lo está pagando con la primera persona que se
ha encontrado. Mientras tanto, su voz lógica le informa con
gran paciencia de que golpear al cliente dará lugar a un des-
pido y, probablemente, a una visita de la policía. Le recuerda
que tiene una hipoteca y que necesita el trabajo para conser-
var un techo sobre su cabeza.

Ahora, rebobinemos. Tiene todas estas voces en la cabeza,
pero ¿cómo se traducen en su lenguaje corporal?

Pues bien, su voz social le ha colocado una sonrisa en la
cara, para darle un aspecto agradable. Sin embargo, el simio
interior ha hecho que la sonrisa parezca demasiado rígida. Los

labios tensos forman un rictus que indica más un ataque inminente que una muestra de afecto. La voz social hace que asienta mientras escucha las quejas del cliente, pero el simio interior le ha transformado las manos en puños con los nudillos blancos de la tensión y los dientes están tan apretados que apenas puede pronunciar la palabra «enseguida».

Sin apenas darse cuenta, el cliente infernal edita todos estos mensajes contradictorios y (sin ni siquiera entender el complicado proceso que se está desarrollando) borra todas las señales empáticas y atiende únicamente a las del simio belicoso. Así que, o bien intensificará sus muestras de agresividad o bien lo dejará plantado para ir a quejarse de usted al encargado.

Puntos clave

- El lenguaje corporal supone más de la mitad del impacto percibido de su comunicación.
- La credibilidad del lenguaje corporal es más elevada que la de las palabras: si las palabras y los gestos transmiten mensajes contradictorios, el interlocutor creerá al lenguaje corporal.
- El lenguaje corporal no es una ciencia exacta, pues un mismo gesto puede tener varios significados.
- Ya es casi un experto en lenguaje corporal: lleva practicando desde los quince minutos de vida.
- Su niño interior y su simio interior afectan a gran parte de su lenguaje corporal.

Segunda parte

LENGUAJE CORPORAL EN LA PRÁCTICA

Los siguientes capítulos tratan de usted y de cómo puede utilizar su imagen para tener éxito en la vida. Aquí hallará consejos e información general; más adelante, encontrará situaciones y contextos más específicos.

Va a tener que esforzarse. Espero que no le importe. Tal y como dicen, quien algo quiere algo le cuesta. Nos divertiremos y también discutiremos, pero le prometo que el esfuerzo valdrá la pena.

Los primeros pasos físicos que tendrá que dar están orientados a modificar el «estado» de su lenguaje corporal, para aprovechar al máximo el impacto que ejerce sobre los demás. En este punto *La biblia del lenguaje corporal* deja de ser una lectura interesante para convertirse en un manual de ejercicios.

Capítulo 3

CONSIGA QUE EL LENGUAJE CORPORAL JUEGUE A SU FAVOR

Siempre resulta fascinante descubrir por qué hacemos lo que hacemos, pero asimilar toda la información y utilizarla para lograr cambios es mucho más complicado. Sin embargo, el cambio es fundamental, porque es el único modo de conseguir un lenguaje corporal excelente. Cambiar supone un desafío, pero los cambios son el pavimento del camino hacia el carisma. Siguiendo con la metáfora, añadiré que la timidez, la vergüenza y la pereza son el barro y el moho resbaladizos que hacen que nos tropecemos o que nos quedemos encallados.

Un consejo: cuando empiece a aplicar los cambios, tenga sus objetivos siempre presentes. Cuando aprendió a conducir, seguramente pensaba en la libertad que le daría el automóvil. Cuando busca una ruta concreta en un mapa, dedica tiempo a estudiar las carreteras, porque sabe exactamente adónde quiere llegar. Los perros saben que, si se portan bien, obtendrán un premio, como una galleta o un hueso. Cambiar su lenguaje corporal sin un motivo concreto es como aprender a conducir sabiendo que nunca tendrá coche. Por lo tanto, visualice su «nuevo yo» antes de empezar a modificar cualquier gesto y céntrese en los beneficios que obtendrá cuando se haya convertido en un experto del lenguaje corporal.

El factor parpadeo: analizar y evaluar sus primeras impresiones

¿Cuánto tardan los demás en evaluarlo? Probablemente lo mismo que tardan en parpadear. Cuando entra en una sala, los demás sienten el impulso animal de valorarlo visualmente, por mucho que parezca que no le prestan atención.

Este impulso forma parte de la respuesta de lucha o huida, fundamental para la supervivencia. La primera información que necesitan obtener es si parece constituir una amenaza para ellos o no. A continuación, el proceso se convierte en una especie de orgía visual, en la que intentan descubrir su estatus, a qué se dedica, por qué está ahí, su atractivo sexual, etc. Y no sólo sucede con las personas que lo ven por primera vez. En el mundo de los negocios, el factor parpadeo es constante. Todos los días lo examinan con esos mismos ojos, que intentan valorar su capacidad para asumir el control o para mostrarse sumiso, las posibilidades de lograr que se quede a trabajar hasta tarde, de que les traiga un café, de que les explique cómo funciona el sistema informático o de que dé un paso más en el intercambio de correos electrónicos picantes cuando bajen a tomar una copa al bar.

El parpadeo

Las señales de «parpadeo» proceden de uno, de varios o de todos los factores siguientes:

- La mirada o el contacto visual.
- La postura.
- Los gestos.
- La expresión facial.
- El contacto físico.
- La conducta espacial.
- El aspecto físico (¡incluye el olor!).
- La ropa.

¿De cuántos de estos factores cree ser consciente cuando se encuentra con gente o cuando entra en una sala o en un despacho? Unas cuantas preguntas rápidas:

- ¿Sabe cómo son sus expresiones faciales o, por el contrario, las *nota* y supone que están bien?
- ¿Dedica unos segundos a erguirse y a relajarse antes de entrar en una sala? ¿O entra arrastrando los pies, esperando que nadie perciba su presencia?
- ¿Presta atención a los detalles de su aspecto físico? ¿Lleva las uñas siempre limpias y con aspecto impecable? ¿O a veces sale de casa apresuradamente, esperando que nadie se dé cuenta de los fallos o que, en todo caso, los atribuyan a su *look* bohemio?
- Cuando habla, ¿se le descontrolan las manos? ¿Suelen decirle que agita demasiado los brazos? ¿Las manos siguen su propia conversación, por mucho que intente que se estén quietas?
- ¿Es consciente de sus tics, de sus muletillas o de cualquier otra conducta que empeore cuando está bajo presión?
- ¿Alguna vez hace el esfuerzo consciente de mantener las manos bajo control, metiéndoselas en los bolsillos, entrelazándoselas a la espalda o cruzando los brazos?
- ¿Alguna vez ha utilizado un bolso o un bolígrafo para mantener las manos ocupadas?
- ¿Es consciente de la distancia que mantiene con los demás cuando habla?
- ¿Su apretón de manos es firme? ¿Está seguro de que es bueno y de que sabe exactamente cuándo utilizarlo o cuándo instigarlo?
- ¿Los pies se le mueven o dan golpecitos en el suelo cuando está sentado? ¿Las piernas se balancean o saltan?
- ¿Evalúa su contacto visual, intensificándolo en ocasiones, para dar una impresión positiva, o permite que dependa de sus emociones y lo utiliza menos cuando se siente inseguro o intimidado por una personalidad más fuerte?

Consejos prácticos para un lenguaje corporal perfecto

Esto es lo primero que debe saber si desea trabajar su lenguaje corporal, aumentar el impacto que ejerce sobre los demás y maximizar las probabilidades de éxito:

Primer paso: marcarse objetivos

Si estuviera a punto de disparar un arma, le darían tres órdenes básicas:

PREPARADOS
APUNTEN
¡FUEGO!

El orden de estas tres palabras es sencillo, pero crucial para estar seguro de acertar en el blanco. Sin embargo, ¿cómo se comunica el mensaje ahora?

PREPARADOS…
¡FUEGO!
… Mmm…, ¿apunten?

Con esta técnica, se logra aproximadamente la misma tasa de éxito que cuando se dispara una pistola sin haber apuntado con la esperanza de dar en el blanco. Y, además, ¡es muy peligrosa!

Hablar sin pensar es un problema muy habitual. Lo que sucede con las conversaciones y los intercambios comunicativos es que, con mucha frecuencia, no nos molestamos en apuntar antes de disparar. Somos un tanto laxos en lo relativo a la planificación de los objetivos. Y esto es especialmente cierto cuando hablamos del lenguaje corporal. No vemos nuestro propio lenguaje corporal, por lo que tendemos a dejar que vaya por libre. Sin embargo, al igual que sucede con los niños mimados, acaba convirtiéndose en un problema.

¿Cuándo fue la última vez que «apuntó» con su lenguaje corporal? Apuesto a que, si sabía que se avecinaba una conversación complicada y dispuso de tiempo para planificarla y prepararla, dedicó todo el tiempo a pensar *qué* iba a decir, en lugar de *cómo* decirlo. ¿Y si hablamos de cómo se acerca a alguien que le gusta? Miles de artículos en revistas masculinas ensalzan las virtudes de distintas frases para ligar, pero muy pocos describen qué postura debe adoptar el chico si quiere impresionar a la chica.

Al igual que el resto de los aspectos comunicativos, el lenguaje corporal debe estar muy bien sintonizado con los objetivos que se haya marcado.

Tiene que apuntar a cuatro tipos de objetivos en lo que respecta a la imagen:

- **El objetivo de «lo que ha logrado en la vida»:** es la imagen que quiere proyectar de manera regular y a largo plazo.
- **El objetivo estratégico:** modificar la imagen y el impacto que ejerce para adaptarse a unas circunstancias a corto plazo.
- **El objetivo profesional:** adoptar una imagen corporativa o más profesional, que encaje con la carrera que haya escogido.
- **El objetivo por funciones:** adoptar distintas imágenes en relación con las distintas funciones que desempeña y las responsabilidades que adopte, como las de padre, hijo, esposo, miembro de un equipo, amigo, etc.

Si conoce sus objetivos, ya tiene mucho ganado a la hora de entender cómo maximizar las técnicas de lenguaje corporal para alcanzarlos. Sin embargo, si no los tiene claros, está destinado a parecer un tonto de remate.

Antes de entrar en una reunión o en una situación importante, dedique unos momentos a crear los objetivos de imagen específicos para ella. Pregúntese:

- ¿Cómo quiero que me perciban?
- Si llevara una camiseta con un lema que nos describiera a mí y a mi personalidad, ¿qué querría que dijera?
- ¿Qué lenguaje corporal puedo utilizar para transmitir esas palabras?

Dedique unos momentos más a visualizar esas palabras. Para ello, puede basarse en normas y en conocimientos muy básicos sobre el lenguaje corporal. Por ejemplo, si en la camiseta aparece la expresión «Seguro de sí mismo», visualice a personas a las que conoce y que están seguras de sí mismas y véase actuando del mismo modo que ellas. Esta técnica es una herramienta de aprendizaje fantástica, porque se basa en el mismo sistema que utilizó en la infancia para aprender a moverse y a gesticular: el juego y la imitación.

Como estrategia básica, puede crear una especie de juego de herramientas de lenguaje corporal que le permitirá lograr mejoras instantáneas, por ejemplo:

Si su objetivo es transmitir seguridad en sí mismo

Las herramientas de lenguaje corporal son:
- Contacto visual firme.
- Postura erguida.
- Gestos abiertos.
- Expresión facial relajada.
- Sonrisa.

Si su objeto es transmitir simpatía

Las herramientas de lenguaje corporal son:
- Sonreír.
- Asentir.
- Apretón de manos afectuoso.
- Contacto visual dulcificado.
- Mirar de frente al interlocutor.

Si su objetivo es transmitir prestigio o liderazgo

Las herramientas de lenguaje corporal son:
- Apretón de manos firme.
- Buen contacto visual.
- Postura erguida.

- Sentarse en el centro o adelante.
- No mover las manos ni agitarse en la silla.
- Gestos fluidos que transmitan empatía.

Si su objetivo es transmitir tranquilidad

Las herramientas de lenguaje corporal son:
- Respiración pausada.
- Movimientos corporales fluidos y sincronizados.
- Hombros relajados, ni tensos ni encorvados.
- No jugar con los dedos.
- Recostarse en la silla.
- Codos en los brazos de la silla.
- Manos entrelazadas suavemente.

¿Modificar así el lenguaje corporal lo convierte en un mentiroso? ¿Acaso no debe ser «usted mismo»? ¿Esto no es engañar a la gente, dar una imagen falsa y no ser fiel a uno mismo?

Refinar o modificar las señales que transmite con el lenguaje corporal es algo natural. Aprendió la mayor parte del mismo por imitación y no hay nada de malo en aumentar el repertorio. Seguro que le parecería bien aprender nuevas palabras para expresarse, así que ¿por qué no aprender nuevos gestos?

Otra verdad sobre el lenguaje corporal es que cuando las personas creen ser «ellas mismas», hay muchas probabilidades de que, en realidad, no lo sean. La mayoría de las personas a las que asesoro se sienten avergonzadas la primera vez que ven su lenguaje corporal grabado en vídeo, porque no hacen lo que pensaban estar haciendo y tampoco dicen lo que habían querido decir. Cambian, porque no transmiten el mensaje adecuado.

Uno de los cambios fundamentales que apliqué a mi propio lenguaje corporal fue que dejé de parecer tímida. Soy tímida y me siento tímida, pero la timidez no es buena para mi trabajo. Y, peor aún, me malinterpretaban: todos creían que era una estirada arrogante.

Segundo paso: aproveche sus puntos fuertes

Cuando se fije los objetivos de imagen, asegúrese de escoger el conjunto de competencias adecuado. Analice sus VVU (valores de venta únicos) e intente aumentarlos, en lugar de anularlos o de reprimirlos. Modificar es bueno, pero el enmascaramiento a escala industrial no lo es. Resulta muy complicado y las grietas aparecen rápidamente.

Éste es el mecanismo por el que su lenguaje corporal se convierte en una herramienta de comunicación:

- Habla con alguien.
- Mientras habla, gesticula y muestra distintas expresiones faciales.
- Sus interlocutores ven todo esto.

Hasta aquí, todo parece muy sencillo. Sin embargo, el proceso es mucho más complejo. Lo que sucede a continuación es lo que llamamos «álgebra cognitiva», expresión que describe el siguiente proceso de valoración a través de señales visuales:

1. **Primera fase: explorar**
   Se da cuando le hacen un barrido general con la mirada. Se trata de la fase que denominamos «generación de estímulos». Hace un gesto; por ejemplo, se cruza de brazos. Y ellos lo ven. Si fueran a declarar ante un tribunal, todos jurarían sobre un montón de biblias que eso es lo que hizo.
2. **Segunda fase: analizar**
   Su «interlocutor» empieza a fijarse y a analizar conscientemente los estímulos que genera.
3. **Tercera fase: comprender**
   De manera consciente o inconsciente, el «interlocutor» intenta asignar significado a lo que ha hecho. ¿Qué le dice ese gesto? ¿Tiene frío? ¿Está enfadada? ¿Acaba de darse cuenta de que no lleva sujetador? Ahora la comunicación escapa a su control.

4. Cuarta fase: asimilar

Su interlocutor empieza a relacionar lo que acaba de ver con sus recuerdos. Es un proceso de evaluación consciente. Se basará en su experiencia previa con el gesto que acaba de presenciar, para emitir un juicio sobre su personalidad o sobre su estado de ánimo. Busca en sus bancos de memoria para establecer relaciones, es decir, intenta entender el gesto que acaba de hacer relacionándolo con otro momento en el que presenció el mismo gesto y recordando lo que entonces quiso decir. Como comprenderá, este proceso de asimilación de información está muy sesgado, especialmente cuando hablamos de lenguaje corporal. ¿Y si no evalúa bien sus experiencias pasadas?

5. Quinta fase: responder

Podría ser algo parecido a: «Una vez tuve una profesora que cruzaba los brazos cada vez que me reñía. Por lo tanto, esta persona me cae mal, porque me da la impresión de que está siendo dominante y dictatorial». O bien: «Siempre que estoy nervioso o me siento inseguro me cruzo de brazos. Pobre, me da pena, me esforzaré por hacer que se sienta cómoda».

Por eso es tan importante evaluar las señales que se emiten con el propio lenguaje corporal y esforzarse en entender cómo afectan a los demás. Si es consciente de que cruzándose de brazos puede dar la impresión de que es distante o incluso agresivo, podrá empezar a mejorar la calidad de sus señales, o bien *dejando* de cruzar los brazos o bien minimizando toda connotación negativa al equilibrar el resto de los gestos, para generar armonía.

Aprovechar sus puntos fuertes implica conocer sus VVU y utilizarlos al máximo. Cuando trabaje su imagen, asegúrese de acentuar los puntos positivos y de enmascarar los negativos. Adapte sus cualidades a la situación y evite actuar estrictamente sobre la base de suposiciones, como, por ejemplo: «Sé que le caigo bien a este cliente, porque siempre le hablo claro». Es posible que le guste *a pesar* de que siempre le habla claro. O bien: «Nunca le gustaré, me pongo demasiado nerviosa cuando hablo con él». Quizá sea precisamente esa inseguridad lo que le gusta de usted. ¿Nunca ha preferido al tímido del grupo, en lugar de al fanfarrón?

Cómo evaluarse

- Si no está seguro de cuáles son sus puntos fuertes, pregúnteselo a alguien de confianza.
- Pregúnteselo a tantas personas como le sea posible y descubra qué fue lo primero que pensaron de usted cuando lo conocieron.
- Elabore una lista de los adjetivos y averigüe por qué llegaron a esas conclusiones. Le garantizo que se sorprenderá si las personas a quienes pregunta deciden ser sinceras. Es un ejercicio muy valioso, pero debe hacerse de un modo abierto, sin presiones ni estrés.
- Nunca discuta las opiniones de los demás ni se ponga a la defensiva. Si lo hace, el proceso de evaluación terminará rápidamente.

Tercer paso: cómo modificar el lenguaje corporal

Evaluar el propio lenguaje corporal es muy complicado, porque pillarse a uno mismo desprevenido es físicamente imposible, igual que hacerse cosquillas. (Hagamos una pausa breve, para que todos los que no sabían que uno no puede hacerse cosquillas lo intenten.)

En términos perceptivos, o se es consciente o se es muy inconsciente del propio lenguaje corporal. Cuando uno es consciente, se inhibe, lo que ejerce un efecto inmediato y devastador sobre los gestos y los movimientos, que cambian tanto que se vuelven irreconocibles. Créame, sé de lo que hablo. En cuanto le explico a la gente a qué me dedico, sus músculos adoptan una especie de rígor mortis y los movimientos se vuelven menos naturales que los de las marionetas de *Guardianes del espacio*.

Sin embargo, para mejorar el lenguaje corporal necesita modificarlo tanto que tendrá que superar el umbral del dolor y sumergirse en un viaje de autodescubrimiento. ¿Por qué el dolor? Porque muy pocas personas tienen un talento natural para el lenguaje corporal. El lenguaje corporal de muchas personas tiene menos carisma que el de un erizo de mar. Cuando uno empieza a observar su propio lenguaje corporal, descubre que es como mirar fotografías de una fiesta: humillante y deprimente. Uno no se reconoce ni se identifica con los gestos, las expresiones faciales y los tics que detecta. Se preguntará en voz alta por qué sus amigos no se lo han dicho antes.

Dejará de reírse de Gordon Brown y de Mr. Bean y empezará a identificarse con ellos.

De todos modos, no todos los cambios resultarán traumáticos; de hecho, la buena noticia es que muy pocos de ellos lo serán, a menos que usted sea un blandengue.

¿Qué significa ser un blandengue cuando hablamos de lenguaje corporal? Bueno, me refiero a las personas que se matriculan en mis cursos para mejorar su lenguaje corporal, pero luego (como el enclenque de la clase de gimnasia) me traen un justificante del médico.

Por «justificante del médico» no quiero decir una nota en la que se explican los motivos médicos por los que no pueden participar en la clase, sino que me refiero a toda una serie de justificaciones verbales con las que explican por qué hacen lo que hacen en términos de lenguaje corporal.

En lugar de avanzar y de mejorar las señales no verbales que transmiten, prefieren estancarse y explicar *por qué* hacen lo que hacen. Por ejemplo: «Manoseo las monedas que llevo en el bolsillo porque estoy nervioso, no puedo evitarlo». O: «No pude evitar fruncir el ceño cuando llegó mi compañero de trabajo. No fue por mala educación, es que la cara se me puso así».

Esto son justificantes del médico. Se ha cruzado de brazos porque tiene frío, no para levantar una barrera ante su interlocutor. Ha tamborileado los dedos porque está nervioso, no por aburrimiento. Ha sido la timidez, no la mala educación, lo que le ha impedido establecer contacto visual.

El problema que los justificantes del médico presentan con respecto al lenguaje corporal es que no podemos ir por la vida entregándolos. Sólo tenemos una oportunidad con la imagen visual. La gente nos evalúa en menos de lo que tarda en parpadear, y si perciben una imagen hostil o anodina, así creerán que somos. Si tenemos suerte y disponemos de más tiempo, quizá descubran al «yo» real, oculto tras toda esa maleza de no demasiado buen aspecto. Sin embargo, el gran problema de la vida moderna es que vemos a demasiada gente cada día, por lo que no tenemos tiempo para ir desenterrando tesoros escondidos.

La gente tiende a guiarse por lo que ve y, con frecuencia, está demasiado ocupada como para ir buscando explicaciones o causas alternativas. Se forman una primera impresión instintiva y el terreno perdido no se recupera, por muchas excusas que se presenten.

Veamos, ¿cuándo fue la última vez que se disculpó verbalmente por su lenguaje corporal? Si su pareja lo acusa de mirarla mal, ¿se disculpa y le dice que se le había metido una pestaña en el ojo, o no le da importancia y cree que no es problema suyo si los demás no saben leer sus señales?

Hace poco, bostecé durante una reunión con un cliente. Todos sabemos lo que eso significa y, aunque en este caso el aburrimiento estaba alcanzando cotas insoportables, lo cierto es que el motivo de mi bostezo fue que había visto a alguien bostezar en un despacho al otro lado del pasillo. Los bostezos son contagiosos, pero intente explicárselo a un cliente que cree que acaba de faltarle al respeto descaradamente.

> Regla número 1 de *La biblia del lenguaje corporal*: ¡nada de justificantes del médico!

No se excuse. Cambie lo que no funciona. Lo único que debe importarle de su lenguaje corporal es cómo lo perciben y lo interpretan los demás. Intente acertar a la primera, porque quizá no tenga una segunda oportunidad.

Regla número 2 de *La biblia del lenguaje corporal*: puede modificar su conducta.

¡Hurra! Ya no tiene por qué juguetear con los gemelos de la camisa ni tocarse el pelo cada vez que habla. No hay ninguna ley que le impida hacer otra cosa, como, por ejemplo, utilizar gestos fabulosos que derrochen empatía. ¡Usted decide, de verdad! Se tarda entre veintiún y treinta días en cambiar una costumbre. Después, casi no recordará lo que hacía antes.

Modificaciones fáciles

Lo que debe animarlo es que le ofreceré consejos fáciles sobre algunas modificaciones con una proporción fantástica entre esfuerzo y recompensa; es decir que, con cambios aparentemente insignificantes, logrará un efecto positivo enorme que puede llegar a transformar su vida. Siempre afirmo que los políticos sólo están a dos modificaciones de lenguaje corporal de parecer humanos; lo que pasa es que o bien no tienen a nadie que les explique cómo hacerlo o bien han decidido hacer caso omiso de sus asesores.

La mayoría de las personas a las que formo vienen con problemas preocupantes, como que lleven años sin que les concedan un ascenso, que no les hagan caso en las reuniones de trabajo o que sus jefes les digan que su impacto personal en la empresa es insignificante. Quizá piense que hacen falta meses de asesoramiento y de formación para lograr cambios lo suficientemente profundos para que tengan efecto alguno, pero no es así en absoluto. A menudo es sorprendentemente fácil detectar en qué se estaban equivocando.

Por ejemplo, estuve asesorando a un comercial del sector de la alimentación que quería ejercer más impacto sobre sus clientes. Aunque era un comunicador bastante bueno, me di cuenta de que, cada vez que mencionaba cualquiera de sus productos, su voz se volvía más grave y sus gestos evocaban el tamaño de los paquetes en lugar de la comida, a la que llegaba

a referirse como «unidades». También utilizaba lo que se conoce como microgestos reveladores, es decir, su expresión facial transmitía algo parecido al asco o al disgusto cuando se re-
fería a sus productos. No era consciente en absoluto de todas
estas señales no verbales. Es muy probable que los clientes
tampoco lo fueran, pero que sí las percibieran de forma subconsciente. El mensaje subconsciente que recibían era que el
producto era una porquería. Le enseñé a eliminar las micro-
expresiones faciales y a transmitir algo relacionado con el producto en lugar de con el envoltorio; así, pude modificar tanto
su impacto como sus índices de venta. No siempre resulta tan
fácil, pero lo que quiero transmitir es que con pequeñas modificaciones se pueden lograr grandes resultados.

Después llegarán los cambios de envergadura, las costum-
bres que lo acompañan desde la infancia y, posiblemente, incluso desde antes. Son gestos, movimientos y rituales que han
estado con usted desde hace tanto tiempo que parecen parte
de su personalidad, pero no lo son. No son más que conductas, ¿recuerda?

Regla número 3 de *La biblia del lenguaje corporal*: hay que estar preparado para salir de la zona de seguridad.

Y ese es, precisamente, el problema: al decidir modificar su
lenguaje corporal, *se saldrá* de su zona de seguridad. Ser consciente del propio movimiento genera mucha incomodidad y
reconocer que algunas de sus conductas lo hacen parecer un
tanto estúpido tampoco le alegrará demasiado el día. Además,
obligar a su cuerpo a moverse de un modo distinto hará que
volver al estado de la bendita ignorancia y del error inconsciente resulte muy, pero que muy tentador.

Sin embargo, la cuestión es que, si está dispuesto a olvidarse de sus sueños y de sus objetivos sólo para evitar una cierta incomodidad física, es un blandengue. Hablo ahora de otro
tipo de justificante del médico. Son los justificantes que se envía a sí mismo, para darse motivos para rendirse. Básicamente,

son justificantes muy parecidos a los de «por qué me he saltado la dieta» o «por qué me he fumado un cigarro si había decidido dejarlo»; son, en su mayoría, motivos triviales que, en retrospectiva, suenan más triviales aún.

Las cosas son así: si quiere inventarse excusas para justificar por qué sigue empleando un lenguaje corporal de bajo impacto o de mala calidad que, posiblemente, está echando a perder su carrera profesional y su vida sentimental, es un gallina y un pusilánime y lo que debe hacer es dejar este libro ahora mismo e ir a buscar *La dama sensible, La guía del punto de cruz para torpes* o cualquier otra cosa, porque usted y yo estamos a punto de partir peras.

Quizá piense que soy intransigente. Pues ha acertado. ¿Esperaba otra cosa? ¿Contrataría a un entrenador personal para luego decirle que quiere ponerse en forma sin tener que sufrir agujetas? ¿O le diría a Gillian McKeith, autora de *Eres lo que comes*, que sí, que desea perder peso, siempre que no tenga que renunciar a sus diez hamburguesas diarias? La intransigencia es totalmente pertinente al llegar a este punto del libro. Cuando empiece a demostrar que está dispuesto a esforzarse y su lenguaje corporal empiece a dar signos de mejora, seré más amable y podremos ser amigos.

Este capítulo le ha enseñado que la gente lo juzga y lo analiza subliminalmente, lo que le ha hecho entender lo importante que es realizar los cambios pertinentes en el «estado» de su lenguaje corporal.

Ahora también se siente más motivado para avanzar. Y recuerde: ¡nada de justificantes del médico!

Puntos clave

- Sea consciente del factor parpadeo: ¿qué dicen de usted las primeras impresiones?
- Empiece marcándose objetivos.
- Organice «cajas de herramientas» sencillas, con conductas adaptadas a situaciones específicas.
- Conozca sus puntos fuertes y sus VVU.

Capítulo 4

LA POSTURA: GUÍA PARA PRINCIPIANTES

En este capítulo trabajará sus señales de lenguaje corporal y descubrirá algunas estratagemas y técnicas para asegurarse de que se vende al máximo. Ésta es la sección práctica fundamental del libro, una especie de gimnasio del lenguaje corporal que le permitirá empezar a refinar sus habilidades y aumentar su competencia.

La postura de poder definitiva

Esta técnica sencilla, pero efectiva, constituirá la base del resto del trabajo que deberá llevar a cabo. En términos de lenguaje corporal, es una postura de talla única que le queda bien a todo el mundo. Es una técnica de alineación que resulta apropiada en cualquier circunstancia. Es el trampolín perfecto para el resto de los gestos y de las señales. Si se equivoca con esta, las demás nunca le saldrán bien.

La postura viene acompañada de dos noticias buenísimas para usted:

1. Es rápida y sencilla.
2. Modificará cómo se siente.

Cambiar el propio estado

Puede utilizar la postura para motivarse, para revitalizarse, para animarse e, incluso, para nutrirse. La postura de poder que está a punto de practicar hará que tenga mucho mejor aspecto, que se sienta más sano y que aumenten tanto su seguridad en sí mismo como su autoestima. Supone una transformación instantánea del lenguaje corporal.

Analicemos su postura «normal». ¿Cómo suele sentarse o permanecer de pie?

- ¿Permanece erguido o encorvado?
- ¿Adelanta los hombros en un gesto de autodefensa o saca pecho, mostrando seguridad o deseo de confrontación?
- ¿Cómo se sienta o permanece de pie cuando se encuentra bajo presión? ¿La postura se vuelve más sumisa o más arrogante? ¿Se encoge o se yergue?
- ¿Cómo se sienta o permanece de pie cuando está cansado o triste? ¿Se encorva todavía más? ¿Se tiende encogiendo las rodillas?

La adopción de posturas de poder es una técnica modificadora de estado. Parecerá más seguro de sí mismo, por lo que empezará a sentirse más seguro de sí mismo. El lenguaje corporal afecta de un modo extraordinario al bienestar emocional y mental. Es muy difícil tener un aspecto optimista y sentirse triste al mismo tiempo. Las últimas investigaciones psicológicas afirman que poner la mejor cara posible es mucho más importante de lo que se creía hasta ahora. En el Reino Unido tenemos una historia cultural de represión de las emociones, pero los psicólogos estadounidenses, que tienden a adherirse al principio de «sacarlo todo fuera» en lugar de reprimirse, lo han calificado de ridículo o incluso de peligroso.

Por lo tanto hemos empezado a hacerles caso, berreando a las primeras de cambio y mostrando el abanico completo de nuestras miserias internas, y de la ansiedad y del estrés que nos reconcomen. Y entonces, ¿sabe qué? Pues que ahora resulta que nos dicen que, de hecho, «poner la mejor cara posible», como la que usamos ante desconocidos cuando intentamos ser educados, es beneficioso. ¡Hace que nos sintamos mejor! ¡Se convierte en una profecía autocumplida! Uno se siente por dentro como se lo ve por fuera.

Tomar el poder

Ahora que ya le he vendido las posturas de poder, le aviso de que está a punto de pensar que lo he estafado. ¿Por qué? Pues ¡porque es facilísimo! De hecho, no requiere esfuerzo alguno. Se preguntará cómo es posible que algo tan básico pueda cambiarle la vida de este modo. Creerá que he exagerado al decirle que se sentirá mejor, que tendrá mejor aspecto, que perderá peso y que encontrará pareja. Pensará que no hay recompensa sin esfuerzo y se preguntará si lo que le estoy vendiendo no es más que humo. Pero pruébelo. Funciona. Nadie ha dicho nunca que todo lo bueno deba ser complicado.

Póngase frente a un espejo de cuerpo entero. Si es posible, encuentre un lugar donde pueda verse de perfil y de espaldas también. Quédese desnudo o en ropa interior…, a no ser que se encuentre en un lugar público, claro, pero le aconsejo que lo haga en su cuarto de baño o en su dormitorio; se sentirá más seguro.

Adopte su postura normal. Y he dicho *normal*, no haga trampas.

Ahora, siga estos diez sencillos pasos:

1. Yérgase por completo, estirando la columna como si quisiera tocar el techo con la coronilla. Dará la impresión de que ha adelgazado como mínimo tres kilos. De golpe.
2. Mantenga la cabeza erguida, de modo que la barbilla quede en ángulo recto.
3. Mueva los dedos de los pies, para tomar conciencia de esas extremidades. Los pies constituyen la base del

control, son como las raíces de los árboles. Si los pies no
están «bien plantados», por ejemplo porque lleva tacones altos inestables, o si el peso corporal no descansa sobre los pies de manera equilibrada, porque lo pasa de
uno a otro o porque las piernas están cruzadas, su poder personal se reduce drásticamente. No soy lo que se
dice una entusiasta de los zapatos cómodos, pero las
mujeres pueden llevar botas o zapatos equilibrados, que
otorgan sensación de poder. Los tacones altos también
pueden intensificar la seguridad en una misma, pero le
ruego que se aparte de todo lo que pueda hacer que sus
pies se tambaleen. Los zapatos masculinos están diseña-
dos para andar transmitiendo poder, pero las mujeres
tienden a llevar zapatos muy poco prácticos. Esto incre-
menta la percepción de desigualdad y de desequilibrio
de poder en el lugar de trabajo. Reparta el peso de su
cuerpo de manera equilibrada entre ambos pies.

4. Haga círculos con los hombros. Empiece subiéndolos
   y llevándolos hacia delante y luego llévelos hacia atrás y
   hacia abajo. Déjelos en la posición «hacia atrás y hacia
   abajo».

5. Deje que las yemas de los dedos rocen la cara lateral
   de los muslos.

6. Muy sutilmente, empuje el coxis hacia delante, de manera que la columna quede completamente recta.
   Para ello, tendrá que encoger el trasero y empujarlo
   hacia delante. (Los hombres deben ser mucho más sutiles que las mujeres.)

7. Inspire hondo y espire muy lentamente, dejando que
   el aire salga por sí solo de los pulmones.

8. Encoja la barriga.

9. Recoloque los hombros, por si se han encorvado al
   espirar.

10. ¡Sonría!

Vuelva a mirarse en el espejo. ¿Cómo se ve? ¿Cómo se siente? ¿Mejor? ¿Más positivo? ¿Cuánto tiempo ha tardado? ¿Un

par de segundos? Ya le dije que era fácil. Ahora, todo lo que debe hacer para poder irse a trabajar es ver cómo puede mantener esa postura carismática cuando está en movimiento.

La *pole position*

No me entusiasma el lenguaje corporal sobrecoreografiado, pero en este libro le enseñaré a ser encantador. Y le ruego que no confunda el encanto con la zalamería. El *encanto* es un componente genuino del carisma. La *zalamería* es algo distinto; ser zalamero quiere decir emplear un lenguaje corporal excesivamente congruente y exagerar con el objetivo de gustar o de impresionar a otra persona. Trataremos de la zalamería en capítulos posteriores, pero, de momento, recuerde que la zalamería es un pecado, al menos según los mandamientos de *La biblia del lenguaje corporal*.

Por lo tanto, olvídese de ser demasiado perfecto.

> Regla número 4 de *La biblia del lenguaje corporal*: hacerlo todo bien implica hacerlo todo mal.

Sin embargo, eso no quiere decir que no deba hacerlo bien al menos en un 50 %.

Siempre insisto en lo bueno que es, como mínimo, *empezar* bien con el lenguaje corporal. Lo llamo colocarse en *pole position*. Empiece bien y termine mejor, pero si empieza bien y las cosas van hacia abajo a partir de ahí, al menos sabrá que lo han visto en su mejor momento durante el parpadeo, o la primera impresión. Si empieza mal y las cosas empeoran, lo mejor será que lo deje correr.

Vuelva a colocarse frente al espejo de cuerpo entero, pero ahora llévese un punto de apoyo. El punto de apoyo para el entrenamiento en *pole position* será una silla, pero no la use todavía, porque empezaremos por lo que debe hacer de pie.

Postura

Espero que ya sepa cómo mantenerse de pie. Si no lo sabe, o bien es un bebedor extraordinario o bien sufre un caso muy grave de sedentarismo.

Pero ¿cómo se siente permaneciendo de pie cuando la gente lo observa? ¿Cómo se siente cuando se levanta para pronunciar una presentación en el trabajo o para hablar con la chica que le gusta en el bar? De repente, estar de pie ya no es tan fácil, porque es muy consciente de sí mismo. Si crea una *pole position* para estar de pie, podrá practicar la pose y ya no se sentirá tan incómodo la próxima vez.

- Quédese de pie en una posición normal y mírese en el espejo. ¿Cómo se nota las manos? ¿Utiliza gestos de barrera, como cruzar los brazos o entrelazar las manos, para sentirse más cómodo? Suelte las manos. Deje que los brazos cuelguen a los lados, como en la postura de poder.
- Ahora, piense en los pies. No los mire, porque eso le hará perder el equilibrio. Limítese a pensar en ellos. Equilibre el peso del cuerpo entre la suela y el talón de los pies, y mantenga el peso en el centro de cada pie. La separación entre los pies debe ser, aproximadamente, la de la anchura de los hombros (un poco menos para las mujeres) y los dedos deben apuntar hacia delante o un poco hacia fuera.
- Pasemos a las piernas. Debe tenerlas rectas, pero no tan rígidas que las rodillas se bloqueen.
- Enderece la columna, tire los hombros hacia atrás y hacia abajo y empuje la pelvis ligeramente hacia delante, como en la postura de poder.
- Después, mírese los brazos y las manos en el espejo. Tendrá que modificar un poco su posición. Intente encontrar una postura en la que queden bien, en lugar de una en la que simplemente se sienta *cómodo*. Es posible que su *pole position* ideal le resulte tan ajena que llegue a ser un poco incómoda, pero le prometo que la sensación

desaparecerá cuando la haya practicado unas cuantas veces. El cuerpo necesita adquirir lo que llamamos memoria muscular, es decir, debe acostumbrarse a la sensación
de cada movimiento nuevo.

No hay una respuesta única a qué hacer con los brazos y
con las manos, por lo que no voy a ser demasiado preceptiva.
Depende mucho de la forma del cuerpo, de la longitud de los
brazos, del tamaño de la barriga, etc. Si es corpulento y tiene
los brazos cortos, no le servirá de mucho que le diga que debe
entrelazar las manos enfrente del cuerpo, porque quedará ridículo. Si es delgado y con brazos y piernas largas como yo, los
brazos le llegarán de sobra, pero puede acabar en la postura
de «hoja de parra», lo que, para los hombres, quiere decir tener las manos entrelazadas sobre los genitales, una imagen no
muy favorecedora, a no ser que se esté defendiendo una falta
en un partido de fútbol.

Ensaye varias posturas con los brazos y con las manos.
Cuando se dé cuenta de lo mal que quedan la mayoría, se alegrará de haber practicado y de no haberse percatado en medio de una presentación en la empresa o mientras intentaba ligar con una chica. En los capítulos siguientes le daré consejos
más específicos y lo ayudaré a superar situaciones cruciales,
como reuniones de negocios o eventos sociales; pero, de momento, sólo debe asegurarse de encontrar al menos una postura que funcione. Entonces, dependerá de usted practicarla
tantas veces como sea necesario para transformarla en una
pose natural y cómoda.

Ha llegado el momento de utilizar el punto de apoyo. Ponga la silla frente al espejo y siéntese. La segunda *pole position*
consiste en saber cómo sentarse, porque así es como suelen
producirse la mayoría de las charlas de negocios.

Debe trabajar dos *pole positions* sentado: una para sillas con
brazos y otra para sillas sin brazos. La segunda es más complicada, porque limita más el movimiento.

- Apoye bien toda la espalda en el respaldo de la silla, a no ser que sea muy bajo y esa posición lo deje con los pies colgando en el aire. Si es así, avance hasta que le lleguen al suelo.
- Enderece la espalda y no se encoja.
- Puede cruzar las piernas a la altura del muslo (tanto si es hombre como mujer) o dejarlas ligeramente abiertas (si es hombre).
- Si la silla tiene brazos, apoye suavemente los codos, cruzando las manos con ademán relajado frente a usted. Si los brazos de la silla están demasiado separados, apoye un codo y deje que el otro repose sobre la pierna, para poder entrelazar los dedos ligeramente.
- Si la silla no tiene brazos, entrelace los dedos suavemente y deje que las manos descansen sobre su regazo.
- O intente apoyar un codo en el respaldo de la silla y entrelace los dedos relajadamente. (Es una postura muy informal, por lo que no ha de utilizarla en situaciones formales.)
- Y preste atención a cómo entrelaza las manos. De hecho, puede entrelazar los dedos o colocar suavemente una mano sobre la otra, pero no emplee la fuerza ni haga lo que se conoce como *dedos en campanario*, es decir, entrelazar los dedos en forma de V, o triangular, apuntando a su propia barbilla o a la persona con la que esté hablando. Más adelante le explicaré por qué no debe hacerlo, pero, de momento, confórmese con saber que lo haría parecer muy arrogante.

Andar con decisión

Ahora que domina el arte de estar de pie y sentado (las *pole positions* clave con las que puede empezar a trabajar), ha llegado el momento de que ejercite la coordinación, para poder andar.

¿Le parece fácil? Lleva andando desde los 2 años, así que no puede ser demasiado complicado. El problema es que lleva andando todos esos años sin pensar en cómo lo hace. Las técnicas que utiliza son inconscientes y la memoria muscular las reproduce de manera automática. Ahora debe arrastrar por los pelos esas habilidades y llevarlas a la conciencia, lo que lo hará sentir incómodo, torpe y demasiado pendiente de sí mismo.

Sin embargo, al igual que sucede con el lenguaje corporal en general, es fundamental que se dé cuenta de cuál es su realidad en el presente. Si su manera de caminar es «ideal», tiene mucha suerte y pertenece a una selecta minoría. ¿Alguna vez se ha dedicado a mirar a la gente desde una ventana, estudiándola mientras pasea por la calle? ¿Cuántos estilos de paseo parecían adecuados y cuántos necesitaban con urgencia una reestructuración? Busque un par de sus zapatos más viejos y más usados y mire los tacones. ¿Cómo es el desgaste? ¿En qué ángulo han quedado? ¿Están desgastados por la parte de atrás o por los lados, haciendo un ángulo? Esto debería darle una primera pista sobre su alineación.

Fui modelo de pasarela durante varios años y luego pasé varios más enseñando a andar a futuras modelos, como Naomi Campbell. Muy pocas personas tienen lo que llamo un buen paso natural, y algunas de las mejores modelos de pasarela han tenido que reconstruir desde el principio su manera de andar, hasta que la nueva resulta fabulosa y natural.

Por lo tanto, vuelva a ponerse frente al espejo de cuerpo entero, pero, ahora, aléjese tanto como le sea posible. Póngase en la postura de poder (columna recta, hombros abajo, barbilla erguida, etc.).

- Adelante el coxis (¡sutilmente si es un hombre!).
- Deje que los brazos cuelguen relajados a ambos lados y ligeramente hacia atrás.
- Mire hacia delante. Es probable que crea que necesita mirarse los pies, pero eso afectaría negativamente a su equilibrio.
- Adelante el pie derecho, colocando el talón sobre el suelo con mucha suavidad.

- Empiece a levantar el pie izquierdo, manteniendo el peso sobre él, en lugar de inclinarse hacia delante y avanzar la cabeza.
- Deje que los brazos se balanceen suavemente, avanzando el izquierdo al mismo tiempo que la pierna derecha.
- Haga pasos más cortos de lo habitual.
- Siga andando, coordinando todos estos movimientos hasta que resulten fluidos y naturales.

Es posible que, mientras practica, piense que tardará unos diez años o más en aprender a andar así de manera natural. Dos consejos cruciales:

> Regla número 5 de *La biblia del lenguaje corporal*: ¡no se arredre!

> Regla número 6 de *La biblia del lenguaje corporal*: ¡practique, practique y practique!

Es normal que durante esta fase del ejercicio parezca un extra de *Guardianes del espacio*. De hecho, si está relajado, es muy posible que no se esté esforzando tanto como debiera. Recuerde que está cambiando algo que lleva haciendo prácticamente toda su vida. Insista, todo ese esfuerzo valdrá la pena, se lo prometo. El cuerpo lo captará de repente y su manera de andar será fantástica. No tardará diez años, sino más bien unos diez minutos o quizás algunas sesiones de diez minutos cada una. Ah, se me olvidaba: relaje esos dedos, ¡están muy rígidos!

Aprendiendo la postura de poder y las *pole positions* ha construido con facilidad una base sólida para el resto del trabajo sobre su lenguaje corporal. Aprenda lo que aprenda de este libro a partir de ahora, evite las podas neuronales (olvidarse de algo que ya sabe, para dejar espacio a los aprendizajes nuevos) en lo relativo a estas dos maneras básicas de presentarse a los demás. Hacer bien estas dos posturas es como poner el mejor combustible en un automóvil o alimentarse de la mejor manera posible. Dedique unos cuantos segundos todas las mañanas a mirarse en el espejo y a adoptar la postura de poder correcta; recupérela en el trabajo cada vez que note que empieza a encorvarse.

Puntos clave
- Postura de poder: alinee la espalda correctamente.
- *Pole position*: perfeccione la postura básica para permanecer sentado y de pie.
- Andar con decisión: adopte esa postura de poder en movimiento y perfeccione las técnicas básicas de marcha.

Capítulo 5

CÓMO GESTICULAR

Hasta ahora, ha aprendido a tomar conciencia del lenguaje corporal básico y a adoptar una postura excelente; este capítulo lo llevará a pensar en todos los gestos. El autoanálisis puede resultar muy duro, porque, al principio, genera cierta torpeza. Sin embargo, dominar los gestos es una competencia tan fundamental como la de controlar las palabras que salen por la boca.

No se trata de prefabricar los gestos. Le explicaré el significado que tienen sus gestos para los demás, pero si cree que podrá elaborar una especie de retrato robot del lenguaje corporal que logrará que todo el mundo lo quiera, lo admire y lo respete, está en un gran error.

Respetar las normas del juego

Hay muy pocas normas en lo que se refiere a qué es un lenguaje corporal bueno o malo. Estoy segura de que sería muy reconfortante contar con un capítulo especial sobre lo que se debe y lo que no se debe hacer con el lenguaje corporal, pero en este libro no lo va a encontrar. Si le ofreciera una sección así, no tardaría en pensar que soy muy injusta. Empezaría a analizar a otros oradores y descubriría a unos cuantos, muy buenos, que utilizan los gestos que le habría prohibido a usted. De hecho, la mayoría de los grandes oradores a quienes conozco transgreden prácticamente todas las «normas» que aparecen en los libros sobre lenguaje corporal.

Estudiemos a algunas personalidades, el efecto que ejercen y cómo equilibran su imagen:

El príncipe Carlos de Inglaterra

Todos hemos leído que le pide al mayordomo que le ponga el dentífrico en el cepillo de dientes. Esto podría provocar que el proletariado lo quisiera tanto como los *sans-culottes* a María Antonieta. Sin embargo, su personaje público carece de toda señal de estatus o de riqueza. Lleva ropa pasada de moda, a veces incluso gastada, y sus tics nerviosos y su ceño fruncido transmiten cierto servilismo.

Ant y Dec

Estos presentadores han logrado un éxito fabuloso en el Reino Unido y, por lo tanto, es más que probable que estén forrados y que vivan como cualquier otra estrella; sin embargo, ambos han logrado aplicar a la perfección una técnica de lenguaje corporal en la que su predecesor, Eric Morecambe, ya era todo un experto. Consiguen conectar con la cámara como si se tratara de una persona. El espectador sólo ve a dos tipos que le hablan como si fueran sus amigos. Logran que el público se olvide de la pantalla de la televisión y de que los presentadores están en un estudio; es como si estuvieran en nuestra sala de estar, hablando directamente con nosotros.

Lady Di

Lady Di era una princesa y le encantaba llevar ropa de diseñador, por lo que podría haber parecido altiva y distante. Sin embargo, en todas sus apariciones daba clases magistrales de lenguaje corporal. Era una experta del reflejo y modificaba

su propio lenguaje corporal para adaptarse al de las personas
con quienes se encontraba, reduciendo su propio estatus y,
por lo tanto, elevando el de los demás. También era fantástica
a la hora de hacer gestos que transmitían modestia justo en el
momento adecuado. Una vez apareció en un suntuoso ban-
quete de Estado con su imagen más elegante; llevaba el pelo
recogido y una diadema de diamantes. Mientras se alejaba de
la cámara, hizo una pequeña mueca y se tocó la nuca. Al igual
que Ant y Dec, tenía la habilidad de lograr que la audiencia
sintiera que era su mejor amiga.

Marilyn Monroe

Marilyn Monroe fue, probablemente, la mejor equilibrista
de la imagen de todos los tiempos. Lograba transmitir a partes
iguales una sexualidad abierta y una inocencia vulnerable e infantil. Lo conseguía alternando rápidamente una y otra, y lograba que cada una apareciera y desapareciera exactamente a
la velocidad idónea. En un momento aparecía con los ojos
más inocentes del mundo y con la barbilla ligeramente caída,
indicando timidez. Al momento siguiente, elevaba la barbilla y
entrecerraba los ojos, simulando la expresión de un orgasmo.
Esta capacidad de mezclar dos extremos la hizo única. En la
actualidad, mezclar estos dos extremos resulta inaceptable,
por lo que podemos tener la seguridad de que no volveremos
a ver a otra igual, o que al menos no se tratará de un personaje tan popular y querido por todo el mundo.

Demuéstrelo, no lo diga

Éste es uno de los pilares de aprendizaje del libro; tanto,
que se merece el tratamiento de norma:

Regla número 7 de *La biblia del lenguaje corporal*: demuéstrelo, no
lo diga.

Ésta es una regla de oro para todas las manifestaciones del lenguaje corporal.

Las palabras son para *decir*, pero el lenguaje corporal es para *demostrar*. Es algo parecido al sexo. Si alguien le *dice* que es un buen amante, *no* lo es. ¿Cómo lo sé? Porque ha tenido la necesidad de decírselo. Alguien realmente bueno en la cama dejaría que fuera su técnica la que hablara. Cuando lo *dicen*, proyectan lo que querrían que *usted* les dijera.

Lo mismo sucede en el mundo de los negocios: «Los clientes son lo primero para nosotros», «Trabajo muy bien en equipo»; o con los concursantes de *Gran Hermano*: «Soy muy divertida», «Siempre animo a los demás», «Soy muy buena persona». Palabras, palabras, palabras. ¿Qué sucede cuando tienen la oportunidad de demostrar lo que han dicho? Pues que no era verdad.

Al demostrar, ofrece pruebas. No puede proclamar a gritos que es una persona simpática y afectuosa, si su lenguaje corporal dice: «Soy un sociópata». Sin embargo, si se queda callado, sonríe de manera amistosa y hace gestos abiertos, serán *los demás* quienes le digan que es una persona amable y honesta y que están deseando ser sus amigos.

Por lo tanto, las demostraciones son cosa del lenguaje corporal. Las señales que emita se encargarán de ello. Los gestos de las manos y el contacto visual reforzarán el mensaje.

A continuación le ofrecemos una guía para la excelencia en el lenguaje corporal. Es fundamental, pero sencilla. Todo el tiempo que le dedique estará bien invertido, pero no creo que le ocupe una parte demasiado grande del día.

Guía de las señales generales del lenguaje corporal

Analicemos las señales que transmite con su lenguaje corporal y clasifiquémoslas en «útiles» o «no útiles». Esto lo ayudará a identificar varios conjuntos de gestos y a comprender cuándo las comunicaciones no verbales son positivas o negativas. Recuerde que lo peor que puede hacer es seguir emitiendo señales sin haberlas puesto a prueba.

Señales fisiológicas

Son todas las señales corporales que resultan prácticamente incontrolables, como el rubor, los sarpullidos nerviosos, el sudor y los temblores. Aunque se trata de señales que pueden parecer cómicas, no resultan nada divertidas cuando es uno quien las padece.

Todas son consecuencia del control que la mente ejerce sobre el cuerpo. Son muy naturales, pero se supone que sólo deben aparecer ante un peligro físico inminente. Se deben a la adrenalina y al aumento de energía animal que se produce cuando nos enfrentamos a un animal más grande. Es el mecanismo de lucha o huida, que se pone en marcha con demasiado entusiasmo, especialmente cuando la «amenaza» es una primera cita o una reunión con el jefe.

El sudor excesivo ha causado grandes problemas a muchos políticos y personajes famosos. Hace unos años, Tony Blair apareció con manchas de sudor en la camisa durante un discurso importante y los periódicos arrasaron hectáreas de selva tropical debatiendo por qué el primer ministro estaba tan húmedo. ¿Estrés? ¿Nerviosismo? Quizá no fuera más que el calor de los focos en una sala poco ventilada.

He visto cómo les salen manchas rojas en el cuello a centenares de mujeres de negocios cuando se sienten presionadas. ¿Tendrán el mismo problema los hombres de negocios? Quién sabe, los cuellos de las camisas y las corbatas los protegen hasta la barbilla. Quizás están chorreando por debajo, pero lo que cuenta es que nadie lo sabe y es fundamental que las mujeres de negocios lo recuerden: si sabe que le salen manchas rojas cuando se pone nerviosa, intente llevar jerséis de cuello alto.

Consejos útiles

La mejor manera de afrontar los síntomas de ansiedad de
este tipo es ir a la raíz del problema. Las técnicas de gestión
del estrés resultan útiles, pero la mejor cura es reforzar la seguridad en uno mismo y modificar las percepciones de los estímulos internos. Muy pocas de las situaciones que generan
sudoración o temblores suponen una amenaza para la vida,
pero da la impresión de que sí. Recuerde que el cuerpo sólo
intenta ayudar; el problema reside en los mensajes que el cerebro le envía. Me gusta llamarlo «diva interior», una experta
del melodrama que reacciona de manera exagerada ante
cualquier situación, en un intento de obtener la máxima atención posible.

El problema de la diva interior es que, una vez que hace su
aparición, se perpetúa a sí misma. Empieza a sudar, a temblar
y a ruborizarse y, entonces, aún se altera más al ver el caos que
ha causado en el organismo. Al cabo de unos minutos, co-
mienza a sudar debido al sudor.

A continuación encontrará algunas técnicas excelentes
para acallar a la diva.

- Use afirmaciones mentales. Una de las que utilizo en
  mis cursos de gestión del estrés es: «Esto no es un león».
  Activa el pensamiento de que, aunque se trate de una situación importante, no es cuestión de vida o muerte. No
  lo persigue un león hambriento. Elabore su propia afirmación y repítala mentalmente como un mantra, para
  crear una sensación de calma.
- Los ejercicios de respiración son muy útiles. Inspire por
  la nariz hasta llenar completamente los pulmones. Entonces, espire lentamente por la boca, dejando que el
  cuerpo se vacíe y se relaje al mismo tiempo.
- Si le sudan las manos, lleve toallitas refrescantes o re-
  frésquelas antes de entrar en una reunión.
- Nunca sumerja las manos o la cara en agua fría en un intento de refrescarse. El efecto será transitorio y contra-

producente, porque el cuerpo se calentará en exceso para contrarrestar el súbito cambio de temperatura.

- Pruebe cosméticos especiales para ocultar los rubores y las rojeces nerviosas. Los más habituales son crema hidratante de color verde (tanto para hombres como para mujeres), base de maquillaje o polvos sueltos verdes. (Los hombres pueden saltarse estas dos opciones.) El verde no se ve sobre la piel, pero atenúa la rojez de la cara o del cuello.
- También hay varios productos que permiten eliminar el sudor de la cara. Se encuentran en tiendas de cosmética, pero son unisex. Son fluidos y lociones que mantienen seca la piel de manera natural.
- Espero que no necesite que le aconseje que utilice desodorante, pero lo digo por si alguien desconocía su existencia. Lo ayudará a prevenir la maldición de los humedales bajo las axilas.

Señales ejecutadas

Son las señales que el cuerpo emite para lograr lo que usted percibe como los mejores resultados de un intercambio comunicativo. A diferencia de las señales psicológicas, son conscientes, o como mínimo semiconscientes, y contribuyen a definir lo que usted cree que es su estado «ideal» en cuanto a imagen.

Señales delatoras

Son todos los tics, gestos, rituales y otras señales espontáneas que parecen ser la manera en que su cuerpo transmite, sin permiso, sus verdaderas emociones. Son agentes honrados del lenguaje corporal, pero también son un verdadero fastidio, porque suelen ser los responsables de que salgan a la luz verdades que preferiría ocultar.

Microgestos

Son las señales más sutiles de todo el abanico del lenguaje corporal y, casi sin excepción, son un lenguaje corporal delator.

La buena noticia es que son tan diminutas y breves que suelen ser imperceptibles. La mala noticia es que pueden transmitir información subliminalmente, por lo que la audiencia recibe el mensaje aunque no haya percibido la señal.

Señales de conformidad

La sociedad depende de la conformidad. Si nadie diera su brazo a torcer, nos habríamos extinguido en apenas unos meses. Utilizamos una red muy compleja de señales de dominio y de sumisión de manera casi permanente, ya que el éxito de todos los intercambios comunicativos depende de que se logre un equilibrio armonioso.

Cuando perdemos el equilibrio, aunque sea muy ligeramente, la respuesta es mucho más intensa que lo que haya sucedido en realidad.

Cuando entra en una tienda para comprar algo, espera ser la parte dominante en el intercambio comunicativo. Como cliente, espera que la persona que lo atienda muestre cierta sumisión. De hecho, la palabra *atender* ya es una pista clara en lo que se refiere al equilibrio de poder en esta situación.

La mayoría de los dependientes aprenden a mostrarse sumisos, aunque algunos más que otros. Algunas tiendas tienen lo que llaman una cultura de «podemos» y forman al personal para que satisfaga todos los deseos del cliente. Otros no son tan sumisos, pero el equilibrio siempre está bastante a favor del cliente.

Para indicar esta obediencia, se espera que el dependiente intensifique la sonrisa cuando ofrece su ayuda. Sin embargo, no siempre sucede así. Hay algunos dependientes expertos en elevar su estatus mediante técnicas de lenguaje corporal o de conducta, algunas de ellas tan sutiles que los clientes no tienen ni idea de lo que pasa: sólo saben que se sienten insultados y maltratados por lo que suele llamarse una «mala actitud».

En situaciones sociales, la conformidad es fundamental para la polarización del grupo. Todos los grupos sociales cuentan con funciones de dominancia y funciones de sumisión que pueden ser fijas o transitorias. Todos nos encontramos involucrados en lo que conocemos como influencia normativa o, lo que es lo mismo, el deseo de gustar y de ser aceptados. Creemos, con frecuencia erróneamente, que, si hacemos lo que quieren los demás, lograremos gustarles. A veces descubrimos demasiado tarde que no nos respetan en absoluto.

Señales de estatus y de poder

A todos, aunque a unos más que a otros, nos gusta hacer demostraciones de poder de vez en cuando. Es posible que los personajes famosos sean los que más se dedican a ello, quizá porque su poder depende de un orden jerárquico en cambio constante y muy definido. Por lo tanto, las señales de poder no son malas en sí mismas, pero es importante encontrar el equilibrio adecuado.

Imagínese que, cada día, al llegar al trabajo, les hicieran ponerse en fila en orden de importancia. Es lo que les sucede a los actores cada vez que aparecen en una película o en un programa de televisión. Ahí, para que lo vea todo el mundo, está todo el elenco de actores, en orden de importancia. Y el orden en que aparecen no es lo único que cuenta: también hay que considerar el tamaño de la letra y el tiempo que el nombre permanece en la pantalla. Por eso vemos categorías peculiares, como «estrella invitada», que suelen indicar que ha habido una batalla campal entre el agente y la productora para elevar el estatus del actor o de la actriz en la jerarquía.

En el mundo de la empresa, tenemos los títulos de las funciones laborales, pero algunos se han vuelto tan opacos que ya no significan nada. Términos jerárquicos como «jefe» o «personal de apoyo» han desaparecido del mapa casi por completo.

En la mayoría de las empresas, el dinero establece la jerarquía y, por eso, las nóminas son confidenciales. Una vez trabajé con una empresa en la que un director de recursos humanos había enviado «por accidente» un correo electrónico a todos los ordenadores de la empresa en el que aparecían los salarios de todos los empleados. La oleada de descontento que provocó la revelación duró años y aún colea.

Las demostraciones de estatus y las posturas de poder son constantes en la vida moderna, probablemente porque necesitamos demostrar «quién manda». Tal y como he explicado, el equilibrio de poder entre dominio y sumisión es permanente en nuestra vida cotidiana. A medida que vamos pasando por intercambios comunicativos, desplegamos toda una serie de señales de dominio o de sumisión de las que uno puede ser consciente o no. He aquí algunas de las categorías:

Señales de poder social

En muchos aspectos, las demostraciones de poder social son necesarias para formar parejas o grupos armoniosos. Sin embargo, al igual que sucede con las señales de estatus normales, se trata de encontrar un equilibrio y una sumisión cómodos.

Los grupos de amigos tienen su propio orden jerárquico, muy parecido al de las colonias de animales. Es posible que crea que todos ocupan la misma posición, pero es muy improbable que su grupo carezca de un líder no designado para distintas situaciones. Es posible que tengan incluso un líder para momentos de conflicto y otro para momentos de paz, es decir, una persona que toma todas las decisiones y organiza todo lo que tiene que ver con las situaciones sociales y otra a la que se pegaría como una sombra si el grupo se enfrentara a una amenaza física.

En los grupos de chicos, suele resultar bastante más fácil identificar al líder. Los hombres siguen utilizando posturas que señalan el poder de manera muy obvia, como abrir las piernas, sacar pecho, tocarse brevemente la entrepierna, apretar el trasero o incluso gestos totalmente abiertos, como cuando se sientan con las piernas abiertas y con las manos tras la cabeza, exponiendo sus partes más delicadas para indicar lo poco amenazante que le resulta la persona con la que hablan.

Las señales alfa en los grupos de mujeres son menos obvias, ya que (en términos de simios) las mujeres de la sociedad moderna tienden a oscilar entre las señales de macho alfa y las de hembra alfa. Por lo tanto, la mujer más poderosa puede ser la que hace los cumplidos, la que abraza o acicala, o la que ríe con más fuerza, la que presenta una postura más dura, la que ocupa el asiento más elevado o el mayor espacio.

Señales sexuales

Al igual que la mayoría de los gestos, las señales sexuales pueden tener varios significados; sin embargo, algunas de ellas tienden a sugerir poca cosa más que interés o excitación sexual. Pueden variar entre sutiles señales de coqueteo, como sonreír, tocarse el pecho, acicalarse o reír, y señales de alta intensidad, como la dilatación de las pupilas, pasarse la lengua por los labios, arquear la espalda, etc.

Señales de poder sexual

Todas las parejas sexuales tienen un equilibrio de poder único, y mantener ese equilibrio puede resultar crucial para la salud y la duración de la relación. La naturaleza complementaria de la relación es muy importante, pero incluso esto es más complejo de lo que parece. Digamos que un miembro de la pareja domina al otro en ciertas áreas. En este ejemplo, el hombre asume el control nominal tanto en público como en casa y decide qué programa de televisión se ve, organiza las finanzas y hace todas las tareas pesadas. La mujer es más sumisa, excepto en lo relativo al sexo, donde tiende a ser dominante. También es la que se encarga de la educación de los hijos.

Este tipo de situación puede funcionar a uno o a dos niveles. Funciona a un nivel superficial si ambos miembros de la pareja desempeñan sus funciones, lo que haría que la relación de pareja fuera complementaria. Si ambos están satisfechos con sus funciones, hablamos del paraíso del poder sexual. Sin embargo, hay un problema. ¿Qué pasa si uno de los dos desempeña ese papel sólo porque quiere una vida tranquila? ¿Se han equivocado de sitio? ¿Qué sucede si uno o ambos cambian con el tiempo? Si el hombre se porta como un macho alfa porque cree que eso es lo que se espera de él o si la mujer se muestra sumisa para evitar conflictos, uno de los dos se sentirá reprimido durante la mayor parte de su vida adulta, si es que no deja al otro y se busca una pareja con la que «encaje» mejor. O tal vez se quede con su pareja y tenga una aventura para expresar su verdadera naturaleza de dominancia y sumisión.

La prensa rosa rebosa de personajes famosos que dejan a sus parejas porque el equilibrio de poder ha dejado de funcionar. Por peligrosos que sean los períodos de rehabilitación o las infidelidades para una pareja de famosos, lo que suele dar el golpe de gracia es el desequilibrio en el estatus.

A juzgar por las fotografías y por los programas en los que nos enseñan su vida cotidiana, Victoria y David Beckham parecen estar en un estado continuo de gestión del flujo de estatus. Cuando se comprometieron, era obvio que Victoria era la estrella de la pareja: la componente de las Spice Girls era «víctima» de un acoso continuo, mientras que David la seguía en un anonimato relativo. Entonces, David se convirtió en un héroe del fútbol, superó su timidez ante la cámara, posó para varias campañas publicitarias importantes y empezó a aparecer en las páginas de moda. La carrera de Victoria empezó a declinar y, de repente, se esperaba que ella fuera la seguidora. Es muy probable que tener hijos restableciera el equilibrio. Pero, cuando la familia empieza a ser ignorada por los medios, siempre aparece Victoria declarando que quiere revitalizar su carrera profesional. Las señales que emiten gracias al lenguaje corporal parecen haber evolucionado para adaptarse a estas fluctuaciones de estatus tan drásticas. David siempre parece desempeñar el papel tradicional del macho alfa, andando delante con semblante serio, el ceño fruncido y el pecho hacia fuera, mientras Victoria lo sigue con apariencia frágil y permite que David la arrastre, como si él se encargase de decidir la dirección y lo que se hace. Sin embargo, si se los observa en una habitación, los gestos decididos y controladores que Victoria le hace con las manos en el cuello o en los hombros la colocan, sin duda alguna, al volante de la pareja. Parece que esta relación, en la que ambos parecen compartir el estrellato, les funciona muy bien.

Madonna y Guy Ritchie siempre manejaron muy bien las posturas del equilibrio de poder, aunque en ocasiones daban muestras de un exceso de congruencia y, en general, las señales de poder parecían favorecer más a Guy. En la promoción de sus películas, Madonna posaba en actitud sumisa, abrazándolo por la espalda o mirándolo con adoración, para indicar que era su ídolo. Cuando era el turno de Madonna, Guy anulaba sus señales de poder, para intensificar las de ella, aunque en la película de la última gira de la cantante resultó muy interesante observar cómo la confianza de la diva de fama mundial se evaporaba visualmente cuando Guy estaba cerca, lo que dejó ver una faceta mucho más sumisa de la cantante. Guy parece estar muy interesado en dar la imagen de macho alfa y en mostrarse como un verdadero hombre, por lo que sus muestras de sumisión pueden resultar poco creíbles en ocasiones.

Aunque no se trate de relaciones sexuales, la mayoría de los dúos televisivos dependen de señales de estatus muy definidas. Ant y Dec, Morecambe y Wise, Cannon y Ball, Del Boy y Rodney Trotter o incluso Steptoe y Son han convertido en un acto cómico los momentos de cambio de poder. Aunque al final, uno de los miembros del dúo siempre acaba percibiéndose como el verdaderamente dominante.

Señales de poder en el lugar de trabajo

La mayoría de las oficinas cuentan con dos líderes claros: el hombre o la mujer con el cargo que incluye la palabra *director* y la persona que todo el mundo sabe que lleva la oficina en realidad. Ser el jefe no es lo mismo que ser el líder. En el mundo empresarial, he conocido a algunos jefes buenos, pero a muy pocos líderes buenos. El liderazgo consiste en «ser» y no en «hacer», y el carisma es la cualidad clave de un buen líder.

La mayoría de las colonias de gran tamaño cuentan con figuras carismáticas. Los recordará de la escuela y también los habrá visto en el lugar de trabajo. No suelen ser el jefe. A veces, su empleo roza lo mundano, pero son los que ostentan el liderazgo natural del grupo.

Son los colegas que transmiten señales de poder alfa. Exudan confianza en sí mismos, dominan el espacio y el territorio y tienen pautas de voz y de discurso que logran que la gente los escuche cuando hablan.

Luego están los trabajadores que intentan imponer su estatus con despliegues visuales activos. Como carecen de habilidad natural para imponer respeto, exhiben tantas posturas de poder que acaban resultando ridículos, como Gareth en *The Office*, la serie de la BBC, o le caen mal a todo el mundo, por ser agresivos y mandones.

Intentar imponerse a los demás resulta muy arriesgado, porque si no se obtiene una respuesta de sumisión, se pierde credibilidad, lo que, con frecuencia, lleva a que se intensifiquen las posturas de poder o a unos intercambios comunicativos del tipo «porque yo lo digo», donde sólo ganará el que no tenga que dar su brazo a torcer.

Gestos de negación

Pueden definirse como gestos de autosabotaje. Se afirma lo que se quiere afirmar, pero, entonces, se resta validez a las propias palabras, frunciendo ligeramente los labios, elevando los ojos al cielo o encogiendo los hombros a modo de disculpa. Es la clásica, pero fatal, influencia normativa, que vuelve a hacer de las suyas y que logra que el deseo de gustar supere al deseo de ser influyente y de ejercer un impacto significativo sobre los demás.

Los gestos de negación no sólo se deben a la presión de estar mintiendo, pero dan la impresión de que lo que acaba de decirse no es totalmente cierto. Puede probarlo en casa, pero sólo si desea morir: la próxima vez que su pareja le pregunte si la quiere, dígale que sí, pero a continuación eleve los ojos al cielo o encójase de hombros. Ya verá.

Gestos metronómicos

Son los golpecitos rítmicos que hacemos con las manos o con los pies, para acelerar o ralentizar el pensamiento o los movimientos. Son fantásticos a la hora de automotivarse o de autoestimularse, porque permiten que uno se marque el ritmo sin ni siquiera darse cuenta. Cuando nos damos golpecitos con un bolígrafo en la palma de la mano, lo más probable es que estemos intentando ayudar al cerebro, para que se le ocurra una idea o una respuesta rápidamente. Hasta aquí, todo bien. Sin embargo, a pesar de que se trata de una herramienta fantástica para automotivarse, se convierte en un problema si se lleva a cabo mientras habla otra persona. En esa situación, el metrónomo personal parece decirle «espabílate» al orador. Y esto tiene dos consecuencias:

1. Hará que el orador se comunique mucho peor. No nos gusta que nos metan prisa, porque, sea lo que sea lo que estemos haciendo, nos saldrá mal.
2. Lo hará parecer un maleducado, aunque sea a nivel subconsciente.

Señales autónomas

Son, fundamentalmente, respuestas de estrés y se originan en los cambios fisiológicos e intelectuales que el estrés provoca en el organismo. Las señales autónomas son, entre muchas otras, el llanto, la respiración acelerada, los temblores y el parpadeo rápido.

Escuela de excelencia

Lo bueno de la excelencia en lenguaje corporal es que nada le impide alcanzarla. Bueno, de hecho sí, se me olvidaba, hay algo que se interpone directamente en su camino:

¡USTED!

Cuando hablamos de las señales del lenguaje corporal, usted no sólo es su peor enemigo, sino que es el *único*. ¿Por qué? Bueno, el resto de la gente quiere que le salga bien. A los demás les gustan los mensajes claros y fáciles de entender. Están hartos de esa horrible costumbre que tiene de rascarse la nariz mientras habla, así que lo apoyarán como un equipo de animadoras.

Por otro lado, puede contar con cuatro demonios interiores que son perfectamente capaces de sabotear sus comunicaciones y sus técnicas no verbales:

- Su saboteador interior.
- Su animal interior.
- Su niño interior.
- Su diva interior.

El saboteador interior

Si los gestos son los adecuados, resaltan su mensaje; pero también pueden ir contra usted y convertirse en sus saboteadores personales. Sin embargo, ¿por qué querríamos sabotearnos a nosotros mismos? Quizá no sea demasiado adecuado utilizar el verbo *querer*. Por lo general se trata de gestos impulsivos que no podemos reprimir. También los llamamos señales contradictorias. ¿Alguna vez se ha encontrado diciéndole a alguien lo mucho que se alegra de verlo o lo mucho que le interesa lo que le está explicando, pero entonces sus ojos se desvían hacia la sala, para hacer lo que llamamos un barrido visual, o empieza a juguetear con los gemelos de la camisa o nota un bostezo inminente? Éste es su saboteador personal, que grita: «¡No le interesa en absoluto!». ¿Alguna vez le ha dicho a su jefe que está seguro de sí mismo y que es perfectamente capaz de asumir un ascenso mientras las piernas empiezan a temblarle o la garganta le pide que carraspee varias veces? Es su saboteador interior, que anuncia a los cuatro vientos: «¡Es un desastre! ¡No lo ascienda, póngale de patitas en la calle!».

El animal interior

Ya hemos hablado del poder del pensamiento instintivo. Por mucho que evolucione el animal humano, siempre tendremos el impulso de lucha o huida y, normalmente, solemos escoger la primera opción. Eso quiere decir que, cuando nos sentimos presionados, las señales del lenguaje corporal entran en conflicto. Suprimir el miedo, la ira, el deseo sexual o las ganas de pelear supone una batalla diaria que uno cree estar ganando; sin embargo, ¿está seguro de que ha logrado borrar cualquier rastro de ese simio interior? Piense en cuántas veces se convierten sus manos en puños cuando se enfada o en cuántas veces se atusa el pelo o agita las manos cuando está nervioso.

El niño interior

¿Recuerda los remotivadores pseudoinfantiles? A medida que uno madura, el lenguaje corporal hace lo mismo, ¿no? Nos gusta pensar que dejamos en la cuna la costumbre de chuparnos el dedo, pero el niño interior reaparece en el lenguaje corporal cada vez que se estresa, se preocupa o no logra algo que deseaba. Vale, sí, quizá no se meta el pulgar en la boca, pero apostaría algo a que su repertorio de autoconsuelo incluye alguna forma de chupeteo o de mordisqueo, probablemente con la ayuda del extremo de un bolígrafo o de las uñas. Y es muy probable que la expresión facial que pone cuando se enfada no se aleje mucho de la que tenía cuando era niño.

Cuando se siente presionado o tiene miedo o preocupación, el sistema nervioso simpático y el parasimpático entran en conflicto. El primero activa la respuesta de lucha o huida y lo impulsa a la acción, mientras que el segundo intenta calmarlo. En situaciones en que la amenaza está más en su mente que en la realidad, este conflicto interior producirá señales de lenguaje corporal altamente contradictorias que le darán un aspecto muy infantil. Algunas serán fisiológicas, como ruborizarse y, de repente, palidecer cuando la sangre desaparezca de la cara, y otras serán físicas, como andar de un lado a otro antes de sentarse, agotado. Todo esto también puede poner en marcha la siguiente respuesta, a la que llamo…

La diva interior

La diva interior es la responsable de todos los gestos emocionales que pretenden llamar la atención, por lo que es una experta en gritar, en dar zancadas, en caer presa del pánico, del miedo o de los nervios de manera absolutamente desproporcionada respecto al estímulo; la diva interna es una experta consumada en el arte de agitar los brazos y de gesticular como si se estuviera ahogando, para demostrar la intensidad de sus emociones. Ustedes dos se unirán para meterse un gol en propia puerta. Esa reunión lo preocupa o lo asusta, así que su diva interior intensifica el miedo, la ansiedad y el pánico y, en un abrir y cerrar de ojos, es incapaz de pronunciar un discurso tranquilo y mesurado.

Controlar los demonios interiores

- Acepte que sus respuestas ante cualquier situación o intercambio comunicativo pueden ser gentileza de sus demonios interiores. Son voces naturales e instintivas, pero tendrá que desarrollar su voz de líder para poder controlarlas y acercarse a sus objetivos de imagen.
- Ahora ha llegado el momento de identificar esa voz de líder. Se basa en la lógica y en la razón. Debe ser capaz de asumir el control en situaciones de emergencia y de darle instrucciones, recordándole todo lo que puede ganar, y también todo lo que puede perder si permite que sea la voz del niño, animal o diva la que coja las riendas.
- Esa voz, o estado, se llama «madurez».
- Cuando sienta que las emociones empiezan a asumir el control, céntrese en ese estado de madurez y otórguele el control sobre su lenguaje corporal. Piense en positivo

y permítase esperar resultados igualmente positivos. Esto se reflejará en la postura y en los gestos.

- Visualice su yo maduro. Póngale cara e incluso nombre, si lo ayuda. Vea cómo reacciona ante una emergencia. Entonces, imite ese lenguaje corporal. El estado de madurez siempre conserva la calma y la seguridad en sí mismo. Repita este mantra para ayudar a su cuerpo a relajarse: «Estoy calmado, me siento seguro y tengo el control».

Es muy fácil dejarse llevar por el poder de la personalidad y de la conducta impulsiva y argumentar que, si se entrena para responder en lugar de para reaccionar ante distintas situaciones y estímulos, proyectará una imagen falsa. Sin embargo, ha de recordar que *conducta* no es lo mismo que *personalidad*. La conducta es una herramienta, no un jefe, y ha de utilizarla y modificarla en función de las circunstancias. El animal humano sobrevive gracias a su capacidad de establecer relaciones y de elaborar estrategias. Trabajar la conducta es crucial, al igual que conectar con su yo «maduro». Todos tenemos varios «yoes», no uno sólo, y la habilidad para modificar la conducta mediante el lenguaje corporal y el impacto ejercido es fundamental para el desarrollo y para el éxito en la vida.

Puntos clave
- Sáltese las «normas» para lograr resultados.
- No lo diga: demuéstrelo.
- Identifique qué estados clave pueden arruinar su lenguaje corporal. Visualice su estado maduro y deje que sea él quien asuma el liderazgo y el control.

Capítulo 6

GESTICULACIÓN PARA PRINCIPIANTES

La siguiente tarea consiste en lograr el control de los gestos que hacemos con las manos. Ya hemos sentado las bases de la excelencia postural y ahora debemos asegurarnos de que las manos están «en línea» con el mensaje ideal que deseamos transmitir, utilizando la terminología de los políticos. Así se generan gestos coverbales o congruentes (tal y como hemos visto en el primer capítulo).

Cómo gesticula ahora

- ¿Qué rituales utiliza para tranquilizarse? Me refiero a los tics, a cuando se rasca o se acaricia y a cuando chupa o muerde objetos si se siente presionado o quiere tranquilizarse.
- ¿Qué tipo de gesticulación enfática emplea cuando habla? ¿Hay alguno que repita una y otra vez? ¿Agita las manos de un lado a otro al hablar?

Debe ser consciente, por un lado, de que los gestos se nos «contagian» con gran facilidad y, por el otro, de que no todas las copias son resultado de una imitación inspirada. Tan sólo dos días después de que Tony Blair hubiera anunciado que abandonaba el cargo y de que Gordon Brown lo sustituiría, el normalmente adusto escocés ya gesticulaba igual que Blair.

Gesticulación buena y gesticulación mala

¿Cómo definiría la buena y la mala gesticulación? Si le pidiera que elaborara una lista con ejemplos de las dos, ¿cuántos cree que encontraría? Probablemente, sólo algunos ejemplos de mala gesticulación y aún menos de la buena, porque siempre es más fácil saber qué no hacer con el lenguaje corporal que lo que *sí* debe hacerse.

Sin embargo, la verdad es que hay muy pocos gestos que sean verdaderamente desastrosos, negativos y que siempre transmitan una mala imagen. Muchos de «los malos» pertenecen, en realidad, a la categoría de «depende de cuándo y cómo». Por ejemplo, cruzarse de brazos. Es una barrera que puede interpretarse como síntoma de nerviosismo o agresividad. Entonces, ¿debemos pedir una orden de alejamiento contra los brazos cruzados y desterrarlos de nuestro repertorio? Por supuesto que no. Yo me cruzo de brazos con frecuencia. Algunas veces, se debe a que soy bastante tímida, pero también porque me parece que queda bastante bien. No lo hago siempre, y nunca lo hago si estoy hablando con alguien o en una entrevista de trabajo, pero si alguno de mis alumnos quiere intervenir durante una clase, me cruzo de brazos para hacerle saber que tiene la palabra. Si se hace en el momento adecuado y de la manera correcta, cruzar los brazos es totalmente aceptable.

Lo mismo sucede con meterse las manos en los bolsillos. ¡Siempre que no se ponga a jugar con monedas o con cualquier otra cosa! La mano en el bolsillo puede parecer algo moderno y elegante, si se acompaña de la pose adecuada.

Uno de los gestos que sí puede añadir directamente a la lista de «los malos» es meterse el dedo en la nariz. De hecho, supongo que ya lo había incluido sin necesidad de que se lo dijera. Y, si lo ha hecho, estoy bastante segura de que lo habrá acompañado de sonreír con sorna y de chasquear las falanges o los nudillos.

Sin embargo, empezaremos por los chicos buenos. Son los gestos que cabalgan sobre caballos blancos y que tratan a todas las mujeres de «señora». Rescatan a los gatitos que no saben descender de los árboles y siempre bajan la tapa del váter.

Los buenos

La buena gesticulación es **ilustrativa** o **enfática**. Ambos tipos refuerzan el mensaje y contribuyen a que el interlocutor lo entienda mejor. También estudiaremos las señales **esquemáticas** o **miméticas** y los gestos de **fijación.**

Gesticulación ilustrativa

Significa que las manos hacen un ejercicio de mimetismo para describir el objeto o la acción sobre la que se está hablando. Todos conocemos el gesto que hacemos con el pulgar y el meñique y que significa «llámame» cuando los acercamos a la oreja. También sabemos que si describimos a un niño y sostenemos la mano en el aire, horizontalmente y con la palma hacia abajo, estamos indicando la altura y la edad aproximada del crío.

Los gestos ilustrativos ayudan a que nuestro interlocutor nos entienda mejor. Es como hacer pequeños dibujos en el aire.

Gesticulación enfática

La gesticulación ilustrativa presenta imágenes visuales, mientras que la enfática intenta definir emociones. Agitamos las manos, nos las retorcemos o golpeamos el aire para mostrar ira, frustración, preocupación, ansiedad o nerviosismo. Empleamos gestos enfáticos para asegurarnos de que el interlocutor entiende la intensidad de nuestra emoción. Es decir, siempre que sean gestos congruentes. Si la gesticulación contradice el mensaje, lo echará a perder. Por ejemplo, piense en un político que intenta captar votos. Afirma que su partido reducirá los impuestos, para que todos tengamos más dinero. Sin embargo, cuando pronuncia la palabra «reducir», eleva las manos con la palma hacia arriba. Y cuando dice «todos», apunta con las manos hacia su propio pecho. Así es como los gestos enfáticos pueden echar por tierra un mensaje.

Tony Blair y Gordon Brown tienden a compartir los mismos gestos enfáticos. Durante las campañas electorales, ambos hacen un gesto al que llamo «el banderillero», que consiste en apuntar con ambos índices hacia abajo, como si quisieran clavarlos en el atril. Este gesto enfático resultaría excesivo en una conversación normal, pero, si acompaña a manifestaciones verbales de compromiso y de «ir al grano», funciona muy bien. También comparten la preferencia por un gesto de medida, en el que extienden los brazos hacia delante, a la altura del pecho, las palmas de las manos mirándose y separadas unos veinte centímetros, con los dedos estirados. Desplazan el gesto en el aire, a la izquierda (la de ellos) para indicar problemas anteriores, a la derecha para explicar los planes de futuro. Al emplear ambas manos en el mismo gesto, se muestran totalmente comprometidos con la idea, como si el hemisferio cerebral izquierdo y el derecho estuvieran de acuerdo. No es muy frecuente emplear gestos enfáticos como éste, que sincronizan ambas manos. Solemos gesticular más con una mano que con la otra.

Señales esquemáticas o miméticas

Éstas pretenden ser mucho más precisas y deberían lograr que el mensaje se entienda mucho mejor. Sin embargo, no todo el mundo emplea el mismo idioma corporal y hay que recordar que hay variaciones culturales.

De todos modos, las señales clásicas parecen tener un significado universal y obvio. Si le pregunta a alguien cómo se encuentra y éste le responde alzando el pulgar, casi siempre querrá decir que bien. Si extiende la mano abierta y la mueve de un lado a otro, es muy probable que quiera decir que no está seguro o «tal vez». Tocarse con el índice la aleta de la nariz puede significar «es un secreto». A pesar de todo, las señales simbólicas o miméticas pueden resultar confusas. Cuando Paul Gascoigne lloró durante el Mundial de Fútbol, Gary Lineker miró al banquillo y se señaló el ojo con el índice. Siempre creí que les estaba haciendo saber que había problemas en el campo, pero, al parecer, alguien le leyó los labios y lo que decía en realidad era «echadle un ojo».

Gestos de fijación

Este tipo de gesticulación «aparca» una idea durante la conversación y le recuerda a todo el mundo que tiene intención de volver a ella. Pueden ser indicadores útiles para señalar que, aunque se haya producido una interrupción, no se ha abandonado el tema principal. Sin embargo, pueden ser señal de mala educación si se utilizan para desatender al nuevo orador y sugerir que quiere que acabe pronto para volver al tema central.

¿El feo y el malo?

Ahora que ya hemos visto cómo puede mejorar el proceso comunicativo, estudiemos algunos de los gestos que pueden causar problemas y alterar o eclipsar el mensaje que desea transmitir.

Gesticulación agresiva

A lo largo del día, utilizamos muchas señales agresivas sin ni siquiera darnos cuenta. La mayoría de ellas se deben a agresividad o frustración reprimidas, pero se perciben a simple vista y se interpretan como un combate ritual o como una provocación para comenzar una pelea.

Los gestos agresivos aparecen cuando el organismo entra en un estado de activación agresiva. En la mayoría de los casos, los seres humanos no actúan sobre esta activación y, de hecho, ni siquiera sienten del deseo de hacerlo. Es posible que los seguidores de un equipo de fútbol salgan de casa con el objetivo de dar una lección a los seguidores del equipo rival, pero muy pocos de ellos se suben al metro tras haber comprobado que llevan los puños americanos de metal y el *spray* de autodefensa en la mochila, junto al teléfono móvil. La conducta agresiva en el lugar de trabajo es tan habitual como en los partidos de fútbol, pero tendemos a suprimirla, enmascararla o desplazarla. Los trabajadores suelen descubrir que su manera de afrontar las frustraciones cotidianas incluye colgar el teléfono con brusquedad, valerse del sarcasmo, mordisquear bolígrafos o, incluso, iniciar conflictos en casa.

Gesticulación delatora

¿Se acuerda del lenguaje corporal delator, de todas esas señales que revelan sus verdaderas emociones y que acaban convirtiéndose en su sistema de autosabotaje personal? Pues bien, gran parte de ese proceso delator se origina en las manos, que tienden a descontrolarse cuando uno se siente presionado. Muchos de los gestos delatores pueden resultar engañosos, pero ya le he cantado las cuarenta sobre los «justificantes del médico» y ha de cumplir esa norma.

Aunque se frote las manos de frío, si este gesto lo hace parecer nervioso, ha de aguantarse. Si no puede evitar juguetear con anillos o collares, quíteselos cuando tenga reuniones importantes. Si no puede dejar de tocarse el pelo, recójaselo.

Cualquier gesto que no forme parte del mensaje congruente entorpecerá el proceso comunicativo, porque lo sabotea, así que debe eliminarlo de su repertorio. Puede hacerlo visualizando y ensayando los gestos que mejorarán su comunicación verbal.

Gestos que tranquilizan

Si este libro tratara de la gestión del estrés, le pediría que no abandonara los gestos que realiza para calmarse. Son los mordisqueos, las caricias y el tamborileo que uno hace para sentirse mejor cuando está estresado. Por desgracia, debe preguntarse si proyectar una imagen de ansiedad forma parte de sus objetivos.

Si está enganchado a este tipo de gestos, encuentre uno que sea menos visible. Se tarda entre veintiún y treinta días en cambiar una costumbre, así que encuentre una nueva y consiga que funcione. Todo lo que necesita es buscar un gesto tranquilizador nuevo, como frotarse la yema del pulgar con el dedo índice. Hágalo durante veintiún días en momentos de tranquilidad y luego empiece a utilizarlo para calmarse cuando esté nervioso. El cerebro aprenderá por asociación. El nuevo gesto debería ser lo suficientemente sutil como para que nadie lo viera.

Gestos truncados

Éstos tienen que ir directamente a la lista de «a la basura». Los gestos truncados son aquéllos que se empiezan, pero que, por un motivo u otro, no se terminan. ¿Alguna vez ha visto a alguien dejar un gesto a medias mientras hablaba? Esos son los gestos truncados. El orador saca un caramelo y no acaba de desenvolverlo, porque se entusiasma con el tema; o empieza a contar con los dedos, con la intención de presentar cuatro conceptos, pero tras el primero o el segundo se pierde; o eleva el índice para empezar un tema nuevo, pero entonces lo aparca porque su interlocutor sigue hablando. Este tipo de gestos interrumpe a la audiencia. El ojo tiende a fijarse en el caos, y, si los gestos son caóticos, competirán con las palabras y ganarán; no le quepa duda alguna.

Los gestos truncados son una distracción. Acabe todo lo que empiece, porque la audiencia tenderá a quedarse atascada donde lo haya dejado.

Barreras

Las manos son demasiado accesibles a la hora de crear barreras corporales. Puede utilizarlas para cubrir cualquier parte del rostro o para acercarse una copa de vino o un bolso al pecho cuando se siente atacado en una situación social. Si es hombre, es posible que llegue a hacer el gesto clásico de cubrirse los genitales con las manos, o la postura de hoja de parra, si se siente atacado física o emocionalmente. Hasta el menor toque facial indica ansiedad o falsedad, por lo que debe esforzarse extraordinariamente por mantener las manos alejadas de la cara, a no ser que vaya a tocarse la barbilla con el índice, lo que puede indicar que está escuchando activamente a su interlocutor.

Tocarse a uno mismo

¿Lo adivina? Tocarse a uno mismo puede estar entre lo bueno y lo horroroso, en función de la parte del cuerpo que se toque. Son gestos que normalmente indican nerviosismo o ansiedad; pero, si se trata del pelo, de los labios o incluso de los brazos o de las piernas, pueden indicar interés sexual. ¡Así que tenga cuidado!

Gesticulación excelente

Por lo tanto, y a modo de resumen, es muy fácil identificar los gestos que pueden echar a perder el proceso comunicativo. Pertenecen a una de estas tres categorías básicas:

1. Distraen del mensaje principal, porque agita demasiado los brazos o porque juguetea con objetos. Eclipsan el mensaje y han de salir de su repertorio. También pueden ser gestos que se quedan a medias, es decir, gestos truncados.
2. Entran en conflicto con el mensaje. Son los gestos delatores o de negación, que lo sabotean mientras habla.

3. Son excesivamente congruentes, es decir, son adecuados para el mensaje, pero son tan exagerados o los repite tanto que logran que la audiencia dude de su sinceridad.

Cambiar de hábitos de gesticulación

Modificar las pautas gestuales parece extraordinariamente complicado. Para empezar, uno no suele ser consciente de ellas y, cuando llega a serlo, se vuelve tan inhibido y vergonzoso que parecer natural resulta casi imposible. Las manos son un incordio. Les gusta hacer de las suyas cuando nadie mira, pero cuando uno empieza a prestarles atención y a darles instrucciones, tienen una rabieta. Es como si crecieran de tamaño, y cuanto más se les dice que *no* hagan algo, más lo hacen. Intente decirse que no ha de juguetear con las notas mientras habla. El cerebro tiene su propio sistema de cribado: borra la palabra *no* y se queda con la instrucción, por lo que «no te metas las manos en los bolsillos» se convierte en «métete las manos en los bolsillos en cuanto puedas y manosea el cambio mientras las tengas ahí».

Cambiar implica enviar mensajes positivos, no prohibiciones.

Recuerde que se tarda entre veintiún y treinta días en cambiar una costumbre, lo que no es nada en comparación con los beneficios que obtendrá. Por lo tanto, aquí tiene instrucciones sencillas para lograr el control sobre la gesticulación.

- Identifique qué gestos hace ahora y cómo le gustaría cambiarlos.
- Márquese objetivos. ¿Qué quiere hacer con las manos mientras habla? ¿Gestos abiertos y enfáticos? Envíe esa imagen a su subconsciente.
- Póngase de nuevo frente al espejo y practique, practique y practique.

A continuación encontrará una guía que lo ayudará durante las prácticas:

- Mostrar las palmas de las manos lo hace parecer abierto, honesto y obediente; sin embargo, si se pasa puede acabar pareciendo un estafador o un charlatán. Recuerde que las señales excesivamente congruentes no quedan nada bien. Puede aplicar la ley del jugador de póquer a la gesticulación exagerada: si el oponente se comporta como si tuviera malas cartas, puede esperar que tenga una mano excelente, y viceversa.

- Levantar las palmas de las manos y hacer como si se empujara con ellas es una señal de freno o de defensa. Si las palmas y los dedos están estirados, parecerá una orden. Si las manos están más relajadas, dará a entender que está intentando que el otro se calme.

- Manos cerradas en forma de puño. Si los brazos cuelgan a los lados, transmiten ira reprimida. Los puños a la altura de la cintura indican frustración con uno mismo.

- Manos entrelazadas frente al cuerpo. Si están a la altura de los genitales, dan una imagen extraordinariamente defensiva, como si se esperara un golpe bajo. (Preste atención a los gestos defensivos; cuando damos la impresión de que esperamos que nos ataquen, con frecuencia provocamos exactamente lo que tanto tememos.) Si las manos están ligeramente entrelazadas a la altura de la cintura, se transmite sensación de seguridad en uno mismo y de estar preparado para la acción. Si están más arriba de la cintura se transmite una imagen sumisa; la intensidad de la sumisión transmitida aumenta al mismo tiempo que se elevan las manos. Es posible que el ascenso se detenga a la altura de la barbilla; la postura de las manos entrelazadas sosteniendo la barbilla es la más sumisa de todas: es una invitación abierta a que los demás lo utilicen como felpudo. Frotarse las manos transmite imagen de servilismo y de ansiedad. Entrelazar los dedos de manera que ambas palmas miren al suelo da una imagen infantil y es un intento patético de parecer gracioso.

- Utilizo el término «manos de hámster» para describir las manos entrelazadas y tensas en la zona superior del cuerpo, a la altura del pecho o incluso del cuello. Este gesto transmite la sensación de que desea en exceso agradar a los demás.

- Manos en la cintura. Este gesto de culturista puede parecer una postura de poder. Imita las primeras fases de la activación agresiva en los animales, cuando se hinchan para intimidar a sus oponentes.

- Juntar las yemas de los dedos de ambas manos, separando las palmas ligeramente. Es el gesto del «campanario» y es fácil entender por qué. Suele indicar el deseo de elevar el propio estatus, sobre todo si las yemas de los dedos índices señalan hacia la barbilla. Este gesto transmite control y precisión y sugiere una actitud un tanto santurrona. Si las yemas de los dedos apuntan hacia delante, la postura de poder pierde intensidad, pero si apuntan directamente al interlocutor dará la impresión de que quiere mantener la distancia, no porque se sienta vulnerable, sino porque se siente superior.

- Campanario descendente. Se da cuando las manos en campanario están a la altura de los genitales o señalan hacia delante. Indica una escucha crítica.

- Si deja los brazos rectos a ambos lados del cuerpo, tendrá un aspecto raro. Esta postura suele aparecer en militares o en personas que han asistido a cursos de formación sobre cómo dar conferencias. Si los brazos están un poco arqueados a los lados, como los de un gorila, enfatizará sus credenciales alfa.

- Si entrelaza las manos a la espalda, parecerá que intenta mantenerlas bajo control. Cuando las mujeres adoptan esta postura pueden parecer encantadoramente coquetas, pero los hombres suelen parecer sobones en proceso de recuperación. Esto no es aplicable a los conserjes

o a los dependientes, que adoptan esta postura para indicar que están dispuestos a atender o a ayudar a los
clientes.

- Meterse una mano en el bolsillo del pantalón puede
darle una apariencia moderna y elegante, pero sólo si
el pulgar se queda fuera. Colgar un pulgar, o ambos, del
bolsillo puede dar mala impresión. Meter toda la mano
en el bolsillo indica que se quiere esconder algo. Lo mismo si se meten ambas manos, pero, entonces, la intención de ocultar algo se anuncia con sirenas. Si manosea
monedas en el bolsillo parecerá un tanto pervertido.
Evite los bolsillos de las chaquetas a toda costa, porque
son tan elevados que meter la mano dentro no queda
bien, sobre todo cuando los bolsillos pertenecen a una
americana con doble botonadura. Este gesto lo hará parecer un retentivo anal (lo siento, su alteza real).

- Las manos no deberían hacer nada que no sea gesticular
mientras usted habla. Frank Skinner y Chris Tarrant se
hicieron famosos porque eran capaces de hacerse una
manicura completa durante una entrevista, lo que no
queda nada bien.

- Tenga cuidado con cómo utiliza los dedos índices: recuerde que son un arma y que pueden darle un aspecto
agresivo o amenazante. Por ejemplo, estirar el índice
apuntando al interlocutor y lanzarlo hacia delante y hacia atrás es como dar bastonazos con los dedos y transmite una actitud de reproche.

- Frotarse las manos puede indicar placer y el deseo de seguir adelante. El príncipe Guillermo utilizó este gesto
de camino a la boda de su padre. Sin embargo, sea precavido si es el jefe; a su equipo le puede parecer que es
un padre en una fiesta de críos.

- Cuando utilice las manos, evite que los brazos se queden
pegados al cuerpo, porque eso eleva los hombros y recuerda un autoabrazo muy nervioso. Baje los hombros
tal y como ha aprendido en el ejercicio anterior sobre la
postura y permita que los codos se separen ligeramente

de la cintura. (He dicho «ligeramente»; no se trata de bailar *Los pajaritos*.) Deje que le pase algo de aire bajo los brazos, le dará un aspecto más seguro de sí mismo.

- No permita nunca que los dedos se pongan rígidos y queden como garras. Es consecuencia de la tensión muscular y evidenciará su nerviosismo.

- Si tiene la costumbre de recolocarse la corbata, cómprese una aguja de corbata y elimine el gesto. Si quiere saber cómo queda, mire cómo lo hace David Brent en la serie *The Office* y qué aspecto le da ese tic nervioso. La corbata es una prenda fálica que apunta directamente a su miembro viril. Si la toca constantemente y no deja de llamar la atención sobre ella… Bueno, seguro que puede adivinar lo que significa.

- Emplee gestos ilustrativos cuando cuente una historia. Son útiles para reforzar las palabras y añadir imágenes visuales que facilitan la comprensión.

- Los gestos deben ir a la misma velocidad que el discurso, porque así serán coverbales y, por lo tanto, se verá que forman parte de los mismos procesos de pensamiento. Los gestos auténticos preceden a las palabras en algunos segundos, porque al cerebro le es más fácil generar movimiento que formular palabras, por lo que, si desea parecer sincero, debería dejar que las manos, y no las palabras, tomen la delantera.

- Piense en Fred Astaire. El mejor movimiento es el que está sincronizado, para que todo el cuerpo parezca bien coreografiado. Evite todo lo que parezca espasmódico o descontrolado. Sin embargo, esto no significa que todos los movimientos deban parecer tranquilos. Puede intensificar el impacto mediante el énfasis, evitando parecer demasiado programado. Los movimientos excesivamente fluidos pueden parecer falsos. Piense en esos políticos que parecen haber analizado y controlado hasta el menor parpadeo o respiración. Los políticos que precedieron a Bush estaban demasiado coreografiados para el gusto británico. Por el contrario, nadie podría acusar a

Bush, precisamente, de tener sus sesiones de preguntas y respuestas demasiado bien preparadas.

- Los gestos abiertos logran mayor impacto que los cerrados. Pero, si mantiene los brazos abiertos durante demasiado tiempo, recordará a Al Jolson en *El cantor de jazz*. Alterne los gestos abiertos y las manos entrelazadas con suavidad.

- Mantenga los gestos en la zona entre la cintura y los hombros. Si va más abajo, parecerá que está deprimido o que es un pervertido, y si va más arriba, dará la impresión de estar histérico o al borde de la locura.

- Relaje los dedos sacudiéndolos con suavidad antes de entrar a la reunión y de empezar a hablar. Alguien podría haberle dado este consejo a Camilla antes de su matrimonio con el príncipe Carlos, pero una vez casada la vi haciéndolo mientras se acercaba a un grupo de personas en una recepción. Le ruego que haga los ejercicios de calentamiento en privado. Los únicos ejercicios invisibles son la exhalación lenta, para relajar el cuerpo, o el corrector de postura, que consiste en enderezar la columna y bajar los hombros y tirarlos hacia atrás.

- Nunca utilice puntos de apoyo para mantener las manos bajo control. Por tentador que resulte sostener un bolso, un bolígrafo o incluso algunos papeles, descubrirá que esto no es más que una versión exagerada de los tics que utilizamos para tranquilizarnos. Los bolígrafos reflejan hasta tal punto los pensamientos y las emociones de quien los sostiene, que el Gobierno debería emitir una advertencia sanitaria. La agresión contra los bolígrafos es muy habitual y, cuando los retorcemos, los desenroscamos, los mordemos o los golpeamos damos mucha más información de la que nos gustaría.

- Los gestos ilustrativos son geniales, pero asegúrese de que no se pasa de la raya y entra en el mundo del mimo. ¿Se acuerda del grupo de pop S Club 7? ¿Recuerda que tenían un movimiento para cada una de las frases de sus canciones? He visto a oradores que hacen prácticamente lo mismo y que utilizan las manos para explicar sus palabras, como si hablaran a los sordos.

Cuando empiece a identificar cuáles son sus gestos delatores, es muy posible que el malestar lo haga ir hacia atrás y que pase por una fase de no querer saber nada del lenguaje corporal. Sin embargo, recuerde que la ignorancia no da la felicidad y que, si dedica algo de esfuerzo a analizar sus gestos delatores y luego se centra en lo que debe hacer y en lo que no para modificarlos, no sólo eliminará gestos negativos, sino que mejorará y reforzará el lenguaje corporal que ya hace bien.

Puntos clave

- Estudie la gesticulación positiva, como la enfática o la ilustrativa, y elimine la negativa, como los gestos de negación o los metronómicos.
- Consiga que la comunicación sea congruente, haciendo que los gestos y las palabras estén en sintonía.
- Emplee técnicas como la de mostrar las palmas de las manos, para transmitir honestidad, y evite gestos como tocarse la cara, porque pueden sugerir que miente.

Capítulo 7

EXPRESIONES FACIALES: CÓMO HACERLAS

En este capítulo, trabajará las expresiones faciales y otros gestos delatores sutiles; estudiará la sonrisa, el contacto visual y otros movimientos del rostro, y aprenderá el efecto que ejercen sobre la audiencia. Practicará expresiones apropiadas para situaciones sociales y aprenderá cómo usar un salvapantallas facial, para proyectar una imagen abierta, positiva y carismática o para ocultar que las cosas no acaban de ir bien y que está nervioso.

Las expresiones faciales y usted

Es muy posible que esté convencido de que controla sus expresiones faciales, pero la verdad es que no tiene ni idea (o muy poca) de lo que su cara transmite a lo largo del día.

El rostro humano tiene muchos más músculos que el de cualquier otro animal y se combinan para generar un complejo abanico de mensajes emocionales. El impulso de transmitir esos mensajes es tan fuerte que lo hacemos incluso cuando estamos solos.

- ¿Cómo sonríe cuando quiere mostrar una sonrisa social, es decir, una sonrisa agradable o amable, en lugar de una natural y sin forzar?

- ¿Tuerce la boca? ¿La sonrisa le llega a los ojos? ¿Muestra los dientes o separa los labios?
- ¿Cuál es su nivel habitual de contacto visual? ¿Cómo se comporta cuando se siente presionado o intimidado?
- ¿Hacia dónde se le van los ojos cuando piensa? ¿Mira hacia delante o hacia arriba?
- ¿Alguna vez frunce el ceño sin darse cuenta?
- ¿Cómo es su cara «salvapantallas»? Es la expresión que utiliza cuando no muestra «su mejor cara». ¿Transmite desánimo o enfado?

Su cara tiene tres modos básicos:

1. **Modo de trabajo**
   Es el rostro habitual «para salir», el que utiliza en las reuniones, para saludar y en las situaciones sociales habituales.
2. **Modo de enmascaramiento**
   Es la cara que utiliza cuando intenta eliminar expresiones negativas y sustituirlas por otras más educadas o adecuadas; por ejemplo, cuando intenta ocultar el aburrimiento fingiendo interés.
3. **Modo de salvapantallas**
   Es algo más que un lienzo en blanco sobre el que se pintan las otras expresiones; el salvapantallas es lo más parecido a una expresión facial natural. Es muy posible que empiece el día en modo salvapantallas, mientras se prepara para la jornada que tiene por delante. Es la cara que pone cuando no pone cara alguna, aunque es algo más complicado que esto. A medida que crecemos, los músculos adquieren cierta memoria, que tiende a distorsionar el salvapantallas, es decir, que sin que usted lo sepa, es posible que su salvapantallas facial se haya convertido en un ceño fruncido o en una mueca de desdén. Es muy poco habitual que el salvapantallas se parezca ni remotamente a una sonrisa. Cerca de donde vivo, suelo ver a una mujer que sonríe cuando su rostro

está en modo «descanso». No he estudiado el efecto que su expresión ejerce sobre el resto de transeúntes, pero sospecho que les resulta un tanto inquietante.

Imagínese que lleva enganchada a la cabeza una cámara que filma sus expresiones faciales a lo largo de todo el día. ¿Cuánto tiempo pasa en el modo de trabajo, en el de enmascaramiento o en el de salvapantallas?

Su rostro social

¿Cree que su cara funciona con normalidad cuando habla con amigos, con familiares o con compañeros de trabajo? Compárela con la cara que tiene al levantarse por la mañana. Cuanto más conozca a alguien, más probable es que utilice su rostro normal cuando hable con él o ella, pero cuando habla con un amigo o con un total desconocido, lo más común es que active su rostro social, es decir, que «ponga su mejor cara», usando la terminología de los psicólogos.

En el lugar de trabajo debemos utilizar casi exclusivamente el rostro social. Si no lo hacemos, nos calificarán de pesimistas y malhumorados, sobre todo si se trata de mujeres. Se espera que, en el lugar de trabajo, las mujeres sonrían un 80 % del tiempo, y la mayoría de ellas lo hacen. Por eso se las suele describir con esa palabreja horrible que se supone que es un cumplido: *¡risueñas!*

Si trabaja de cara al público, es muy probable que le exijan que sonría con mucha frecuencia y que su expresión facial varíe entre amable, positiva, atenta, comprometida y entusiasta. Cuanto más elevado es el puesto que se ocupa en la empresa, menor es la presión sobre la expresión facial exigida. Sir Alan Sugar tiene la expresión malhumorada del hombre que dirige su propia empresa, aunque Richard Branson es uno de los escasos grandes empresarios a quienes parece no importarles mostrar una expresión sonriente cuando aparecen en público.

Emplear el rostro social al salir a la calle no tiene nada de malo. Nuestros ancestros lo considerarían una estrategia de supervivencia, porque gruñir y mirar mal a otros animales puede ser causa de muerte.

Los cambios en la expresión facial alteran extraordinariamente el modo en que nos perciben los demás. En el capítulo 9 hablaré del amor y del sexo, pero adelanto que la «mirada del amor» es uno de los cambios más radicales que existen y logra que el rostro se vuelva casi irreconocible, porque dulcifica los rasgos para garantizar que el otro nos encuentre doblemente atractivos y se enamore de nosotros.

Por desgracia, una vez que se han superado las primeras fases de atracción, de amor y de deseo, lo más probable es que el rostro recupere su expresión «natural» cuando estamos con la pareja. En muchos aspectos, esta relajación de los rasgos es un alivio, porque implica que se ha entrado en esa fase tan cómoda en la que podemos ser «nosotros mismos» ante el otro. La confianza y la seguridad nos permiten abandonar la máscara social y mostrar nuestra verdadera cara a la pareja. Lo malo es que la «verdadera» cara no suele ser la opción más atractiva. Del mismo modo que la mirada del amor es como el Viagra de la naturaleza, la cara «verdadera» puede ser un mecanismo natural de control de natalidad, porque tiende a ser seria, cansada y fea. Todos aspiramos a encontrar un amor incondicional, quizá porque lo hemos visto en nuestros padres y deseamos alcanzarlo con nuestras parejas, pero este objetivo es poco realista y se alcanza en muy pocas ocasiones cuando hablamos de una relación que también se basa en la atracción sexual. Tanto los hombres como las mujeres pasamos más horas en el trabajo que en casa, así que, ¿qué sucede cuando en casa mostramos nuestra cara aburrida y en el trabajo presentamos «nuestra mejor cara», porque eso es lo que nos han enseñado a hacer? He estudiado a miles de personas en el trabajo y muchas de ellas emplean la mirada del amor todo el día, porque son comerciales, porque quieren parecer carismáticas o porque quieren hacerle la pelota al jefe. Esto lleva a una confusión que explica en gran medida la cantidad de aventuras extramaritales en el trabajo.

El rostro impasible

El camino al trabajo suele incluir un período de expresión impasible como salvapantallas. Se ha visto que los prisioneros utilizan esta expresión cuando se encuentran en la misma sala que los guardias, a diferencia de cuando están solos. Cuando los guardias aparecen, los prisioneros adoptan un rostro impasible, inclinan la cabeza y eliminan todo rastro de expresión facial. En parte se debe al miedo y en parte al deseo de no destacar en el grupo. Si va al trabajo en transporte público, es muy probable que adopte esta misma expresión por los mismos motivos. Si está sentado o de pie en un vagón de metro abarrotado, intentará parecer invisible, porque llamar la atención en esas circunstancias puede resultar peligroso. Está en un lugar cerrado con muchos desconocidos y no sabe cuántos de ellos pueden ser una amenaza para usted. Si establece contacto visual o hace algo que llame la atención, se arriesga a que alguien se le acerque o incluso lo ataque. Además, tiene la cabeza en otra parte, lo que se refleja en la inexpresividad de su rostro. De hecho, el único modo de soportar los largos trayectos en metro es entrar en un estado mental de animación suspendida.

Esta inexpresividad tan intensa puede estar intercalada con momentos de alto rendimiento facial. Esto sucede cuando le compramos el periódico a un quiosquero simpático o cuando charlamos con el camarero que nos ha servido el café, con el guardia de seguridad o con el recepcionista. A veces cuesta mucho, porque llevamos mucho tiempo mostrándonos impasibles. Hay ocasiones en que la sonrisa del saludo sólo existe en nuestra mente. Pregúntele a cualquier recepcionista y le dirá que no ve más que un reguero de caras tristes pasar por delante de su mostrador.

Los rostros emocionales

Las expresiones faciales fundamentales tienen que ver con la supervivencia. Se trata de las emociones primarias y secundarias. Las emociones básicas son las que nuestros ancestros empleaban en la naturaleza, como reacción ante amenazas reales. Son el miedo, la tristeza, la ira, la alegría, el asco y la sorpresa. Las emociones secundarias son las que aparecen como resultado de los pensamientos o de la imaginación. Son el amor, la decepción, el desprecio, el optimismo y la culpa o el remordimiento.

Las emociones primarias generan expresiones faciales intensas.

El miedo o la sorpresa hacen que elevemos las cejas, que abramos los ojos y, probablemente, también la boca. Todas estas respuestas aumentan la capacidad de ver y de pensar rápidamente ante una amenaza real.

El asco impide que ingiramos alimentos que están en mal estado o que pueden resultar venenosos. Esta expresión hace que apretemos los labios con fuerza y que torzamos el gesto; también cerramos los ojos, arrugamos la nariz y apartamos la cabeza, con frecuencia moviéndola de un lado a otro. Quizá saquemos la punta de la lengua para mostrar nuestro rechazo.

La ira hace que frunzamos el ceño, lo que protege los ojos en caso de pelea. También hace que tensemos los labios sobre los dientes, abre las aletas de la nariz e hincha y enrojece la cara, lo que nos da un aspecto atemorizador.

Puede que estas respuestas emocionales primarias formen parte de nuestro proceso evolutivo, pero si las aplicamos en el momento erróneo, pueden dar lugar a conflictos en lugar de salvarnos la vida.

«Tendrías que haberte visto la cara» es un comentario muy frecuente, pero la cuestión es que no podemos. A diferencia del resto del lenguaje corporal, las valoraciones o evaluaciones de las expresiones faciales propias suelen ser retrospectivas y sólo si nos han fotografiado o grabado en vídeo. Las fotografías mienten casi siempre, porque ponemos nuestra sonrisa de «turista feliz» o porque las únicas que nos han hecho sin que nos diéramos cuenta acaban en la papelera en cuanto las vemos.

Crear el rostro perfecto

¿La idea de trabajar las expresiones faciales lo hace sentir vanidoso o falso? Los actores deben inventar y perfeccionar expresiones faciales de manera constante y de varios modos y, tal y como hemos visto a lo largo del capítulo, todos somos actores cuando escogemos qué cara poner para saludar al mundo. En la cultura británica, una de las peores acusaciones que se pueden hacer es la de falsedad. Lo vemos continuamente en *Gran Hermano*, donde los participantes muestran todo tipo de conductas antisociales o maleducadas, pero insisten en que son mejores que el resto, porque «estoy siendo yo mismo». Cuando alguien se esfuerza en mantener los rituales básicos y en mostrarse educado, positivo y sociable, se lo acusa instantáneamente de ser falso y poco digno de confianza.

Por lo tanto, la expresión facial perfecta debe proyectar la imagen ideal, pero también ha de parecer genuina. ¿Por qué? Porque lo que no entendemos nos asusta. Uno de los motivos que quizás expliquen cómo logró George W. Bush ser reelegido es que tiene lo que parece ser una expresión facial muy abierta. Quizá no nos guste lo que representa, pero todas esas expresiones fugaces parecen darnos acceso total a sus pensamientos. Llegamos a ver lo mal que gestionó el enmascaramiento cuando le susurraron que las Torres Gemelas habían sufrido un ataque el 11 de septiembre. Todos vimos que se le congeló la cara, como si el cerebro se le hubiera bloqueado.

Dulcificar los rasgos

Al rostro le suceden dos cosas cuando vemos algo que nos gusta o a alguien a quien queremos. En primer lugar, los rasgos se dulcifican. Éste es el motivo por el que las personas que se enamoran apasionadamente parecen tan sensibleras y no pueden esconder lo que sienten por el otro. En segundo lugar, las pupilas se dilatan.

No hay manera de dilatar las pupilas a voluntad (si no es usando belladona, un veneno que las damas victorianas utilizaban para aumentar su atractivo), pero sí se puede aprender a dulcificar los rasgos.

No tiene sentido alguno entrar en una sala llena de gente a la que desea gustar con una cara que parece recién salida de un museo de cera.

Para relajar las facciones y proyectar una expresión segura, pero accesible, tendrá que planchar sus rasgos, que es como llamo al proceso siguiente:

- Cierre los ojos durante un par de segundos e imagine que una plancha templada y agradable recorre todo su rostro, eliminando a su paso la tensión muscular, el ceño fruncido y las arrugas derivadas del estrés.
- Pásela alrededor de los ojos hasta que todos los músculos faciales se hayan relajado.
- Tóquese la bóveda del paladar con la punta de la lengua para relajar la tensión acumulada en la mandíbula.
- Entonces, aplique la sonrisa (es lo que está a punto de aprender).

Sonrisa asimétrica

Según muchos psicólogos, el hemisferio cerebral derecho controla las expresiones faciales emocionales, lo que significa que la mitad izquierda de la cara sonríe con mayor facilidad. ¿Por qué la izquierda? Porque el hemisferio derecho controla la mitad izquierda del cuerpo y viceversa.

Mírese al espejo y practique algunas expresiones faciales. Intente sonreír de mentira. Es muy habitual que las sonrisas falsas sean asimétricas, porque la mitad izquierda del rostro puede reproducir la sonrisa falsa más fácilmente que la derecha.

Por eso, cuando sonreímos de mentira, suele resultar bastante obvio. Sin embargo, las sonrisas falsas son tan habituales que estamos dispuestos a aceptarlas como señal de un estado mental apropiado. Por lo tanto, nos parece bien que nos sonría alguien a quien nos acaban de presentar y que, por lo tanto, no nos conoce. Es una señal que nos lleva de vuelta al gesto de conformidad de los simios, cuando apartan ligeramente los labios de los dientes para establecer una relación pacífica. Esperamos sonrisas falsas de los recepcionistas, de los camareros, de los dependientes e incluso de los teleoperadores, a quienes les dicen que deben sonreír mientras hablan por teléfono, ya que las sonrisas pueden oírse aunque no se vean.

Como a los simios, las sonrisas exageradas nos molestan sobremanera. En el mundo de los simios se trata de una señal de agresividad, pero la vemos con mucha frecuencia en situaciones sociales y en el mundo de la empresa, en rostros de personas que, muy habitualmente, sufren de fatiga facial. La sonrisa debe ser siempre equilibrada y relajada.

Para aprender a sonreír bien, se ha de empezar siempre por los ojos. La maquinaria neurológica que participa en la formación de la sonrisa genuina es distinta a la que participa en las sonrisas falsas o imitadas. El músculo orbicular se mueve de manera involuntaria cuando la sonrisa es genuina, mientas que el músculo cigomático, a ambos lados de la cara, puede generar una sonrisa voluntaria o involuntariamente. Por lo tanto, si sólo se sonríe con los labios, olvidando los ojos, aparece en el rostro una sonrisa triste o sin alegría.

Cuando estudie su rostro en el espejo, cúbrase la parte inferior con la mano o con un papel e intente sonreír utilizando únicamente los ojos. Dulcifique la mirada, como si acabara de ver a un amigo. Entonces, imagínese que está a punto de contarle un chiste. Cuando domine la sonrisa ocular, puede pasar a trabajar los labios.

Empiece sonriendo con los labios cerrados y amplíe la sonrisa hasta que se vean los dientes superiores y los inferiores (¡pero no todos!). ¿La sonrisa es abierta y genuina o parece como si alguien acabara de gritar «¡patata!»? Si le cuesta mucho, piense en algo divertido. Siga practicando con la sonrisa hasta que parezca genuina y deje de sentirse un fraude. Piense en estrellas de cine, como Tom Cruise o Julia Roberts, que han perfeccionado su sonrisa cinematográfica hasta tal punto que se han convertido en iconos.

He aquí algunos puntos fundamentales que debe recordar:

- No muestre todos los dientes, porque ello transmite estrés o tensión. Se conoce como sonrisa social forzada o rictus, por motivos obvios.
- Evite abrir la boca a no ser que vaya a reír con naturalidad, de otro modo, parecerá muy falso.
- No haga nunca lo que conocemos como sonrisa relámpago. Es el nombre que se da a las sonrisas que aparecen de ninguna parte y que desaparecen con la misma rapidez. Las sonrisas genuinas pueden aparecer súbitamente, pero se mantienen un poco más.
- También ha de evitar las sonrisas panorámicas. Cuando aparecen sobre los rostros de personajes famosos, tienen un efecto devastador sobre sus seguidores, pero cuando se emplean en la vida real quedan muy artificiales. Son esas en las que la cara se ilumina como una bombilla de 100 vatios, sin otro motivo aparente que el deseo de impresionar a los demás.
- Evite emplear las sonrisas que parecen estar coreografiadas y que no guardan relación alguna con las palabras que se están pronunciando. Margaret Thatcher las empleaba con mucha frecuencia y sonreía mientras pronunciaba palabras incongruentes con la sonrisa, como *desempleo*, o intentaba parecer enfadada.

La psicología de la sonrisa: qué dice de usted su sonrisa

SONRISA SIN ALMA
Ojos redondos y boca amplia. Cuando la sonrisa no llega a los ojos, parece falsa y estudiada.

RICTUS SOCIAL FORZADO

Labios muy separados que muestran los dientes superiores e inferiores. Es una sonrisa social forzada, que da la impresión de que se busca desesperadamente la aprobación de los demás y parecer amable. También puede resultar un tanto agresiva, como cuando los animales enseñan los dientes.

SONRISA ASIMÉTRICA

Es una sonrisa torcida. Las sonrisas asimétricas son muy habituales, pero hacen que la felicidad parezca poco genuina y sin calidez, como si costara esfuerzo o se estuviera siendo sarcástico.

SONRISA INVERTIDA

Sólo asciende la zona central de los labios, por lo que la sonrisa parece estar del revés. Da la impresión de que se trata de una pátina de sofisticación que intenta ocultar tristeza.

FRUNCIR LOS LABIOS
Sonrisa completamente invertida, con los labios hacia adentro. Suele aparecer durante el saludo. Transmite la impresión de que se lleva tiempo sufriendo en silencio, en lugar de que se es feliz.

SONRISA PEFECTA
Boca equilibrada, labios ligeramente abiertos que muestran los dientes superiores e inferiores. Ojos ligeramente cerrados. Apariencia de verdadera felicidad.

SONRISA REPRIMIDA
Ojos ligeramente cerrados, pero se reprime la sonrisa de los labios, como si le hiciera gracia una broma privada o si intentara no reírse de alguien.

AMÍGDALAS AL AIRE

Ojos entrecerrados, boca muy abierta. Esta sonrisa excesivamente congruente lo hará parecer un padre o una madre que intenta lograr que su bebé le devuelva la sonrisa. O lo hará parecer falso. Además, sonreír en exceso parece un intento de disimular que se está muy aburrido.

SONRISA SECRETA

La barbilla se contrae y la cabeza está ligeramente ladeada. Los ojos están abiertos, los labios cerrados y curvados hacia arriba, asimétricamente. Es una expresión cercana al coqueteo y solía considerarse una «invitación».

COQUETEO ABIERTO

Igual que la sonrisa anterior, pero elevando una de las cejas.

SONRISA AGRESIVA
Labios muy abiertos, dientes a la vista.
En términos animales, es un gruñido. Le
da un aspecto mortífero.

SONRISA CON MANDÍBULA INFERIOR
PROTUBERANTE
Sólo se muestran los dientes inferiores.
Adelantar los dientes inferiores transmite
agresividad, por mucho que los labios
intenten sonreír.

DIENTES EN SIERRA
Los labios están abiertos, pero los
dientes están apretados, de un extremo
al otro. Da la impresión de que se sonríe
para ocultar tensión o ansiedad.

SONRISA PETULANTE
Barbilla elevada, labios bastante apretados, no se ven los dientes. Es posible que sea la sonrisa más desagradable de todas, porque transmite superioridad, pero por los motivos equivocados.

SONRISA DEL SABELOTODO
Sonrisa invertida, labios cerrados, una ceja elevada. Aunque puede tener posibilidades durante el coqueteo, en general da la impresión de que menosprecia al interlocutor.

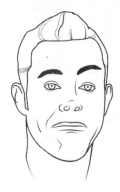

Fruncir el ceño

Fruncir el ceño es malo, ¿verdad? Pues no, no siempre. David Beckham ha patentado un ceño fruncido que intensifica su imagen de héroe deportivo y que utiliza con maestría, incluso cuando arrastra a Victoria durante una noche de fiesta. El ceño de Beckham es espectacular, porque sólo emplea una ceja. Es una imagen que puede hacer temblar las rodillas de hombres y mujeres por igual, porque intimida a los oponentes y transmite poder sexual a las féminas.

Por lo tanto, un hombre con el ceño fruncido puede resultar muy atractivo sexualmente. Piense en un macho alfa, lo más probable es que lo vea con el ceño fruncido. Un pequeño toque de ira puede hacer maravillas con la imagen masculina, pero, por desgracia, no sucede lo mismo con las mujeres. Resulta prácticamente imposible encontrar a una mujer con el ceño fruncido en los medios de comunicación, porque contradice totalmente la imagen «risueña» que parece seguir siendo el «ideal». Incluso las presentadoras de los informativos suelen ser la contrapartida «risueña» del presentador serio y con el ceño fruncido; o, como mucho, aparecen con semblante inexpresivo. Si quiere ver un ceño fruncido rentable en una cara femenina, ha de buscar estrellas del *rock* malhumoradas o modelos de pasarela que intentan parecer lejanas y poco accesibles.

Uno de los grandes problemas de fruncir el ceño es que, si no se hace bien, puede otorgar un aspecto enfadado o de desaprobación, en lugar de concentrado y *sexy*.

Cómo escuchar con interés

La expresión facial lo es todo cuando se quiere transmitir que se escucha con interés. Adelante un poco la cabeza y frunza el ceño muy ligeramente. Estreche los ojos y prepárese para llevar a cabo lo que tiene que ejecutar con los labios. A partir de aquí, lo único que ha de hacer es lo que se llama reflejo facial, que consiste en copiar sutilmente las expresiones faciales y las emociones del orador.

Tenga cuidado con las expresiones que puedan resultar disonantes con las del orador. Es el término que utilizamos para referirnos a las expresiones faciales que contradicen directamente a las emociones de quien habla. Este fenómeno puede verse con frecuencia en las pantallas de televisión, cuando alguien aparece para hablar de una tragedia o de una pérdida personal. En lugar de aparecer con semblante triste, resulta que sonríen o incluso ríen un poco o se encogen de hombros, como si dijeran: «No pasa nada». Toda esta contradicción suele ser resultado de querer «plantar cara a la adversidad». En el Reino Unido se suele lograr una respuesta de «pena y consuelo» más intensa con esta actitud que llorando y tirándose de los pelos. Como país, desconfiamos del histrionismo.

Contacto visual

El contacto visual le dará seguridad en sí mismo y sensación de control sobre la conversación. Sin embargo, hay muchos manuales y cursos que insisten en que ha de utilizarse hasta un punto que a mí me parece francamente excesivo.

Si aparta la mirada de su interlocutor, parecerá tímido o sumiso, pero recuerde lo que le he dicho acerca de marcase objetivos antes de hacer ningún cambio. ¿Acaso es tan malo ser tímido? Piense en personas a las que conozca y que utilicen, o hayan utilizado, señales de timidez. A mí se me ocurren cuatro: Tony Blair, David Cameron, Lady Di y su hijo, el príncipe Guillermo. Los cuatro consiguen, o conseguían, mostrar la faceta atractiva de la timidez. Esto quiere decir que, aunque pueden llegar a mostrar una tremenda confianza en sí mismos en muchas de sus apariciones, siguen siendo muy populares, porque saben cómo utilizar las cabezas bajas, los ojos caídos y las sonrisas tímidas.

Por otro lado, piense en usuarios ávidos del contacto visual intenso y permanente, como Michael Howard, Jeremy Paxman, Jeremy Kyle y Margaret Thatcher; sí, son personajes fuertes y controladores, pero no ganarían ningún concurso de popularidad.

Por lo tanto, aunque sea posible utilizar el contacto visual como arma de destrucción masiva, también puede dulcificarse para lograr un efecto magnífico.

- Use el contacto visual al cien por cien mientras esté escuchando a alguien, pero no se olvide de asentir con la cabeza como parte del repertorio, o parecerá un loco con la mirada fija.
- Cuando hable usted, establezca contacto visual, pero acuérdese de desviar la mirada de vez en cuando durante breves períodos de tiempo. Mantener un contacto visual demasiado prolongado mientras se habla puede dar una apariencia intimidante o deshonesta.
- Intensifique el contacto visual cuando quiera aumentar su estatus, pero utilice esta estrategia con sabiduría.

- En el mundo real, sólo los amantes que intentan leerse la mente o los gamberros con antecedentes por agresión y que están a punto de propinarle un puñetazo a alguien se quedan mirando al otro fijamente durante largo tiempo. Por desgracia, el contacto visual prolongado acaba transmitiendo pasión o agresividad, de ahí que la frase «¿se puede saber qué estás mirando?» anuncie, sin lugar a dudas, que está a punto de estallar una pelea.

Movimientos oculares

Se suele interpretar el gesto de elevar los ojos al cielo como un intento de estimular zonas concretas del cerebro. Por desgracia, la audiencia puede desconectar en función de la dirección en que se vayan los ojos.

- Si se mira hacia delante y hacia arriba, quizá resulte más fácil conectar con el guión interior mientras se pronuncia una conferencia o una charla formal, pero las ventajas de este gesto se ven totalmente superadas por las desventajas, ya que otorga una imagen de vanidad, de temor o de desconexión con la audiencia.
- Elevar los ojos al cielo es como un insulto directo para la persona con la que se está hablando, porque transmite impaciencia e irritación. Parece que le esté pidiendo al cielo que le otorgue la paciencia necesaria para aguantarla. Es la versión visual del suspiro.
- La dirección de la mirada tiende a indicar que ahí es donde le gustaría estar. Por lo tanto, si mientras alguien le habla no deja de mirar a la puerta o a la gente que lo rodea, la implicación es que tiene ganas de marcharse o, al menos, de hablar con otra persona.
- Hay quien afirma que desviar la mirada lateralmente sugiere que uno miente o que dice la verdad, en función de a qué lado se dirijan los ojos. Según algunos psicólogos, no hay pruebas que sustenten esta teoría,

pero he estudiado filmaciones de algunos mentirosos famosos y también he observado a las personas que participan en mis cursos, y creo que la idea se sostiene. Trataré esta cuestión con más detalle en los capítulos relativos a cómo interpretar a los demás, pero recuerde que si lo ponen contra la pared y eleva los ojos hacia arriba y hacia la izquierda, parecerá que está intentando recordar la verdad. Sin embargo, si los dirige hacia la derecha, es posible que su interlocutor interprete que está mintiendo.

- Desviar la mirada hacia un lado o hacia el suelo durante un momento clave del discurso también puede hacerlo parecer deshonesto o falso. La mayoría de las personas cree firmemente que los ojos son el espejo de alma y que el deseo de ocultarlos es muy intenso cuando uno sabe que está siendo parco con la verdad.

- Desviar la mirada durante períodos prolongados puede darle apariencia de ser evasivo, esquivo o tímido. Sin embargo, si baja la mirada cuando alguien lo mira, para volver a elevarla y establecer contacto visual con su interlocutor, puede parecer que está coqueteando.

- El bloqueo visual es un parpadeo muy prolongado y da a entender que desea que su interlocutor se calle.

- Del mismo modo, los cortes visuales consisten en cerrar los ojos alargando el período de parpadeo, lo que indica que le gustaría escapar de la situación o eliminar lo que está viendo o escuchando.

- Las miradas matadoras son esas miradas significativas que se lanzan, normalmente a la pareja, cuando usted quiere marcharse de una fiesta y él o ella decide pedir otra bebida.

- Los ojos como platos aparecen cuando uno abre mucho los ojos para indicar sorpresa o escándalo.

- El tartamudeo visual consiste en parpadear a un ritmo irregular, lo que normalmente indica confusión.

- El parpadeo acelerado es otra de las señales de irritación o de impaciencia. Si alguien le pide un favor y usted no quiere hacerlo, explicar por qué se niega a ello es mucho más asertivo que lanzarle una ráfaga de parpadeos acelerados. Estos indican que la adrenalina está irrumpiendo en su torrente sanguíneo, lo que, a su vez, señala ira o irritación reprimidas. Mantenga una tasa de parpadeo normal; no utilice el lenguaje corporal para lanzar indirectas.

• Dejar de parpadear. Obviamente, es imposible dejar de parpadear por completo, pero he estudiado a algunas personas que parecen ser capaces de dejar de parpadear durante períodos extraordinariamente prolongados. Será casualidad, pero todos eran criminales y estafadores que parecían pensar que una mirada abierta los haría parecer más honestos. Dejar de parpadear requiere un gran esfuerzo y uno debe preguntarse por qué iba alguien a tomarse tantas molestias si no es para engañar a su audiencia.

Guiños

Es un gesto esquemático, es decir, un gesto más estilizado que la mímica, que últimamente está siendo muy vilipendiado por los grupos de presión antisexistas. Creo que depende en gran medida de dónde se haya crecido. En Londres solemos guiñar el ojo a los amigos, pero no lo hacemos para ligar. Es una señal sintética, es decir, transmite mensajes muy complejos con un gesto muy sencillo. Indica que se piensa lo mismo o que se está compartiendo algo divertido. A veces, el guiño sólo indica que se habla en broma. Por lo tanto, creo que el guiño es uno de los gestos más atractivos del repertorio humano. Pero claro, soy londinense. En términos prácticos, puede considerarse una muestra de acoso sexual en el trabajo, lo que es una verdadera lástima.

Puntos clave

- Recuerde que debe ser consciente de sus expresiones faciales; está en el lado equivocado de sus pupilas, por lo que no puede controlarlas constantemente, pero eso no quiere decir que no sean importantes.
- Practique gestos faciales para crear expresiones positivas, como de felicidad, una sonrisa educada, de atención o de preocupación.
- Sonría con los ojos: es más importante que sonreír con los labios.
- Recuerde que incluso el parpadeo puede influir en la percepción que los demás puedan tener de usted.

Capítulo 8

CÓMO ESTABLECER CONTACTO FÍSICO

El contacto físico es una de las señales más poderosas del lenguaje corporal. Pierde potencia en las fotografías que analizo para las revistas y uno tiene que experimentarlo por sí mismo para captar todo su efecto. El roce más breve puede dar lugar a emociones cercanas a la vergüenza o, incluso, al malestar. ¿Alguna vez se ha sentado en el tren y se ha sentido atrapado en un espacio muy pequeño, en su intento de evitar tocarle el pie al desconocido de enfrente? ¿O alguna vez ha salido con un grupo de amigos y ha sentido que perdía el norte cuando alguien le ha tocado ligeramente el brazo o el pelo mientras hablaba con usted?

El contacto físico es tan importante que hay toda una serie de normas sociales que rigen su uso. En el mundo empresarial británico, el único contacto físico aceptable es el apretón de manos, pero incluso este gesto puede verse influido por normas culturales. Si un colega parece sentirse especialmente estresado o con una alteración de tipo emocional, podemos tocarle ligeramente el hombro o el brazo para mostrarle apoyo, pero cualquier otra cosa podría llegar a entenderse como acoso sexual.

Aunque el contacto físico social pueda parecer más relajado, también se rige por límites muy estrictos, quizás hasta cuando hablamos de parejas sexuales.

Para complicar aún más las cosas, las «reglas» del contacto físico no son globales. Hay muchas diferencias culturales según el país y suele suceder que las personas de climas cálidos son más propensas al contacto táctil que las que proceden de climas más fríos. En el Reino Unido tendemos a disculparnos en exceso cuando tocamos a alguien por accidente y evitamos de manera activa tocar a nuestros interlocutores mientras hablamos. A veces, controlamos el contacto físico incluso en el entorno familiar. Una vez trabajé con tres hermanas que seguían normas de contacto físico distintas. Dos de ellas se relacionaban mucho mediante el contacto físico, pero siempre se mostraban más formales con la tercera, a pesar de que se querían todas por igual.

La mayor parte de la experiencia con el contacto físico se adquiere en la unidad familiar, probablemente desde mucho antes de lo que uno puede recordar. El contacto físico nuevo suele deberse al sexo, aunque se pueden emplear distintos niveles para señalar la intensidad de una relación con amigos o con compañeros de trabajo.

Hasta los rituales de saludo suelen seguir reglas, normalmente subconscientes, en lo que concierne al contacto físico. Por ejemplo, imagine que ha quedado con un grupo de personas, de las que sólo conoce a dos y que, de esas dos, se lleva muy bien con una. Durante las presentaciones, es probable que dé la mano de manera formal al resto del grupo, pero que añada un apretón ligero o que prolongue el contacto con las personas a las que conoce. Y quizás agregue un toque en el hombro con la mano que le queda libre para saludar a la persona a la que más aprecia.

Tanteo táctil

El tanteo táctil consiste en todos los rituales de contacto físico y de comprobación que utilizamos cuando iniciamos una relación nueva. Suele acabar en el beso en la mejilla o en el abrazo con amigos o con compañeros de trabajo, pero con una posible pareja puede acabar en sexo.

El tanteo táctil tiene éxito cuando tocamos al otro, comprobamos cómo reacciona y esperamos que nos devuelva el gesto o que nos dé una señal de aprobación. Para ser bueno a la hora de hacer tanteos táctiles, ya sea en un contexto sexual o social, es necesario desarrollar las habilidades perceptivas. Si es usted quien ha iniciado el contacto físico, espere siempre a ver la respuesta. No lo repita ni vaya más allá a no ser que le den luz verde, ya sea en forma de sonrisa o de un contacto físico recíproco. Uno de los peores desastres en situaciones sociales o laborales es una persona «táctil» que no piensa en lo que resulta o no adecuado, sino en su deseo de proximidad física.

Señales de complicidad

Son las señales físicas (o miradas) que utilizamos para enviarnos mensajes no verbales. Cuanto más se conozcan las personas en cuestión, más sutiles serán los toques y más complejo el mensaje enviado. Las parejas que llevan varios años de convivencia pueden transmitirse una cantidad de información enorme mediante pequeños roces, empujoncitos o apretones de manos.

Palmaditas en la espalda

Las palmaditas suelen emplearse como una versión táctil del «no» o del «ya está». Cuando dos personas se abrazan, una suele empezar a darle palmaditas en la espalda a la otra, para indicar que desea romper el abrazo.

Darle palmaditas a un niño no es lo mismo que dárselas a un adulto. Lo que en el primer caso es una señal de afecto se convierte en una señal de poder en el segundo; las palmaditas de poder son muy habituales entre los líderes mundiales, que las utilizan para mantener a cada uno en su sitio.

El apretón de manos, un arte olvidado

Dar un buen apretón de manos resulta decisivo en situaciones sociales formales o en el trabajo. En cierto modo, es como un carné de identidad con microchip, porque ese contacto físico revela muchísima información sobre usted en un brevísimo espacio de tiempo.

Recuerde que, en la psicología de los simios, adelantar la mano es un gesto que transmite aceptación de la propia vulnerabilidad. Es una señal de sumisión, que se emplea para dar por terminados los conflictos y para establecer vínculos afectivos. Los monos ofrecen la mano para que el mono dominante se la muerda. Nosotros no necesitamos llegar tan lejos, pero intentar utilizar el apretón de manos como señal de poder o de dominancia es totalmente descabellado. El objetivo de esta señal es reducir el conflicto y reforzar los vínculos.

¿El suyo es un buen apretón de manos? La mayoría de las personas creen que sí, pero, al mismo tiempo, casi todos piensan que los apretones de los demás son horribles. Esta contradicción sugiere que no somos tan buenos como nos gusta creer. A pesar de que es una forma de comunicación vital, es muy poco frecuente que se nos enseñe a dar apretones de manos correctos y, si el suyo es de los malos, no pasará la primera prueba. Así se da un buen apretón de manos:

- ¿Quién da apretones de manos en el lugar de trabajo? Todo el mundo, excepto los que se saludan de otro modo por diferencias culturales. No es sólo cosa de hombres, aunque sigo encontrándome con personas de negocios que sospechan que sí.
- ¿Quién debe ser el primero en tender la mano en el trabajo o en situaciones sociales? El anfitrión. Y punto. No es cuestión de quién es más o menos importante. Si usted es el botones y recibe a Dios, es usted el primero en tender la mano.
- Para crear una coreografía fluida, extienda siempre la mano a una distancia de unos dos metros. Es lo que llamamos gesto anunciado y advierte a la otra persona de lo que viene a continuación.
- Cuando entre en una habitación o en un despacho, asegúrese de que lleva el bolso, la cartera o lo que sea que

lleve consigo, en la mano izquierda, para dejar libre la derecha y poder dar los apretones de manos necesarios. Pasar papeles y teléfonos móviles de una mano a otra en el último momento no queda bien y hace saber a todo el mundo que no esperaba que lo saludaran.

- Durante el apretón de manos, diga su nombre, preséntese y establezca contacto visual.
- Durante el apretón, mantenga las manos justo por debajo del nivel de la cintura.
- Asegúrese de que su mano está seca y fresca. Si normalmente le sudan las manos, límpieselas con toallitas en el aseo antes de hacer su entrada.
- Nunca se las limpie en público justo antes del apretón. Da asco.
- Tampoco lo haga justo después, porque dará a entender que quiere eliminar cualquier rastro de la mano del otro, como si le repugnara.
- Las palmas deben tocarse. Limitarse a ofrecer los dedos es detestable. Extienda la mano en perpendicular con el suelo. Hacerlo en paralelo es una reliquia del pasado, perteneciente al epígrafe «borrachera de poder». Que su mano quede encima no lo convierte en alfa, sino en idiota.
- Apriete en dirección ascendente y descendente unas tres veces.

Recuerde que el apretón de manos es, prácticamente, el único contacto físico aceptable en el mundo de la empresa, por lo que debe aprovecharlo al máximo y mostrar su entusiasmo. No se aparte nunca durante el apretón ni tampoco dé un apretón flojo, su mano parecerá un pez muerto.

Sin embargo, también debe evitar el aplastamiento. Tiene que ser firme, no demoledor. La apatía transmite debilidad, pero el exceso de entusiasmo puede ser igualmente negativo si el deseo de afirmarse lo lleva a hacer daño al otro.

Los rituales de saludo rebosan de mensajes ocultos. Cualquier toque o palmadita añadidos, o toda prolongación del contacto, enviarán señales subliminales sobre el grado de intimidad, la enemistad, el estatus, etc. En el Reino Unido es muy poco habitual añadir otro tipo de contacto, pero la costumbre está empezando a extenderse. Observé cómo el príncipe Guillermo recorría la hilera de equipos durante una final de la liga inglesa y me di cuenta de que cambió el estilo de apretón de manos varias veces. Es algo que ha tomado prestado de Estados Unidos y, como sucede con la mayoría de los rituales de saludo estadounidenses, sólo funciona si parece espontáneo y sincero. Dar un apretón de manos y añadir una palmadita por debajo del codo indica que se está especialmente contento de ver al otro. Si la palmadita se da por encima del nivel del codo se convierte en un gesto de poder, un intento amistoso de transmitir control. Cuanto más arriba se dé la palmadita, más obvio es el deseo de establecer la jerarquía. Coger la mano del otro con las dos nuestras se conoce como «el bocadillo». En la superficie, parece un gesto extraordinariamente amistoso; pero, como deja a la víctima indefensa, al quedar atrapada, puede tener connotaciones siniestras. Si no parece espontáneo, queda extraordinariamente artificial. También resulta útil variar el apretón al saludar a un grupo si el grado de intimidad con sus integrantes es diverso. Hace poco me presentaron a un grupo de personas en el trabajo; entre ellos había una persona a la que ya conocía un poco y otra a la que conocía muy bien. Ofrecer el mismo apretón formal a todos habría quedado raro, así que añadí un apretón o un toque en el brazo para las dos personas a las que conocía.

Reverencias

¿Hace reverencias? Probablemente piensa que no, pues las reverencias son muy formales y están pasadas de moda; es lo que le pedirían que hiciera si le presentaran a un miembro de la realeza. Las reverencias son una parte muy importante de los saludos en Asia, donde su cantidad y su profundidad transmiten estatus e importancia. Apuesto a que usted también hace reverencias sin darse cuenta.

Cuando nos encontramos con gente y saludamos, tendemos a hacer una minirreverencia, es decir, bajamos ligeramente la cabeza o nos inclinamos hacia delante, para reducir la estatura. Si el gesto es exagerado, transmite una sumisión intensa, especialmente si el rostro está inclinado, aunque a veces se hace en un intento de parecer educado. En el mundo de la empresa, las reverencias pueden resultar algo cínicas. Las mujeres suelen ser más bajas que los hombres, por lo que si estos últimos se agachan ligeramente al presentarse, pueden enfatizar la diferencia de estatura sin dejar de parecer galantes. De todos modos, probablemente es mejor no hacerlo. Una versión más obvia de la reverencia con intenciones galantes es el beso en el dorso de la mano. Mientras el presidente Chirac ocupó el cargo, se mostró como un empedernido aficionado a besar manos, pero el gesto se encontraba entre la galantería y el chovinismo. Era terrible ver cómo obligaba a jefas de Estado a ruborizarse. Una vez se saltó a Margaret Beckett y fue imposible evitar preguntarse por qué.

Abrazos

El abrazo forma parte de los rituales sociales británicos y, a medida que el mundo empresarial se vuelve más propenso al contacto táctil, llevando nerviosa y lentamente los límites más allá del seguro apretón de manos tradicional, el abrazo de saludo se vuelve más habitual como señal de amistad y de camaradería. En muchos aspectos, se trata de una anomalía. Aproximar los torsos es un gesto que solemos asociar a las relaciones físicas o emocionales intensas, pero ahora es casi más frecuente entre conocidos de trabajo que entre amigos, amantes y familiares.

El abrazo en la empresa tiene que ver con el poder, no con el afecto, aunque es un gesto dos en uno, porque hace que, al mismo tiempo, el que da el abrazo parezca amistoso. Piense en deportes de contacto, como la lucha grecorromana, y entenderá mejor el significado del abrazo. En el mundo empresarial suele ser cosa de hombres, aunque algunas mujeres también lo emplean. Sin embargo, las mujeres suelen ser precavidas con el pecho y tienden a colocar una mano en el hombro del otro, para evitar el contacto. Los hombres lo hacen al revés: los torsos quedan enganchados, pero mantienen las zonas genitales tan separadas como les es posible.

Los hombres se valen de otros sistemas para enfatizar su heterosexualidad mientras llevan a cabo lo que podría entenderse como un gesto erótico. Al palmear la espalda del otro, a veces con mucha fuerza, demuestran sus elevados niveles de testosterona, por si alguien «malinterpreta» la situación. La palmadita (o golpe) en la espalda ejerce otra función básica: indica que ha llegado el momento de romper el abrazo. El primero en dar la palmada puede parecer dominante o reticente.

Besos al aire

Este gesto, antaño exagerado y amanerado, se ha introducido en la sociedad empresarial y no sólo de labios de mujeres. Es un gesto extraordinariamente irónico y muchas veces genera burlas incluso mientras se realiza. La burla es evidente en la risa mutua y en los «¡muac muac!» exagerados que acompañan a los besos.

¿Por qué tanta jovialidad? A un extraño podría parecerle un ritual muy complicado, pero es muy sencillo para quienes lo conocen. Besar en la mejilla puede ser muy dulce, pero cuando se exagera se convierte en una broma compartida. Es una manera de reírse de lo barroco de la situación.

No hay normas que regulen cuántos besos al aire se dan o a qué mejilla dirigirse, así que depende de cada uno. Coloque suavemente las manos sobre los hombros de su interlocutor, para dirigirlo en la dirección adecuada. Ofrezca la mejilla derecha y luego la izquierda. Y déjelo ahí.

Palmaditas de poder

Son pequeñas señales que nos enviamos mediante el tacto o incluso la mirada y que, a pesar de su apariencia inocua, están llenas de sentido.

¿Alguna vez le ha dado una palmadita su madre o su pareja?¿Recuerda aquel día en que acababa de aceptar la cuarta copa de vino en una fiesta y estaba a punto de lanzarse a contar ese chiste más largo que un día sin pan? Para empezar, le dan un toque suave en el brazo, que es una especie de luz ámbar. Luego llegan las dos palmaditas o toques breves y rápidos, con un significado mucho más siniestro. ¿Qué significan? «Divorcio. Muy pronto. Si no te callas y nos vamos a casa, pero ya.»

Las palmaditas durante la infancia eran distintas. Entonces transmitían la aprobación o el orgullo de los padres. Sin embargo, ya de adulto y en el trabajo, las palmaditas adquieren un significado totalmente distinto. El mismo gesto que era amistoso de mano de los padres es algo muy diferente en el lugar de trabajo, porque el que las da asume una posición de poder y cree que es adecuado mostrarle su aprobación por algo que ha dicho o hecho. Las palmaditas durante los rituales de saludo vienen acompañadas de toda una serie de señales silenciosas y sutiles. El desconocimiento no es un eximente, así que a continuación encontrará una breve guía de los mensajes que se envían:

- Palmaditas en las manos: sólo para las visitas en el hospital.
- Palmaditas entre la muñeca y el codo: sugiere que la persona a la que se saluda es mayor o frágil.
- Palmaditas entre el codo y el hombro: gesto masculino, amistoso y jovial, implica que se tienen intereses compartidos fuera del trabajo, como jugar al golf.
- Palmaditas laterales en el hombro: se parecen mucho a un ataque físico, como si se intentara desarmar a un enemigo.
- Palmaditas sobre el hombro: se busca contener físicamente al interlocutor o mantenerlo en su sitio. Es un intento obvio de elevar el propio estatus mientras se reduce el del interlocutor.
- Palmaditas en la espalda: gesto muy paternalista que, por lo tanto, reduce el estatus del otro. Implica que el visitante necesita la aprobación del que le da las palmaditas.

- Palmaditas en la cabeza o en la mejilla: atrévase sólo si es experto en artes marciales. Implica que el visitante está mentalmente incapacitado. O que tiene una aventura con él o con ella.
- Palmaditas en el trasero: ni se le ocurra.

Cómo evitar los gestos delatores

Saludar bien no es demasiado complicado en términos de coreografía, pero en el plano emocional es mucho más difícil de lo que piensa. Para los animales, no resulta natural ir por ahí practicando rituales de afecto o de pasividad con otros animales desconocidos. Si lo hicieran, acabarían hechos picadillo. Por lo tanto, los gestos delatores, es decir, el lenguaje corporal que revela lo que piensa en realidad, suelen consistir en señales de temor, que se manifestará en forma de timidez o de vergüenza. Las señales de negación suelen incluir:

- **Desviar la mirada durante el beso, el abrazo o el saludo**
  Es lo que se llama beso distraído, y queda fatal. Préstele toda su atención a la persona a la que está saludando, aunque sea durante un tiempo muy breve. Mirar a otro lado indica que hay otras personas más importantes para usted.
- **Titubear**
  Es el beso de la muerte para el carisma. Para decirlo claramente, las personas carismáticas no titubean. Si titubea durante un saludo, está muerto. Extiende la mano y entonces la retira, así que la otra persona hace lo mismo y ambos se quedan así, meneando los brazos en el aire, sin sincronía, durante un siglo o dos. O intenta el beso al aire por enésima vez y el otro se retira o se dan con la nariz. Salude con seguridad en sí mismo y tenga clara la imagen que desea proyectar.
- **Risitas nerviosas**
  Aunque puedan deberse a los nervios, provocan paranoia en el otro, así que, en la medida de lo posible, hay que evitarlas.

- **Alejarse apresuradamente tras el saludo**
  Saltar como un gato escaldado o limpiarse rápidamente tras el apretón de manos indica rechazo. Mantenga
  el contacto visual durante un segundo o dos después
  del saludo, para transmitir que su interés en el otro es
  sincero.
- **Elevar las manos a modo de barrera**
  Es como si pegara un rodillazo defensivo después del saludo. Evite cualquier gesto de barrera tras saludar al
  otro. Resulta demasiado fácil cruzar los brazos, cubrirse
  los genitales, elevar la copa por encima del pecho o afe-
  rrar el bolso después de un saludo.
- **Carreras de obstáculos**
  No tiene nada que ver con la carrera profesional, sino
  con las carreras que uno emprende al salir disparado con
  torpeza después del saludo. Es un error clásico, pero
  conduce directamente al desastre. Saluda, el cerebro se
  le bloquea por la vergüenza y por la timidez, así que, al
  acompañar a la visita al ascensor, se olvida de mirar a su
  alrededor y choca con otro empleado, con la mesita de
  la recepción o con una silla. A partir de ahí, la espiral
  descendente ya no tiene fin. Muévase con dignidad, no
  se apresure, no salte y no se retuerza.

Hay que perfeccionar las presentaciones y los saludos para
evitar toda la torpeza que suele rodear a estas situaciones. Que
haya muy pocas normas de etiqueta es bueno, pero también
puede llevar a fiascos de lenguaje corporal. Me pregunto con
frecuencia por qué prestamos tan poca atención a rituales tan
sencillos como el apretón de manos, cuando el impacto que
ejercen sobre la percepción inmediata es tan inmenso. Trabajar las señales que transmite le otorgará una ventaja instantánea y sencilla, en situaciones tanto sociales como laborales.

Puntos clave

- El contacto físico ejerce un gran impacto; hasta el contacto más sutil requiere una reflexión, e incluso una preparación, conscientes.
- Haga tanteos táctiles siempre que le sea posible. ¿Aceptan el contacto? ¿La otra persona le ha indicado que puede seguir o, por el contrario, que se retire?
- Practique el contacto físico durante el saludo, como los apretones de manos, los abrazos y los besos. Son rituales que crean una primera impresión muy potente. Si se equivoca, echará a perder su impacto inicial.
- Los saludos rituales pueden salir mal si no se tiene confianza en uno mismo. Es muy importante perfeccionar la coreografía propia para evitar acabar titubeando o emprendiendo una carrera de obstáculos.

Tercera parte

UTILIZAR EL LENGUAJE CORPORAL EN EL MUNDO REAL

Aunque la mayoría de las personas reconoce la importancia del lenguaje corporal en los encuentros iniciales o al buscar pareja, resulta muy sencillo subestimar el impacto que ejerce sobre todas las facetas de nuestra vida social. Cuando salimos del trabajo, solemos apresurarnos para llegar a casa, poder quitarnos la «máscara» y ser nosotros mismos. Sin embargo, ir a cara descubierta puede hacer que nos olvidemos de transmitir señales de lenguaje corporal que nos ayuden a evitar conflictos y crisis en nuestras relaciones personales. Esta parte del libro analiza algunos de los aspectos más problemáticos a la hora de conocer a gente nueva, de tener una cita o de formar una pareja; y ofrece consejos y estrategias para favorecer el éxito en las relaciones personales.

Capítulo 9

CITAS Y PAREJAS

Este capítulo se centra en los procesos por los que las personas se conocen, quedan y acaban formando parejas. Explica cómo se transmite en un primer momento la atracción por el otro y por qué se resulta atractivo a los demás. También lo ayudará a establecer vínculos personales rápidamente y a ofrecer una imagen más deseable si le gusta alguien.

El proceso de atracción

¿Qué nos atrae de los demás? ¿De cuánto tiempo disponemos? El proceso de atracción física presenta una extraña ironía que la mayoría de los seres humanos pasa por alto: los factores que solemos emplear para definir a una persona atractiva suelen ser los mismos que garantizan que tendrá *mala* suerte, en lugar de buena, en lo que respecta a conocer a una posible pareja y a mantener una relación.

Abra cualquier revista o periódico y encontrará páginas y más páginas repletas de personas «guapas» que encajan con los criterios convencionales de belleza y de imagen perfecta. Casi sin excepción, las mujeres son delgadas, incluso días después del parto, con pechos grandes y rasgos faciales simétricos, perfectos y sin arrugas, que adornan un rostro prácticamente inexpresivo.

Se espera que todas las famosas conserven un rostro sin arrugas y un cuerpo delgado a lo largo de todo el proceso de envejecimiento, para transmitir una idea de juventud y fertilidad. Se espera que mujeres de 40, 50, 60 y 70 años eviten «descuidarse» y que utilicen la cirugía estética para imitar una imagen ideal, que se encuentra en algún momento entre la infancia y la adolescencia. Las modelos, que no están obligadas a tener el talento artístico que tiende a adquirirse con la edad y que, por lo tanto, pueden encajar en este perfil de belleza «ideal», pueden tener entre 14 y 19 años.

¿Qué tienen de malo las pieles luminosas y lisas o los cuerpos tonificados? Nada en absoluto, si son naturales o, como mínimo, lo parecen. La imagen de juventud está ligada a la noción de fertilidad y, en términos evolutivos, es natural que los hombres escojan a mujeres que parecen tener años de fertilidad por delante.

Sin embargo, es un hecho de la vida de las estrellas que las mujeres más «bellas» o «perfectas», las que tenemos como ideal y a las que intentamos parecernos gastándonos muchísimo dinero, muy pocas veces tienen suerte en el amor o se sienten bien viviendo solas. La mayoría de ellas caen en una terrible espiral emocional descendente, en la que empiezan a salir con alguien y las dejan, y vuelven a empezar con otra persona, que las vuelve a dejar.

Ahora pensemos en mujeres que han logrado el éxito en sus relaciones afectivas. Con frecuencia son bastante menos que perfectas en la escala Richter de la belleza. Hay una gran diferencia entre las mujeres que los hombres dicen encontrar atractivas y las mujeres que les gustan en realidad. Las segundas tienen un factor X adicional en lo que se refiere a las señales de atractivo. Y ese factor X se llama lenguaje corporal. La perfección de las muñecas Barbie puede repeler en lugar de resultar atractiva, porque:

- El rostro es uno de los principales focos de atracción. En estado normal, transmite gran cantidad de información a la posible pareja, información que, en su mayor parte, es extraordinariamente sutil. La belleza juvenil suele ser bastante inexpresiva, porque, a esas edades, la personalidad no es tan importante como la fertilidad. Cuando las mujeres superan la adolescencia, son las expresiones faciales las que adquieren mayor importancia para los hombres. Las expresiones faciales los atraerán y los excitarán mucho más que los rasgos.

- Cuando nos enamoramos, la naturaleza nos otorga una expresión facial concreta a la que llamo «la mirada del amor». Burt Bacharach escribió una canción sobre este tema. Los rasgos faciales sufren una transformación extraordinaria cuando se mira al objeto de amor y de deseo. La mirada y las expresiones faciales se dulcifican, se adquiere una sonrisa que sólo puede calificarse de cursi y todo el mundo sabe que uno se ha enamorado.
- Las expresiones faciales también se utilizan para enviar señales ocultas. Son todas esas miradas, elevaciones de cejas, asentimientos y fruncimientos labiales, sutiles y casi imperceptibles, que todas las parejas que se conocen bien utilizan para comunicarse. No necesitan palabras, pues estas señales ocultas son muy elocuentes.

Por lo tanto, ¿dónde encajan las expresiones faciales inexpresivas en este repertorio amoroso? El rostro inexpresivo que tanto utilizan las modelos y algunas actrices, o la inexpresividad facial que causa el Botox, es, en términos románticos, una señal de desvinculación afectiva. Para la mayoría de los niños, es la cara que utiliza su madre para indicarles que está muy enfadada; tanto, que da miedo. Les dice: «Ya no os quiero». Es la cara que todos los maridos o esposas reconocen como la señal de que el matrimonio se ha terminado. Por lo tanto, las caras inexpresivas, sin arrugas, con Botox o *liftings*, se convierten en parte de nuestro sistema de autosabotaje personal, porque le dicen «¡vete de aquí!» (o algo peor) al chico a quien estamos intentando atraer prolongando la juventud de un modo u otro.

Unos pechos grandes en un cuerpo delgado pueden parecer la idea que los hombres tienen del paraíso. Muchos hombres consumen pornografía y el 90 % de la misma consiste en chicas delgadas como raspas de sardina, pero con pechos gigantescos. Muchos hombres consideran que este aspecto es su ideal social, es decir, el cuerpo con el que pueden ponerse a babear en grupo. A los hombres les gustan los grupos muy unidos, por lo que han de admirar a la misma mujer. Para los hombres, todo gira en torno al estatus. El macho alfa del grupo tiene que ligarse a las chicas más guapas, por lo tanto, debe existir un consenso sobre qué hace que una chica sea «la más guapa» y se suprimen los gustos que se «desvían».

En términos animales, las partes sexualmente más atractivas de un cuerpo femenino son el trasero y la vulva. Los seres humanos empezamos a andar sobre dos piernas, lo que esconde ambas partes, y, entonces, apareció la obsesión por los pechos y los labios, ya que los pechos redondeados y voluminosos se parecen al trasero y los labios carnosos pintados de rojo recuerdan a la vulva. Irónicamente, las mujeres que se aumentan los pechos con silicona, con sujetadores con relleno o con postizos suelen ser las mismas que se ponen a dieta para eliminar el trasero, por lo que atraen a los hombres hacia algo que ya no existe. El trasero femenino ha recuperado recientemente cierto protagonismo, gracias a famosas como Jennifer López o Beyoncé.

El movimiento corporal es uno de los principales responsables del atractivo físico y romántico. Nos sentimos atraídos por los demás por varios motivos psicológicos muy complejos, no sólo porque se parezcan a Barbie o a Ken o porque nuestros amigos les den el visto bueno. La programación sexual resulta muy difícil de entender y eso es lo que explica que, por lo general, no podamos calificar a la pareja de nuestra elección de universalmente atractiva. Cuando vemos a una posible pareja también vemos ecos de la infancia y pautas de conducta que, cuando se añaden a las señales visuales que captamos inconscientemente, hacen que nos sintamos atraídos. Si sólo saliéramos con personas a las que creemos que nuestros amigos darían el visto bueno, es muy probable que tomáramos muy malas decisiones a largo plazo.

Los hombres también se sienten presionados para satisfacer la imagen social ideal del atractivo, pero son más afortunados en varios sentidos. En el hombre, la atracción tiene que ver con el poder. En la naturaleza, los machos alfa son los que están más en forma y los que tienen mejor aspecto de toda la colonia; pero, en términos humanos, el aspecto físico no siempre es determinante si el hombre tiene dinero o un estatus elevado. O incluso si tiene un buen potencial de «lucha», es decir, si parece que es el hombre más fuerte del grupo. Estas señales se remontan a un momento de nuestra evolución en que las mujeres necesitaban protección mientras criaban a los hijos. Los hombres famosos suelen ser más afortunados en el amor que las mujeres famosas, porque su abanico de opciones «ideales» en cuanto al aspecto físico es mucho más amplio. ¿Acaso la versión femenina de James Gandolfini (protagonista de *Los Soprano* y en absoluto un icono de belleza) tendría muchos seguidores masculinos? Sin embargo, suele aparecer en las listas de los hombres más atractivos de la pantalla.

Las señales de coqueteo son algo habitual en el mundo de los famosos; la mayoría de las estrellas las utilizan para elevar su estatus y su atractivo público, coqueteando ante la cámara en ocasiones clave. Con frecuencia, se valen de una pareja para ello; la abrazan y le hacen carantoñas, pero sin dejar de mirar a la cámara. El mensaje de este tipo de coqueteo está muy claro: forma parte de un proceso de atractivo público que tiene poco que ver con el sufrido acompañante. Si no tienen a mano a nadie del sexo opuesto, los famosos utilizan las señales de coqueteo con personas de su mismo sexo o incluso con mascotas, como hace Paris Hilton con sus perros.

Señales de atracción genuinas: cómo transmitirlas y cómo recibirlas

Me preguntan con frecuencia cuál es el mejor modo de atraer a una pareja o a un ligue. El sexo vende, así que se han escrito multitud de libros sobre el tema; sin embargo, la mayoría tiende a errar el tiro. Las señales activas de coqueteo, el tipo de cosas que uno lee antes de lanzarse sobre una posible pareja que no sabe lo que le espera, suelen ser excesivamente melodramáticas y, con frecuencia, se convierten en algo que sólo puedo calificar de retro y de exagerado, con pestañas que no dejan de aletear, con toqueteos que pueden llegar a hacer que nos griten que hagamos el favor de buscar una habitación y con golpes de melena que propulsarían al espacio exterior la mayoría de las extensiones.

Olvídese de todas esas películas de los años cincuenta y concéntrese en las sutilezas de la atracción animal. La mayoría de las señales de atracción genuinas se dan espontáneamente y lo más probable es que no sea consciente de ellas. Por ejemplo:

Pupilas dilatadas

Cuando ve a alguien que le gusta, se le dilatan las pupilas. Este estado de dilatación también lo hace más atractivo para su objeto de deseo; en un estudio en el que participaron parejas de gemelos idénticos, siempre se calificó de más atractivo al que tenía las pupilas dilatadas.

Respiración

Cuando se entra en las primeras fases de excitación, la respiración se vuelve ligeramente superficial y acelerada. El mayor icono sexual del siglo XX, Marilyn Monroe, lograba ofrecer a la perfección esta imagen de respiración entrecortada.

Voz

Otro efecto de la alteración de la respiración es que la voz se vuelve más grave. Tanto las mujeres como los hombres consideran que una voz ligeramente ronca es muy atractiva. Cuando la excitación sexual es genuina, sucede de manera natural.

Espalda arqueada

La espalda se arquea ligeramente, tanto en los hombres como en las mujeres. Esto eleva el pecho y lo hace más prominente, lo que, en el caso de las mujeres, evoca el trasero y, en el de los hombres, enfatiza el poder alfa. Es habitual que, en las mujeres, la espalda se arquee en forma de *S*. Kylie Minogue exagera esta forma corporal cuando está sobre el escenario, porque ofrece la doble ventaja de resaltar tanto el pecho como la retaguardia.

Rituales de emparejamiento y de reproducción

En los hombres, esto implica sacar pecho y separar las piernas; para las mujeres, se trata de tocarse el pelo y de sonreír. Cuando nos gusta alguien es muy difícil no hacerlo. En términos animales, mostrar los dientes es algo más que un modo de demostrar empatía y de señalar que se va en son de paz, porque al enseñar la dentadura se pone de manifiesto la buena o la mala salud.

Rubor

Es muy habitual que la atracción sexual haga que nos ruboricemos. Es horroroso cuando uno siente que tiene la cara ardiendo, pero puede hacernos más atractivos para la posible pareja. El rubor indica timidez, lo que, a su vez, sugiere virtud e inocencia; sin embargo, también recuerda el rubor facial que aparece durante el orgasmo. ¡Así que adelante con el colorete!

Juego de miradas

Cuando vemos a alguien que nos resulta atractivo, el impulso natural es mirarlo y valorarlo. Este primer contacto visual prolongado es una de las señales más potentes del repertorio del coqueteo. Al mantener la mirada un segundo más de lo habitual, se transmite gran cantidad de información compleja relacionada con el sexo y con el romance. Los modales modernos nos dicen que quedarse mirando a alguien es de mala educación, por lo que lo más habitual es alternar una mirada prolongada con un descenso de la cabeza y de los ojos, para volver a mirar al otro empezando desde abajo. La segunda mirada confirma el interés en él o en ella como pareja sexual.

Acicalado

Ver a alguien que nos gusta nos recuerda inconscientemente que debemos tener el mejor aspecto posible. Esto hace que los gestos de acicalamiento sean, entre otros, arreglarse el pelo y comprobar el atuendo.

Todos estos rituales hacen saber a la posible pareja que está interesado en él o ella. Además, también logran que aumente tanto su interés por usted como el atractivo recíproco entre ambos. La frase «sus ojos se encontraron a través de la sala llena de gente» es cierta en la vida real, al igual que el concepto de amor a primera vista.

Cómo saber si le gusta a él

- La mirada es el primer paso. Él verá que lo mira y sostendrá la mirada durante medio segundo más de lo normal. Entonces, apartará la vista y luego volverá a mirarla.
- A continuación, debería cambiar su estado de un modo u otro, ya sea sucumbiendo a señales de timidez, como inclinar la cabeza, ruborizarse o apretar los labios, ya sea

moviéndose muy rápido, llegando incluso a parecer torpe o envarado.

- Si está con amigos, todos se darán cuenta del cambio y se girarán para mirarla.
- Es muy probable que, entonces, empiecen a reírse de él y a darle golpecitos. Este extraño ritual masculino tiene el objetivo de recordarle que la amistad entre hombres es más importante que las chicas y el sexo.
- La naturaleza lo impelerá a realizar rituales «de golpes en el pecho», para mostrar sus credenciales sexuales y de macho alfa. El primer cambio consistirá en que hinchará el pecho ligeramente y separará las piernas. Si está en un espacio cerrado o se encuentra rodeado de gente, también llevará a cabo pequeños movimientos pélvicos o ligeros empujes con el trasero, para mostrar cuál es su aspecto durante el acto sexual. (Debo subrayar que son respuestas inconscientes y muy sutiles. Si un hombre empieza a copular con la barra del bar al verla, salga corriendo.)
- Otra manera de darse golpes en el pecho es pavonearse. Son rituales como golpear en broma a sus amigos o incluso imitar una pelea, lanzar cacahuetes al aire para cazarlos con la boca, reír ruidosamente o beber demasiado.
- Si se acerca para hablar con usted, debería empezar a ver que sus rasgos faciales se dulcifican. La conducta y la expresión facial que presenta mientras habla con usted deberían ser distintas del modo en que mira y se dirige al resto de las personas del grupo. La necesidad de sonreír se irá intensificando a medida que pase el tiempo. Los hombres tienden a intentar suprimir estas sonrisas, por lo que es muy probable que presencie cómo mantienen una lucha con sus labios.
- Sentirá un fuerte deseo de mirarle el cuerpo cuando haya presentado sus credenciales visuales. Si le da una repasada de la cabeza a los pies, ya es suyo.
- Su siguiente tarea consiste en separarla del grupo. Se irá acercando gradualmente y se colocará en una posición

que le permita separarla del resto, para lograr captar toda su atención.

- No espere que la toque enseguida, pero sí que dé muestras de querer hacerlo. Por ejemplo, puede colocar un brazo sobre la barra o detrás de su espalda, sobre la silla, sin tocarla, pero quedando en una postura parecida al abrazo.

- O es posible que se muestre juguetón y que le dé golpecitos en broma. Forma parte del ritual de exploración sexual. Sólo es apropiado una vez que ya han empezado a conocerse. Ha de evitar a todo el que emplee este tipo de roces ya desde el principio.

Cómo saber si le gusta a ella

- El juego de miradas es el mismo para ambos sexos; sostendrá esa primera mirada un segundo más de lo habitual.

- Entonces, probablemente retirará la mirada y mirará hacia abajo, hará una pausa y volverá a mirarlo. Esta demostración de timidez era, antaño, señal de virginidad.

- Sus rasgos faciales se dulcificarán y es muy probable que sonría, aunque tal vez no directamente hacia usted.

- La mayoría de las chicas se acicalarán rápidamente, colocándose bien el pelo o la ropa.

- En esta fase puede aparecer el eco postural. Es posible que se dé cuenta de que usted y ella se mueven de manera sincronizada.

- Quizás intente rituales de emparejamiento más exagerados, como reír muy fuerte o moverse el pelo sin parar.

- Fíjese en si arquea ligeramente la espalda cuando está de pie.

- Cuando hable, ella lo mirará más intensamente y se pasará la lengua por los labios.

- Las mujeres son muy buenas marcando el territorio para indicar a las demás que ese chico ya está cogido. Lo hará tocándolo rápidamente, quizás en el brazo o en el hombro.

Si le quita un hilo o una mota de polvo de la camisa, se está mostrando muy posesiva.

- Si cree que no la atiende o que no responde como a ella le gustaría, es posible que aumenten los toques en el brazo o en la pierna.

Cómo saber que no están interesados

- Se alejan tras la primera mirada.
- La expresión facial no cambia.
- Levantan más barreras, ya sea cruzando los brazos o elevando la copa a la altura del pecho o de la barbilla.
- Siguen recorriendo la sala con los ojos mientras hablan con usted.
- Miran a la puerta, en un gesto que deja traslucir sus intenciones.
- Empiezan a tocarse la cara, indicando nerviosismo o aburrimiento.
- La sonrisa empieza a parecer tensa y falsa.
- Alejan el pecho de usted.
- La sabiduría popular dice que si la chica cruza las piernas es que no está interesada. No siempre es cierto, porque muchas veces las cruzan para estar más cómodas. Por otro lado, si están sentados el uno junto al otro, cruzar las piernas puede hacer que su pelvis se acerque a usted.
- Lo mismo puede decirse de la dirección a la que apuntan los dedos de los pies. Es un indicador bastante bueno, pero la mirada es aún mejor.

Cómo coquetear

El contacto visual define las primeras fases de la atracción. Cuando empiece a hablar, los ojos seguirán siendo los principales demostradores de afecto.

Una de las mejores maneras de coquetear es transmitir señales de escucha activa. No son un gran despliegue de señales sexuales, pero inician el ritual de aislarse de los demás y de crear una sensación de pareja.

Las técnicas son sencillas, ya que se parecen mucho a las señales de escucha activa no relacionadas con el sexo, pero con un añadido muy importante. Utilice el contacto visual mientras escuche y altérnelo con todos los gestos de asentimiento y de reflejo de los que hemos hablado en los capítulos anteriores; sin embargo, no se olvide de añadir un gesto visual fundamental: cuando haya sostenido la mirada durante un tiempo determinado, deje que los ojos desciendan hasta la boca de su interlocutor durante un segundo o dos. Dulcifique la expresión facial. Transmitirá atracción verdadera y deseos de besarlo.

Cuando estén juntos por primera vez, las miradas serán de tanteo. Cuando se enamoren y sientan deseo, se intensificarán hasta parecer obsesivas. Se sentarán en bares, en discotecas y en restaurantes mirándose a los ojos e intentando leerse el pensamiento mutuamente.

A medida que la relación se vaya estabilizando, las miradas se irán dirigiendo hacia el exterior, para dar a entender a los demás que son una pareja sólida y que vuelven a aceptar visitas. Sin embargo, seguirá mirando a su pareja de vez en cuando mientras hable, invitándola a participar en la conversación y comprobando sus reacciones constantemente. Esto define la dependencia de pareja. Puede ser extraordinariamente molesto para los amigos, que se preguntan por qué la persona segura de sí misma a la que conocían ahora tiene que consultar a su pareja constantemente con frases como: «Lo hicimos, ¿verdad?».

Por desgracia, a medida que la relación se prolonga en el tiempo, las miradas y las observaciones del rostro del otro se reducen, a veces hasta prácticamente desaparecer por completo. Éste es el momento en que uno conoce a su pareja tanto como a sí mismo, por lo que deja de buscar cambios en el otro. También es el punto en que uno está totalmente seguro del otro y lo da por sentado.

Con frecuencia se llega a esa fase en la que se le dice a alguien ajeno a la relación: «Mi pareja no me entiende».

El contacto visual es fundamental para mantener una relación saludable y duradera. Como forma parte de la cultura laboral, imagine el efecto que puede tener que en el trabajo los compañeros establezcan contacto visual con usted, lo que es un masaje para su ego, y que cuando llega a casa no lo miren en absoluto, haciendo que se sienta ignorado.

Mirar y observar a la pareja resulta sexualmente estimulante para los hombres y para las mujeres. Se enamoró y deseó lo que vio. Cuando se deja de mirar, se abandonan los juegos preliminares.

Contacto físico en la primera fase

En el capítulo anterior, he mencionado la poderosa técnica del contacto de tanteo. Aunque la técnica se aplica a la vida en general, también será un paso fundamental en los rituales de emparejamiento.

El contacto de tanteo significa pasar del contacto social al sexual en distintas fases y comprobar, en cada una de ellas, si el contacto se acepta y se devuelve. Es un proceso natural durante las presentaciones, las citas y el emparejamiento, pero que sea «natural» no quiere decir que sea sencillo.

Piense que todos los primeros encuentros son exploraciones. Todos conocemos la situación de comedia clásica en la que un joven está en el cine durante una primera cita y simula un bostezo y un estiramiento para poder pasar el brazo por detrás de los hombros de la chica. Entonces se ve obligado a dejar el brazo sobre el respaldo de la butaca hasta que logra reunir el valor suficiente para colocarlo sobre el cuerpo de ella.

Aunque es posible que esta escena lo haga reír, también debería sonarle mucho. A excepción de los primeros días de las relaciones sexuales o amorosas, en los que prácticamente no hay contacto físico prohibido y las aproximaciones sexuales son siempre bien recibidas, el contacto físico es un sistema de semáforos.

- Tantee ya desde las primeras fases del contacto. Sintonice con las respuestas de su posible pareja. Busque sonrisas genuinas o contacto físico recíproco. Si deja de moverse o se vuelve demasiado congruente y, por ejemplo, empieza a reírse descontroladamente, ha de entenderlo como una posible luz roja, porque puede indicar vergüenza y apuro.

- Empiece con contactos sociales. Si no está interesada, le será más fácil rechazarlo y usted no saldrá tan malparado.

- El contacto social durante la conversación no debe utilizarse con completos desconocidos, pero puede darle luz ámbar una vez que hayan entablado una conversación sociable y mutuamente aceptable; incluye toques ligeros en la mano, en el brazo o en la espalda.

- El contacto directivo puede indicar que ya se ha establecido un vínculo. Consiste en coger al otro por el codo para dirigirlo a través de un grupo de gente, o en colocarle la mano en la espalda, con el mismo objetivo.

- El ambiente ruidoso de los bares musicales puede llevar a un contacto social más íntimo, que no sería aceptable en ningún otro lugar. Es decir, ya las primeras citas pueden incluir proximidad facial, mientras uno intenta gritar en la oreja del otro, además de contacto de los hombros o incluso de los torsos.

- El ritual del baile se emplea, en múltiples ocasiones, para generar contacto íntimo en un contexto formal. Los bailes de salón aparecieron en una época en la que el contacto físico entre extraños era muy limitado y en la que se habrían necesitado varias citas antes de que un beso resultara aceptable. Los bailes como el vals o el foxtrot permiten el contacto entre los torsos, pero, para mantenerlo todo bajo control, las manos se emplean de un modo muy formal.

- Los rituales de baile se relacionan con los rituales de cortejo animales. Los bailes modernos tienen más que ver con un despliegue de fuerza sexual que con el contacto, ya que las parejas suelen bailar separadas; sin embargo, hay varios gestos intencionales en los que se imita el contacto físico, o algunos momentos en que sí hay contacto durante unos instantes, volviéndose a separar después, a imitación de los rituales de tanteo en la aproximación sexual.

- El segundo nivel del contacto físico con fines sexuales sigue dependiendo de despliegues sutiles, aunque tanto el efecto como las señales intencionales son más intensos. Los contactos incluyen breves toques en el rostro («¡Tenías una pestaña!»), en la muñeca o en la cara interna del brazo («¿Puedo oler tu perfume?»), o un contacto prolongado de las manos, que suele estar acompañado de un contacto visual más intenso.

- El tercer nivel suele incluir rituales de «propiedad». Se da cuando uno de los dos (normalmente la mujer) empieza a marcar su territorio mediante el contacto, para hacer saber a las demás que ese hombre ya está ocupado. Suelen ser toques para acicalarle, como ponerle bien el cuello de la camisa o quitarle un cabello de la chaqueta.

- El cuarto nivel pasa por un contacto exclusivo, que indica que ya no hay vuelta atrás, porque no se puede hacer pasar por otra cosa distinta de un avance sexual; son, por ejemplo, los contactos en el muslo o en los labios o un contacto prolongado de los torsos.

Atracción instantánea

Para dar a entender que nos hemos enamorado en la primera cita, la naturaleza añade dos rituales subconscientes que pueden imitarse conscientemente y con bastante efectividad.

- **Alineación del torso**
  Para crear una sensación de karma instantáneo, ponga el cuerpo mirando directamente al de él o ella, aunque se encuentren de punta a punta en una sala llena de gente.

- **Eco postural**
No subestime nunca el poder de las señales corporales.

Estas dos técnicas son muy sencillas y mucho menos arriesgadas que todos esos rituales de menearse el pelo y de rozarse las piernas.

Cerrar el trato

No es por casualidad que la primera cita más habitual sea una cena para dos en un restaurante romántico o que haya algo de baile antes de llegar al sexo propiamente dicho. Aunque varias de las señales que indican atracción apuntan a pautas de conducta presentes desde la infancia (en dos palabras, tendemos a sentirnos atraídos por personas que nos recuerdan con mayor o menor sutileza al progenitor del sexo opuesto al nuestro), al potencial reproductivo del otro, a la calidad de la descendencia que puede llegar a producir (dientes, pelo o forma corporal atractivos, por ejemplo), o incluso a la capacidad para protegernos (ahorros en el banco o musculatura), también analizamos información que nos da indicios sobre su conducta en el dormitorio. Se considera de mala educación formular preguntas verbales sobre este tema durante los primeros días de una relación de pareja: «¿Eres dominante en la cama?», «¿Te gusta el sexo suave o más bien duro?», «¿Tienes mucha experiencia?» o «¿Eres generoso o te centras en tu propio placer?». Sin embargo, si se observa a la posible pareja mientras ataca un plato de comida o menea el esqueleto en la pista de baile, se puede obtener gran cantidad de información.

En la mesa

- Si no es muy pulido comiendo, puede dar a entender que en la cama se comporta de la misma manera.
- Si utiliza las manos para coger comida o para chuparse los dedos, parecerá un obseso sexual, alguien que disfru-

ta del sexo, pero a quien no le importa mucho cómo llega a conseguirlo.

- Si eructa o hace ruido al comer, parecerá el tipo de persona que cree que tirarse pedos bajo las sábanas es divertido.
- Si come muy rápidamente, lo clasificarán como una persona que busca la gratificación inmediata, alguien que busca placer, pero que acaba en un segundo.
- Si deja lo mejor para el final y come despacio y con cuidado, dará la imagen de ser una persona que aplaza la gratificación, alguien que trata el sexo como una habilidad y que va intensificando el placer poco a poco.
- Si hace ruido al sorber, parecerá un amante desinhibido, algo que no es necesariamente positivo.
- Si come con ansia, es posible que su pareja asuma que el sexo no entra en el menú de la noche. Está demasiado ocupado llenándose el estómago para luego poder competir en ningún tipo de olimpíada sexual.
- Si es quisquilloso con la comida y se deja mucha en el plato, dará a entender que el sexo no le gusta y que le preocupa despeinarse.
- Si analiza el menú para buscar posibles fuentes de alergia o la procedencia ecológica de los productos, parecerá el tipo de persona que exige una revisión médica completa antes de dar ni siquiera un beso de buenas noches.

En la pista de baile

Bailar es, tal vez, lo más cercano al sexo, por lo que ser muy mal bailarín puede acabar con sus esperanzas rápidamente. Aunque las mujeres sienten una aversión instintiva por los hombres que bailan como sus padres, tampoco se fían en absoluto de los que se desplazan por toda la pista con demasiada seguridad en sí mismos. El primero transmite una técnica sexual y una coreografía erótica deficientes, mientras que el segundo transmite vanidad y demasiada experiencia.

Limitarse a demostrar que uno es capaz de moverse al ritmo de la música suele ser suficiente para impresionar a los demás, ya que sugiere una coreografía pasable y la capacidad de ajustarse a ritmos externos; esto explica por qué los corazones de muchas jovencitas se pararon del susto cuando vieron que el príncipe Guillermo era incapaz de seguir el ritmo con las palmadas en un concierto en honor de su madre, la princesa Diana. Me gustaría creer que había un desfase de algunos segundos entre la música que se oía por televisión y la imagen que transmitían, aunque eso no explicaría por qué el príncipe Enrique y los demás miembros de la familia real que estaban en el palco parecían seguir sin problema alguno el ritmo que oíamos en casa.

Cómo besar

Todos sabemos besar, ¿no? ¡Sí, seguro! Se supone que esta sección va dirigida a personas que aún no han dado su primer beso, pero puede dársela a leer a su pareja de toda la vida si lo considera adecuado, porque nunca es demasiado tarde para aprender.

Hay varias maneras de besar bien. Algunas son agradables y otras pertenecen directamente a la categoría X. Besar bien puede llegar a ser más complicado que el sexo con penetración. Cuando se está en medio del acto sexual, al menos ya no hay que preocuparse de las sutilezas, pero la boca y la lengua contienen miles de terminaciones nerviosas, además de los dientes, que son un campo de minas; y como la boca está en el rostro y muy cerca de las orejas y de los ojos, la técnica del beso es importantísima, porque se la estudia muy de cerca.

El beso de puntillas

Puede formar parte de los pasos previos antes de entrar en materia, pero también es útil por sí solo. Es el beso con la apariencia menos sexual, pero eso no impide que resulte muy excitante.

Qué es: es el beso más delicado de todos, porque los labios sólo llegan a rozarse. Es una caricia, más que un ataque frontal.

Por qué es agradable: porque es muy sensual y puede resultar extraordinariamente excitante; es un ejemplo de que, en ocasiones, «menos es más».

Cómo se hace: debería haber cierto contacto adicional, para garantizar que se toma la dirección correcta, ya que es un beso particularmente complicado si no hay otro contacto físico. Una mano en la barbilla o sobre un hombro bastará; entonces, acerque suavemente los labios, sin que parezcan tensos ni apretados. Han de estar apenas separados. Ladee la cabeza ligeramente hacia la derecha, cierre los ojos y dele a su pareja varios besos ligerísimos a lo largo de los labios. El movimiento de los labios se parece más a un mordisqueo que a un beso, pero no hace falta decir que los dientes no entran en la ecuación.

El beso con morrito de pez

Qué es: es un beso muy popular entre los futbolistas que quieren reírse un rato y entre los famosos que quieren darse un beso casto ante las cámaras. Es un beso divertido, que dice mucho acerca de su sentido del humor y de lo seguro o segura que se siente de su sexualidad.

Por qué es agradable: hay algo esencialmente infantil en este beso, porque se parece mucho a los que se dan los niños muy pequeños cuando los adultos los obligan a ser amables.

Cómo se hace: no debe haber contacto corporal añadido, porque echaría a perder la broma. Este beso requiere que se incline hacia delante, haciendo un mohín exagerado con los labios, para plantárselos directamente a su pareja, sin ladear la cabeza ni cerrar los ojos.

El beso tradicional

Qué es: conviene saber cómo es un beso normal y aceptable para ambas partes. Es el término medio en lo que a besos se refiere: agradable y *sexy*, pero no demasiado atrevido. Un buen beso para la primera cita.

Por qué es agradable: es el equivalente de la postura del misionero y es imprescindible que lo domine a la perfección antes de pasar a nada más complicado. Cuando se dice que alguien besa bien, se suele hacer referencia a este tipo de beso, no a algo más acrobático.

Cómo se hace: ambos deben estar muy cerca y establecer mucho contacto corporal; por ejemplo, pueden rodearse mutuamente con los brazos o sentarse el uno junto al otro. La luz verde para este beso es que las cabezas estén juntas y que ambos mantengan el contacto visual; si el otro desvía la mirada, aborte la misión, porque acaba de decirle que no está interesado. De todos modos, este beso requiere que uno de los dos tome la iniciativa. Si ése es usted, debe detenerse brevemente en el contacto visual, porque es muy difícil sostenerlo y su pareja se sentirá casi aliviada cuando deje de mirarla y empiece a besarla.

Dulcifique la mirada a medida que se acerque para el beso y ladee ligeramente la cabeza a la derecha. Es más fácil besar hacia arriba que hacia abajo, así que, si usted es el chico, inclínese un poco para poder elevar la barbilla. Sin embargo, no se incline demasiado o ella pensará que se está encogiendo. Adelantar ligeramente el labio inferior mientras se acerca contribuye a marcar la dirección y es muy *sexy*. Pero no enseñe los dientes o parecerá un hombre lobo.

El primer beso debe ser muy suave y exploratorio. Entonces puede aumentar la presión, cerrar los ojos y acercar más el cuerpo. Los labios deben separarse y moverse suavemente en la dirección de las agujas del reloj, para que las bocas puedan unirse adecuadamente. Al llegar a este punto, ya puede colocar una mano en la nuca de su pareja, pero no lo convierta en un gesto de atadura: tiene que ser una caricia afectuosa.

El mejor momento para finalizar es cuando la saliva se vuelve inmanejable, lo que puede ser muy pronto si no tiene demasiada experiencia. Quizás hagan algo de ruido al besarse; no pasa nada, pero no se pase, porque puede ser desagradable si es excesivo. Por eso, *nunca* succione mientras bese.

Chocarse los dientes es horrible, pero muy difícil de evitar cuando no se tiene mucha experiencia besando o cuando se trata de una pareja nueva. Si sucede, retírese un poco hasta que vuelvan a quedar sólo los labios.

Este tipo de beso suele acabar en un ritmo beso-pausa-beso-pausa. Si es así, acuérdese de dar un beso ligero antes de emplearse a fondo.

El beso con lengua

Qué es: como su nombre indica, es prácticamente lo mismo que el beso tradicional, pero con la participación añadida de la lengua.

Por qué es agradable: es un beso más intenso y, por lo tanto, más *sexy*, porque imita la penetración sexual. Además, al emplear la lengua se obtienen muchas más sensaciones.

Cómo se hace: avance por todos los pasos del beso tradicional, pero en lugar de separarse para hacer pequeñas pausas, acérquese aún más y con mayor intensidad e introduzca con suavidad la lengua en la boca de su pareja. Al igual que el beso exploratorio, ha de hacerlo con mucha suavidad al principio, si quiere que lo conozcan por su buena técnica. Una lengua enorme que aparece de repente en la boca puede resultar alarmante, pero una lengua que espera a que le den permiso para entrar suele ser muy bien recibida.

La lengua no tiene una función bien definida una vez que se encuentra en la boca del otro, así que no le dé demasiado trabajo haciendo que recorra los dientes o que se mueva como una serpiente. Sin embargo, tampoco ha de quedarse inmóvil en la boca del otro, como una babosa enorme echándose la siesta. Haga movimientos pequeños y relajados. Y recuerde la norma de la saliva: hay que separarse en cuanto empiece a acumularse.

El beso romántico

Qué es: este beso es, fundamentalmente, un juego preliminar. Imagínese que va a dar un beso tradicional o con lengua.

Antes de unir los labios, transmita un afecto o un amor profundos con la mirada y con un hábil contacto de la mano.

Por qué es agradable: es el tipo de beso que puede hacer que a una chica le tiemblen las rodillas, literalmente. Convierte un beso que podría no significar más que deseo en uno lleno de sentido, que puede significar amor. Es un beso que demora la gratificación, lo que sugiere que, además del cuerpo de su pareja, también desea su mente y su alma. Pero cuidado: si da este beso cada vez que conoce a alguien, es muy probable que acaben calificándolo de embaucador.

Cómo se hace: cuando estén lo suficientemente cerca para besarse, deténgase y mire a su pareja a los ojos intensamente, mientras le pasa con suavidad el dorso de un dedo por la cara. Debería ser el índice, doblado, para poder tocar la mejilla del otro con la primera falange. Este gesto indica que lo tiene impresionado. Deténgase de nuevo y, entonces, coja la cara de su pareja con ambas manos, encoja los hombros, ladee la cabeza a la derecha, cierre los ojos y bésela con intensidad y pasión. Con este beso no hacen falta los minibesos de reconocimiento, porque al cogerle la cara con las manos sabrá que va por buen camino sin necesidad de comprobarlo.

El beso en la nariz

Qué es: es cuando el chico se inclina para plantarle a la chica un beso delicadísimo en la punta de la nariz.

Por qué es agradable: por dos motivos. El primero, porque es un beso gracioso. El segundo, porque no estropea el pintalabios. Sólo funciona si la chica no tiene inconveniente en que la consideren un conejito de peluche, pero si ella no se opone, adelante.

Cómo se hace: en primer lugar, debe ser considerablemente más alto que su chica y, en segundo lugar, tiene que captar toda su atención, pero sin darle a entender que quiere darle un beso normal, porque de otro modo ladeará la cabeza y perderá el momento ideal. El beso debe ser muy ligero, así que tendrá que hacer morritos. Si no lo hace, le estará dando a entender que tiene una nariz enorme. David Beckham utiliza en público este beso con su mujer y suele dejar al resto de las féminas suspirando sin saber muy bien por qué.

Besos que recorren el rostro

Qué es: el chico le da a la chica besitos ligeros por toda la cara.

Por qué es agradable: es un beso un tanto anticuado y chovinista, pero no hay nada de malo en que haya un pequeño toque machista en el dormitorio, si es de vez en cuando.

Cómo se hace: nunca lo haga si la chica se ha maquillado con mucho esmero. Cójale la cara con las manos, observe su belleza durante unos segundos y empiece a besarla suavemente por toda la cara, empezando por la frente. Los labios deben hacer un pequeño mohín, pero ligero y suave.

Cómo cogerse de la mano

Cogerse de la mano es importante porque tiende a indicar en qué fase de la relación se encuentra la pareja, así como su compatibilidad emocional y de estatus y cómo se comunica.

Ésta es la manera clásica de cogerse de la mano. Transmite un vínculo potente y un enfoque juvenil de la relación. La persona cuya mano queda encima suele ser el miembro dominante de la pareja. Las manos deberían estar unidas con firmeza, para indicar proximidad sexual. Si los dedos están unidos o entrelazados, el deseo de verse como una unidad, es todavía mayor.

Esta manera de cogerse de la mano es la postura característica de algunas parejas, como los Beckham. Aunque coloca al hombre en una posición claramente dominante, dirigiendo, tirando y protegiendo, también hace que la mujer adquiera protagonismo, porque recuerda a una estrella de cine protegida por un guardaespaldas.

He aquí una postura de equilibrio de poder mucho más tradicional; el chico adopta el papel dominante y la mujer lo acepta, para que la pose funcione.

Esta postura pone de manifiesto una gran diferencia de estatus. La pose del hombre es independiente y masculina, mientras que la chica debe esforzarse en seguirle el ritmo para dar la impresión de que son pareja. Sugiere egoísmo por parte de él y sumisión por parte de ella.

Ésta es una postura muy complicada si se quiere andar al mismo tiempo, por lo que la pareja transmite la idea de que están muy sincronizados y muy cómodos el uno con el otro. Sugiere un equilibrio de poder igualitario y que ambos están dispuestos a cubrirse las espaldas mutuamente.

Esta postura sólo funciona si el chico es mucho más alto que la chica. Es una posición relajada, pero él anuncia que la posee. Si le agarra el hombro con la mano, se muestra muy protector y orgulloso de ella, pero si sólo la deja caer, como si la utilizara de reposabrazos, es muy probable que se trate de un embaucador egoísta.

Ésta es la postura «eres mi héroe», posesiva y orgullosa, en que la mujer reduce su propio estatus para adquirir el rango de fan, en un intento de mejorar la apariencia del chico.

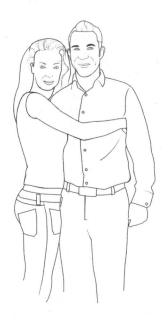

Marcar el territorio

Todas las parejas tienen un modo de lanzar al exterior señales de propiedad. Es frecuente que las personas posesivas fuercen este tipo de señales, lo que hace que el otro miembro de la pareja se sienta incómodo. Para ser saludables, las señales de propiedad deben estar equilibradas y consensuadas y no ser una imposición.

- **Gestos de acicalamiento**
  Hacen temblar a la mayoría de los hombres. Es el momento en que la mujer les saca un cabello o una mota de polvo de la chaqueta o de los pantalones, les limpia una mancha en la cara o les alisa el pelo. Hasta el menor gesto de acicalamiento transmite al resto de las personas presentes que «ya está pillado». Es un gesto extraordinariamente posesivo y provoca pánico en el objeto de la atención.
- **Mensajes secretos**
  Son señales corporales tan sutiles que resultan prácticamente invisibles a simple vista, pero son el modo en que las parejas se comunican cuando no utilizan palabras. Son parte importante de toda relación íntima, pero son tan sutiles e instintivas que es muy habitual que la pareja no sea consciente de que las utiliza.

  Estos mensajes secretos pueden adoptar varias formas: una mirada, un parpadeo más rápido o más lento de lo habitual, un gesto con los labios (como apretarlos para mostrar desaprobación), entrecerrar los ojos o abrirlos mucho, un asentimiento o un leve movimiento de la cabeza, un toque, una caricia, una palmadita, etc. Son ejemplos de comunicación en el seno de una relación, y cuando uno de los miembros de la pareja empieza a hacerles caso omiso, significa con total seguridad que la relación tiene problemas.

  Cuando son negativos, tienden a ser verbales. No están tan consensuados y, por lo tanto, la tasa de acierto es más reducida, lo que siempre lleva a discusiones por los malentendidos, como: «Me preguntaste si todo iba bien, pero ya deberías haber sabido que no, por el tono de voz» o «Ya sé que dije que no hacía falta que me regalaras nada por mi cumpleaños, pero deberías haber sabido que no lo decía en serio».

Cómo saber si su pareja le miente

Ya lo sabe. Y sabe que lo sabe. Lo que sucede es que suele ser más sencillo seguir la corriente o creerse la mentira; o, como mínimo, hacer como que no se ha dado cuenta y restarle importancia.

¿Cómo se sabe? De una manera inconsciente y subliminal, ya se habrá dado cuenta de los cambios sutiles que sufren la conducta y el lenguaje corporal de su pareja. Cuanto más tiempo lleven juntos, mayor será la precisión con la que podrá detectar los cambios. Sin embargo, esto ocurre si damos por hecho que su pareja ha sido sincera con usted durante la mayor parte de la relación. Si ha sido un mentiroso compulsivo desde el principio, detectar fluctuaciones resulta mucho más complicado, sencillamente porque no hay ninguna.

Señales que delatan a los mentirosos

- En primer lugar, pregúntese si realmente quiere saber que le mienten. Si es más feliz en la ignorancia, quizá sea más conveniente que siga la corriente y busque indicios de honestidad.
- Tenga en cuenta su reacción instintiva. Se basa en un procesamiento de información muy complejo.
- Recuerde la conducta y el lenguaje corporal de su pareja cuando dice la verdad. Dedique algo de tiempo a estudiarla con atención, para detectar pautas de conducta.
- No se olvide del error que cometió Otelo si decide enfrentarse a su pareja. Sentirse presionado y acusado de mentir puede dar lugar a un lenguaje corporal extraño en la persona más inocente.

- Busque cambios en la conducta normal, como jornadas de trabajo más prolongadas o distintas de las habituales, cursos y congresos fuera de la ciudad, etc.
- Busque aromas distintos. Las personas que tienen aventuras amorosas suelen asearse más o cambiar de perfume o de loción de afeitado.
- También se compran ropa interior nueva.
- Cambian de vocabulario, porque su nuevo amor les pega palabras nuevas.
- Lo mismo sucede con el lenguaje corporal: busque gestos nuevos.
- Y no subestime los cambios en cuanto a gustos musicales: empezarán a ampliar su colección de discos compactos.
- No se deje engañar porque ahora lo mire más. Quizá lo interprete como una muestra de afecto, pero es mucho más probable que lo esté comparando con el nuevo amante.
- No espere que se vuelva más amable. De hecho, la culpa suele hacer que las parejas infieles se vuelvan más susceptibles e irritables. Le buscará defectos, para no sentirse tan mal consigo mismo.
- Busque pausas prolongadas o estratagemas para ganar tiempo cuando le haga preguntas.
- Observe los movimientos oculares. No es una regla infalible, pero los ojos elevados hacia la derecha pueden indicar que se apela a la imaginación o a la mentira, mientras que elevarlos a la izquierda a veces señala que se está intentando recordar algo.
- Busque gestos delatores en el momento de la mentira, como bajar o retirar la mirada o cubrirse el rostro.
- Busque indicios de nerviosismo, que puede provocar una subida de adrenalina. Esto puede dar lugar a sequedad en la boca, tragar más saliva o mojarse más los labios, respiración o parpadeo acelerados o tensión muscular en la mandíbula y en los hombros.

Cómo lo hacen sobre la alfombra roja: el lenguaje corporal de la pareja al estilo de las estrellas

Hace ya varios años que analizo el lenguaje corporal de los famosos para programas de televisión y para revistas, y creo que podemos aprender mucho de los posados en la alfombra roja. Las parejas de famosos son una máquina de hacer dinero, una especie de «dos por uno». Esto implica que cuando vemos a una pareja de famosos posando, siempre desprenden un aura de profesionalidad muy intensa, lo que nos hace sospechar de los mensajes que se esconden realmente tras lo que vemos en la pantalla.

Al leer los gestos ensayados que transmiten las parejas de famosos y al buscar señales delatoras en su lenguaje corporal, puede aprender mucho sobre el estado de su propia relación.

Marcarse faroles

- Como norma general, cuanto más afectuosa se muestra una pareja de famosos en público, más cerca están del divorcio. ¿Se acuerda de cómo andaban Brad Pitt y Jennifer Aniston cogidos de la mano justo antes de que él saliera corriendo hacia los brazos de Angelina Jolie? ¿O de cómo Angelina jugaba en público con las amígdalas de su marido, Billy Bob Thornton? Cuando una pareja se esfuerza demasiado en demostrar amor eterno, se puede apostar lo que sea a que los abogados ya están pegando los sellos a los sobres de los papeles de divorcio.
- La emoción más difícil de fingir es la de un sentido del humor sutil y verdaderamente compartido. No me refiero a esas sonrisas de anuncio que vemos en los rostros de Katie Holmes o de Britney Spears, sino a las sonrisas de complicidad que las parejas se lanzan para compartir una broma silenciosa. Estas sonrisas sutiles y reprimidas dicen más de lo bien que va una relación que toneladas de manoseo en público.

- Las señales de complicidad suelen ser invisibles en las fotografías, pero pueden apreciarse cuando se trata de escenas filmadas. Cuando Tom Cruise y Nicole Kidman posaban juntos mientras aún estaban casados, él le daba palmaditas en la espalda. Las palmaditas quedaban ocultas a los objetivos de las decenas de fotógrafos, pero demostraban lo intensamente coreografiada que estaba la pareja y quién de los dos era el coreógrafo. Cada palmadita de Tom parecía ser una señal para empezar a moverse.

- La proximidad suele ser una pista valiosa para evaluar las relaciones genuinas sobre la alfombra roja. Si las cabezas de la pareja están juntas, se puede interpretar como una demostración de confianza. Si ambas miradas van en la misma dirección, es muy probable que piensen de manera muy parecida o que tengan objetivos compartidos. Los gestos con los brazos y con las manos suelen ser fáciles de realizar, pero busque manos entrelazadas ocultas, no a la vista de todos. Los torsos son muy reveladores. Si son congruentes, es decir, si se miran, es muy probable que la pareja sea genuina, especialmente si las pelvis también están cerca, lo que indicará que gozan de una vida sexual muy sana. Sin embargo, es muy frecuente ver que una de las personas está totalmente orientada a la cámara, mientras que la otra se limita a estar junto a él o ella. Es un despliegue de estatus y de ego que puede ser muy revelador. Si la persona objetivo de los *flashes* es la más famosa, cabe imaginar que su pareja sienta cierto resentimiento silencioso. Si el que se dedica a posar es el menos famoso, mientras que la gran estrella queda en segundo plano, tenga por seguro que se avecina una tormenta.

- Algunas parejas famosas consiguen mantener un desequilibrio de poder, pero a la mayoría les resulta muy complicado. Si mira fotos o apariciones en televisión de Rod Stewart y Penny Lancaster, verá a una gran estrella utilizando un lenguaje corporal sumiso ante su pareja, más alta y más fotogénica. En una ocasión, la respuesta

de Rod mientras Penny asumía el control de la entrevista fue mirarle el escote, para reafirmar sus credenciales
de macho alfa.

- Madonna y Guy heredaron un desequilibrio de poder
extraordinario cuando empezaron a salir juntos, pero,
de momento, han conseguido gestionarlo de un modo
impecable.* Guy es un macho alfa en el mundo del cine,
pero resulta innegable que Madonna es mucho más famosa. Cuando se trata de una situación de alfombra roja
en la que Guy es el protagonista, Madonna reduce drásticamente sus propias señales de estatus y suele abrazar-
lo por la espalda o cogerlo como si fuera una fan devo-
ta. Cuando le toca a ella ser protagonista de los focos,
Guy entra en modo «guardaespaldas», y mantiene un aspecto mucho más discreto mientras la acompaña.

- Sin embargo, otras parejas parecen tener dificultades a la
hora de alternar el protagonismo. Cuando Ben Affleck y
Jennifer Lopez salían juntos, era indudable que ella era
la más famosa. Sin embargo, en lugar de intentar capear-
lo, en el estreno de una de sus películas, Ben se dirigió a la
multitud de los seguidores mientras Jennifer se quedó
hablando con los que parecían ser miembros del personal de seguridad. Obviamente, era un intento de no ro-
barle protagonismo a su hombre, pero, a pesar de ello,
miles de objetivos se dirigieron hacia ella. Además, Ben
tenía una costumbre bastante desagradable cuando besaba a Jennifer ante las cámaras: le daba lo que llamamos
un beso distraído. Mientras besaba a una de las mujeres
más deseadas del mundo, miraba a otra parte, como si
ella no bastara para captar toda su atención.

- Elton John y David Furnish son, probablemente, la pareja que mejor gestiona los posados en la alfombra roja.
David sabe sonreír a la cámara con perfección y ambos
tienden a posar como iguales, con Elton en una posición

---

* En el momento de la publicación del libro original, Madonna y Guy Ritchie aún eran pareja. (*N. de la t.*)

ligeramente más dominante. Cuando se alejan de las cámaras, las señales de complicidad se intensifican en lugar de reducirse, lo que sugiere un afecto sincero.

- Uno de los momentos sobre la alfombra roja que más temen los famosos es el posado «sonríe, acaban de dejarte». Los simples mortales podemos escondernos bajo el edredón hasta que se nos hayan agotado las lágrimas, pero los famosos y famosas a los que acaban de abandonar se ven obligados a apretar los dientes y enfrentarse a cientos de cámaras. Todos suelen dar siempre la misma respuesta, a la que llamo «posado del que ha perdido el Óscar». ¿Se acuerda de ese momento en que aparecen en pantalla todos los nominados a un Óscar, para poder ver su reacción cuando se anuncia el ganador? El formato es siempre el mismo: el ganador debe parecer sorprendido y asombrado, y los perdedores sonríen y ríen como si les acabaran de dar una noticia excelente. Cuando una pareja que había estado muy próxima rompe, ya no hay marcha atrás en lo que a lenguaje corporal se refiere. Toda la coreografía natural desaparece y quedan sin sincronización, como si fueran completos desconocidos.

Puntos clave

- La atracción depende de mucho más que de un aspecto físico perfecto. Los impulsos evolutivos y el lenguaje corporal positivo pueden ser mucho más determinantes que la belleza.
- Las expresiones faciales y los movimientos del cuerpo tienen muchas más probabilidades de causar un gran impacto que el atuendo o el peinado.
- Los ojos transmiten y reciben todas esas señales de atracción tan complejas que aparecen en los primeros minutos después de un encuentro.
- Una sonrisa puede resultar mucho más seductora que una gran cantidad de gestos de acicalamiento o que gestos abiertamente sexuales.

Capítulo 10

AMIGOS Y FAMILIARES

Tratar con parejas y con ex parejas puede parecer pan comido si lo comparamos con el resto de las relaciones en nuestras vidas. ¿Alguna vez se ha parado a pensar en las señales de su lenguaje corporal cuando está con sus padres, con sus hermanos, con otros familiares o con amigos? Tendemos a esperar que todas estas personas nos amen incondicionalmente y disfrutamos del convencimiento de que con ellos podemos ser «nosotros mismos», así que dejamos caer la máscara social o laboral con un suspiro de alivio prácticamente audible.

Las relaciones con personas que nos conocen muy bien y que nos han visto crecer nos hacen sentir cómodos y seguros, porque están al tanto de la mayoría de las facetas de nuestra personalidad. Sin embargo, también hacen que bajemos la guardia, lo que, a su vez, puede dar lugar a malentendidos que causan distanciamientos, discusiones y conflictos.

Aunque quizá reserve las mejores representaciones de lenguaje corporal para sus amantes y para las personas que ejercen un impacto directo sobre su carrera profesional o su saldo bancario, analizar y maximizar las «representaciones» sociales y familiares es igualmente importante. Este capítulo analiza la naturaleza compleja de este tipo de relaciones y presenta algunas técnicas sencillas que lo ayudarán a mantenerlas o mejorarlas.

Lenguaje corporal positivo

Una de las mejores cosas del lenguaje corporal cuando se está con amigos es la tendencia instintiva al eco postural. Es un reflejo natural del movimiento, del estado de ánimo y del ritmo que puede hacer que los amigos lleguen a parecerse. A veces se hace conscientemente, para enviar una señal de grupo unido y de exclusión al resto del mundo. Un ejemplo de ello se da cuando los niños en edad escolar crean sus propios gestos, su lenguaje y su estilo de vestir, que, a pesar de no ser exclusivos de su grupo y de que probablemente los hayan copiado de otros, funcionan como una especie de marca que refuerza las similitudes entre ellos.

Cuando dos amigos íntimos se saludan, suelen aparecer rituales de reflejo, con cambios en las expresiones faciales y demostraciones de afecto, como abrazos, palmaditas o incluso golpes, que no se darían nunca a desconocidos. Saludar así a los amigos es adecuado, pero no es tan habitual que se salude a los familiares con tanta efusividad.

Desafortunadamente, el hecho de que no sintamos tanta presión para poner nuestra mejor cara ante la familia cercana puede llevarnos a malentendidos y a conflictos. Por mucho que nos guste «ser nosotros mismos» con la familia, ese «yo» sin maquillar puede resultar agotador. Cualquier padre que haya observado a su hijo adolescente y lo haya visto pasar de mostrarse abierto, positivo y amistoso con sus amigos a convertirse en una persona negativa y monosilábica con la familia conoce la ira, la frustración y el desconcierto que eso genera. Lo que, en principio, debería resultar halagador, es decir, que el adolescente no se sienta obligado a ocultar ante sus padres la tristeza y el desconcierto ante la vida en general, acaba percibiéndose como un insulto. Cuando no se siente la necesidad de utilizar la máscara social, puede aparecer un «yo mismo» bastante desagradable.

Quizá sea importante recordar que todos hemos sido niños egocéntricos que sólo tenían en cuenta sus propias necesidades y deseos, y que no pensaban en presentar una imagen

social adecuada. Ese niño sigue gozando de una salud excelente en nuestro interior y puede aparecer sin previo aviso
cuando nos sentimos seguros y relajados.

Hace poco, el padre ya anciano de una colega se quedó in-
válido. Cuando su hija lo visitaba, tenía que soportar toda una
retahíla de quejas y de descripciones de todos los niveles de su-
frimiento por los que estaba pasando. Sin embargo, cuando se
encontraba con la vecina de al lado, le decía lo contento y ani-
mado que veía a su padre y lo bien que llevaba la invalidez, sobre la que incluso hacía chistes. Como es normal, a mi colega
no le hizo ninguna gracia. ¿Por qué tenía ella que aguantar todas las quejas, cuando los demás lo veían siempre contento?
La respuesta es muy sencilla, pero asumir la incongruencia no
lo es tanto. ¿Los familiares reciben siempre la peor parte? Probablemente sí. Las relaciones familiares pueden ser muy egoís-
tas, porque así es la estructura en la que se basan. Durante la
infancia, los padres o un hermano mayor cuidan del pequeño,
ofreciéndole un amor incondicional que resulta muy agradable y que intentamos encontrar una y otra vez a lo largo de la
vida. Esto quiere decir que deseamos que nos quieran a pesar
de nuestra conducta, no por la máscara social, exigente y ago-
tadora, que nos ponemos para los demás.

Cuestión de rango y de jerarquía

Todas las familias son jerárquicas y los rangos estrictos pueden ser necesarios para vivir en paz. La edad y la sabiduría suelen
ser los motivos más válidos a la hora de lograr un estatus elevado en la unidad familiar, pero, como en cualquier colonia
animal, el dominio basado en la edad ya no es incuestionable
cuando los hijos alcanzan la madurez física.

Siempre hay una sensación de supremacía alfa en todo
grupo familiar, donde el estatus suele decidirse en función del
tamaño y de la fuerza. Es muy habitual que los padres adopten
una perspectiva a corto plazo cuando piensan en esto; los niños crecen muy rápidamente y cada generación parece ser más
fuerte y más alta, lo que puede llevar al tipo de enfrentamientos

violentos que solemos ver únicamente en los documentales sobre la naturaleza.

Cómo evitar las luchas de poder

- Durante los primeros años de vida de su hijo, intente evitar los gestos de lenguaje corporal que resalten la diferencia de altura, de tamaño o de poder, como mirarlo desde arriba, poner los brazos en jarras, gritar o bloquearle el camino. Pueden acabar volviéndose contra usted.
- Utilice señales reales de poder intelectual. Mantenga la calma y emplee un lenguaje corporal asertivo, como el contacto visual (que no es lo mismo que quedarse mirando fijamente) y gestos abiertos y enfáticos, pero firmes, que transmitan seguridad en sí mismo, en lugar de agresividad subyacente.
- Gran parte de las peleas familiares, si no todas, son consecuencia de una incongruencia jerárquica. En las colonias animales, estas cuestiones se resuelven mediante luchas, pero, por suerte, en general, los seres humanos estamos menos dispuestos a morder, a arañar y a pelear para establecer el orden jerárquico. Hay que recordar siempre que ninguna jerarquía es totalmente estable. La gente se va de casa, asciende en el trabajo y envejece, y los que antaño proporcionaban alimento y protección son los que ahora necesitan ayuda. Las peleas familiares por el estatus suelen centrarse en cómo nos sentamos a la mesa, qué habitación nos quedamos o quién ostenta los símbolos de poder, como el mando a distancia de la televisión o las llaves del coche.
- Con frecuencia, los padres sucumben a estas batallas constantes y separan en lugar de dar órdenes. Si todos los miembros de la familia tienen su propio espacio, con su propia televisión y su propio ordenador, las discusiones por el estatus desaparecen como por arte de magia. Con su propio mando a distancia y su propio ratón, el niño siente que es dueño de su destino. Por desgracia,

el destino no tiene nada que ver con la vida en la pantalla. Al separar a los niños (¡y a los adultos!) de este modo, se pierden la vida real y las lecciones que deben aprender para sobrevivir. Gracias a los ordenadores, ahora contamos con toda una generación henchida de sensaciones de falso poder y de grandeza. Como han tenido su espacio y su reino virtual propios durante la mayor parte de los años de crecimiento y no han podido adquirir ni las habilidades necesarias para lograr estatus real ni la capacidad de negociar, es más que probable que los integrantes de esta generación acaben teniendo problemas. Las malas negociaciones son mejores que la ausencia de negociación, porque la falta de comunicación implica falta de aprendizaje.

- En las comunicaciones de lenguaje corporal entre familiares o amigos muy íntimos, suele darse una proporción padre / adulto / niño que puede conducir al éxito o al fracaso de la comunicación. ¿Cuántos de nosotros hemos discutido con nuestros padres porque nos siguen tratando como si fuéramos críos? ¿Y cuántos padres se han sentido ofendidos cuando su hijo deja de mostrarles respeto?

- Es muy raro que los familiares utilicen entre sí la conducta y el lenguaje corporal entre adultos que intentamos aprender para aplicarlos a las relaciones profesionales. Se da cuando ambas personas actúan de un modo que transmite un estatus equilibrado y un lenguaje tranquilo y sin prejuicios. De hecho, este estilo de comunicación resultaría antinatural en el entorno familiar, donde siempre se es consciente de la existencia de un orden jerárquico.

La conducta típicamente infantil puede incluir:
- Gritos.
- Patadas.
- Puños cerrados.
- Brazos cruzados, para transmitir rebeldía u obstinación.

- Apartar a alguien.
- Encogerse de hombros.
- Bloqueos, como cerrar los ojos o taparse la cara.
- Llanto.
- Adelantar el labio o la mandíbula inferiores.
- Enroscarse, encorvando los hombros y hundiendo la cabeza.
- Portazos.
- Risitas.
- Peleas.
- Jugar a pelearse.

La conducta característica de los padres puede incluir:
- Apuntar y señalar con el dedo.
- Mirar fijamente.
- Poner los brazos en jarras.
- Bloqueo del cuerpo.
- Permanecer de pie con las piernas separadas.
- Menear la cabeza.
- Hacer chasquidos con la lengua.
- Elevar los ojos al cielo.
- Hincharse.
- Cuidar de los hijos: acariciar, abrazar, jugar con su pelo, limpiarles la cara, acicalarlos, ofrecerles comida, etc.

Conductas complementarias

Gran parte de la cuestión depende de si estas manifestaciones de lenguaje corporal son complementarias o no. Con frecuencia, el problema aparece cuando el lenguaje corporal que el padre o la madre despliega delante de los amigos y de los iguales de su hijo pone de manifiesto la diferencia de estatus, rebajando automáticamente el del niño delante del grupo en el que debe sobrevivir. ¿Se acuerda de los niños que recibían un beso de sus madres en la puerta del cole? Muy probablemente eran besos muy deseados en casa, pero delante de los amigos eran una cruz. Las conductas complementarias son las que transmiten funciones compatibles. Por ejemplo, cuando un padre le dice a su hijo que ordene la habitación mientras lo apunta con el dedo y lo mira fijamente para enfatizar que habla en serio, lo que hace es adoptar una postura crítica y dominante que busca una respuesta obediente y sumisa. Si el niño responde: «Sí, lo siento, papá», bajando la cabeza y dirigiendo la mirada al suelo, para acto seguido salir corriendo a buscar la escoba y el recogedor, se trata de una interacción complementaria. Si otro niño aparece corriendo en el comedor, gritando: «¡Casi es Navidad!» mientras agita los brazos como un molinillo y sonríe, nos daremos cuenta de que está en un estado de ánimo emotivo y entusiasta. Para que la respuesta de los padres sea complementaria, deberían responder de un modo parecido, por ejemplo: «¡Sí! ¡Yo también estoy impaciente!» al tiempo que empiezan a correr por el comedor y a reír.

Sin embargo, ¿qué sucedería si el padre no obtuviera una respuesta complementaria en el primer ejemplo? ¿Qué pasaría si el niño se quedara mirando a su padre, levantara la barbilla y no dijera nada? Entenderíamos que el niño ha adoptado una actitud obstinada y rebelde, lo que implica que el padre tendría que pasar a un segundo nivel. ¿O si el segundo niño recibiera la respuesta «Haz el favor de no interrumpirme mientras leo» y se lo sacaran de encima de un plumazo? Lo más probable es que el niño se sintiera decepcionado y que los padres hubieran perdido una oportunidad de reforzar los vínculos afectivos con él.

Conductas estratégicas

De todos modos, las conductas complementarias no siempre resultan útiles. Si su mejor amiga tiene la costumbre de elevar su propio estatus y de decirle lo que debe hacer y lo que no, puede adoptar una postura complementaria y mostrarse obediente, reduciendo su estatus y haciendo lo que le pide; sin embargo, a no ser que sienta predilección por el servilismo, lo más probable es que cada vez que le haga caso note cómo aumenta su resentimiento hacia ella.

Por lo tanto, es muy probable que quiera dar pasos encaminados a modificar la conducta de su amiga. En lugar de una respuesta obediente y complementaria, quizá se decida por algo menos servil que reduzca las probabilidades de acabar dominada. Adoptar una postura agresiva, mirándola fijamente y señalándola con el dedo mientras la acusa de ser una marimandona, puede resultar muy tentador. Sin embargo, es muy probable que eso la llevara a intensificar su postura dominante, enfadándose y discutiendo. La planificación de conductas estratégicas implica optar por posturas asertivas y por mantener la calma y una actitud adulta; el uso del contacto visual permite transmitir seguridad en uno mismo y los gestos abiertos y enfáticos demuestran que no se quiere discutir, pero que se habla en serio.

Este tipo de lenguaje corporal estratégico puede resultar útil en todas las relaciones sociales y familiares. La planificación de las interacciones es especialmente útil si se siente atrapado en una misma pauta interactiva con uno o más familiares: el tipo de situación de *Atrapado en el tiempo*, en la que siempre se acaba discutiendo por lo mismo. Quizá tenga una suegra desagradable que siempre la critica cuando viene de visita o un hermano que siempre se emborracha y hace tonterías en bodas y celebraciones familiares. Si analiza el estado que transmiten mediante el lenguaje corporal y si estudia sus gestos, su postura y sus expresiones faciales, podrá decidir si va a responder de manera complementaria (por ejemplo, discutiendo, prestando demasiada atención o enfadándose y llorando) o si debería intentar modificar su propio estado para persuadirlos de que hagan lo mismo.

Consejos prácticos para evitar confrontaciones con familiares y amigos

Las siguientes páginas contienen algunos consejos muy prácticos para generar empatía y proximidad con las personas más cercanas a usted. Es posible que le descubran que ha de cambiar algunas de sus pautas de conducta tradicionales y pueden leerse como un «sírvase usted mismo», es decir, sírvase los consejos que parezcan encajar mejor con la situación en que se encuentra. Pero léalos con una actitud abierta, especialmente si desea superar confrontaciones o problemas de larga duración.

Conocer a la familia y a los amigos de su nueva pareja

Conocer a los seres queridos de una nueva pareja puede resultar abrumador, pero no siempre por los motivos que todos imaginamos. Aconsejarle que intente dar la mejor impresión posible sería un tópico, pero hay que marcarse unos límites. Ser demasiado complaciente al principio de una relación puede causar problemas más adelante; aunque está bien reducir el propio estatus en cierta medida, para facilitar la integración con los seres queridos de su pareja, hacerlo de un modo radical puede desembocar en la obligación de mantener un estatus bajo durante el resto de su vida juntos.

En primer lugar, debe tener en cuenta un par de cosas sobre lo que los familiares y los amigos van a pensar de usted. Tienen una historia en común con la persona de la que se ha enamorado y muchos de ellos lo considerarán un rival. Una de sus principales preocupaciones será que pueda llegar a dominar y a cambiar a su nueva pareja. También saben que están obligados a aguantarlo y que no pueden hacer nada al respecto. Es muy posible que el grupo en el que está a punto de entrar esté muy unido y que se haya formado a lo largo de un tiempo prolongado. Si no logra integrarse, es probable que el grupo pierda a uno de sus miembros.

Por eso, resulta fundamental que adopte una actitud relativamente complaciente. Pero, al mismo tiempo, debe evitar dar la impresión de que «no es lo bastante bueno» para su nueva pareja.

Consejos para integrarse con familiares y con amigos

- Pídale a su pareja que le enseñe fotografías de las personas más importantes antes de conocerlas.
- Averigüe quiénes son los miembros alfa del grupo. ¿Quién es el familiar que lleva la voz cantante o quién es el líder del grupo de amigos? Esos son los únicos a los que debe impresionar.
- Nunca lleve un regalo la primera vez que los vea. Parecerá que intenta comprar su aceptación. En todo caso, que sea su pareja quien lo entregue.
- Vístase de un modo ligeramente más formal que el grupo con el que va a encontrarse. Es una muestra de respeto.
- Limite el uso de señales de sumisión o de obediencia. Al llegar, mantenga una postura erguida, pero desármelos con la sonrisa. (Repase los consejos sobre la sonrisa que hay en el capítulo 7.)
- Inclínese muy ligeramente cada vez que le presenten a alguien. Es una inclinación simbólica, no formal, en la que ha de ladear el torso o la cabeza muy sutilmente. (Repase el capítulo 8.)
- Permítase mostrar un máximo de dos señales de nerviosismo o de timidez. Transmiten respeto por el grupo.
- Utilice bien el contacto visual. Será su mejor gesto de declaración de intenciones, porque dará a entender que tiene muchas ganas de conocerlos a todos.
- Juegue a «seguir al líder». Nunca intente modificar la conducta del grupo en los primeros encuentros. Si parecen tristes, no haga nada al respecto, como intentar animarlos riendo y contando sus peores chistes. Si parecen un tanto convencionales y formales, no diga palabrotas ni haga comentarios arriesgados. Si están contentos, no intente empezar conversaciones profundas. Usted es el intruso y, como tal, nunca ha de modificar la dinámica del grupo. Emplee el reflejo y el eco postural con las personas a las que quiere impresionar.

- No se pavonee en un intento de dejarlos impresionados.
- Sea muy cauto con las señales de afecto o las demostraciones sexuales. Quédese en la «mirada del amor», es decir, dulcifique la expresión facial.
- Nunca coquetee con su suegro o con su suegra. Quizá los halague, pero su pareja se quedará horrorizada.
- Nunca se burle de su pareja. Ni siquiera si el grupo le incita a ello, bromeando y riéndose un poco de ella. Es un ritual de paso en el que ponen de manifiesto su poder, para ver cómo responde. Si se une a ellos, lo entenderán como una muestra de deslealtad hacia su pareja. Sin embargo, si la defiende, puede alienar al resto del grupo. Intente quedarse en un término medio. Sonría con educación, observe a su pareja para ver cómo se lo está tomando y no diga nada.
- Lo mismo cuando aparezcan las fotos de cuando su pareja era pequeña. Suele pasar con casi todos los suegros. Sonría y diga lo preciosa que era. Guíñele un ojo cuando nadie esté mirando.
- Nunca le susurre ni le haga gestos íntimos a su pareja delante de amigos o familiares. Indican que se trata de una conversación privada y parecerá que intenta apartarla del grupo.

Cuando se vaya, si todo ha ido bien, la despedida será menos formal que el recibimiento. Ése es el momento en el que espera que lo abracen o que lo cojan del brazo, gestos que le harán saber que lo han aceptado. Sin embargo, nunca dé nada por sentado aunque obtenga esos gestos. Los amigos y familiares pueden hacerlos simplemente para agradar a su hijo o amigo. Quizá se hayan dado cuenta de que lo suyo va para largo y que si le declaran la guerra desde el principio quedarán muy mal. Si sus suegros parecen especialmente venenosos, no se olvide de que cuanto más efusivos sean los abrazos y más numerosas las muestras de afecto, más lo criticarán en cuanto salga por la puerta.

Aunque lo natural es que intentemos emparejarnos con personas que puedan encajar en nuestra unidad familiar, a veces nos encontramos con que estamos saliendo con alguien que quiere enfrentarse a sus padres, en lugar de agradarles. Esto quiere decir que nuestro aspecto y nuestra personalidad los habrán atraído exactamente por los mismos motivos que horrorizarán a sus padres. A veces, esto nos pilla desprevenidos y somos totalmente ignorantes de la situación hasta que conocemos a los padres, momento en el que uno se sorprende al descubrir que no son los *hippies* o los *punkies* que se había imaginado y que no consideran que las drogas sean especialmente divertidas. Si se encuentra en una situación así, es muy probable que intentar integrarse no tenga sentido alguno, porque ése no es el motivo por el que lo han llevado allí. Su pareja lo ha seleccionado como instrumento de venganza por todas las humillaciones que sufrió al crecer y depende de usted dejarse utilizar de este modo o buscar una relación menos edípica.

Bodas y celebraciones familiares

El infierno debería congelarse antes de dejar que los familiares o los amigos de su pareja lo vean borracho en una celebración organizada por ellos. La etiqueta de «intruso» puede quedársele pegada durante varios años, como mínimo hasta que otro miembro de la familia aparezca con una pareja indudablemente peor que usted. Por muy bien integrado que se sienta, debe recordar siempre que se ha introducido en el grupo de su pareja y que, por lo tanto, tiene que reprimir todas las conductas que lo hagan destacar hasta que haya vuelto con su propio grupo.

En este tipo de eventos sociales, mantenga un lenguaje corporal que transmita discreción y cierta humildad y muéstrese atento con su pareja en todo momento.

Los secretos del lenguaje corporal adecuado para bodas y celebraciones son los siguientes:

- Transmita una imagen de alegría genuina cuando llegue, porque toda la sala se girará para examinarlo.

Aparecer con cara de funeral, sea por el motivo que sea, no es nada conveniente. Recuerde que todas las grandes reuniones familiares incluyen a varios ancianos, a personas que sufren en silencio y a otras que se sienten al límite de sus fuerzas, por ejemplo, embarazadas que van a romper aguas de un momento a otro. Seguirlos hasta la iglesia con cara avinagrada no le hará ganar ningún punto.

- Escuche, no hable. La habilidad más importante en cualquier evento social consiste en transmitir señales de escucha activa a todo el mundo. Establecer contacto visual, asentir, ladear la cabeza, reflejo postural... Lo único que necesita es dar pie a los demás con preguntas abiertas y, a partir de ahí, activar el «modo de atención plena».

- No sea excesivamente congruente. La amabilidad exagerada resulta ofensiva, porque parece falsa y condescendiente. Que alguien sea mayor o esté borracho no quiere decir que no deba hablarle como a un adulto.

- Actúe como los miembros de la realeza. Cuando los miembros de la familia real van de visita, cuentan con un asistente que los sigue y que les susurra información adecuada acerca de todas las personas a las que han de conocer. Pídale a su pareja que desempeñe esta función, así podrá iniciar conversaciones con frases como: «Ah, Caroline, ¿no es usted la que llegó a la final de *El rival más débil* hace cuatro años?» o «¿Colin? ¿El Colin del apartamento cerca de la playa?» etc.

Cómo saludar a la familia

Aunque es bueno reflejar el lenguaje corporal de los amigos y de los familiares, hay ocasiones en que saludar a los seres queridos parece la historia del huevo y la gallina. Siempre resulta agradable poder ser uno mismo, pero también es cierto que, probablemente, sea mejor librarse de la cara de funeral antes de saludar a los seres queridos. Es muy fácil llegar a casa de los padres y entrar quejándose del tráfico que uno se ha encontrado por el camino. Es igual de fácil que olvidarse de que, probablemente, se han pasado varias horas (si no días) preparando su visita. Entonces reflejarán ese malhumor y, a partir de ahí, todo irá cuesta abajo.

Una amiga me explicó que, desde que había entrado en la edad adulta, su madre la saludaba con las palabras: «¡No pareces muy contenta!». Mi amiga le contestaba: «Pues anda que tú…» y, de ahí en adelante, el ambiente seguía helado. ¿Cuál de las dos se equivocaba? Al igual que sucede con la mayoría de las disputas familiares, lo más probable es que la respuesta sea que ninguna de las dos. Lo único que hacía falta era que una persona (mi amiga, en este caso), tomara las riendas de la situación y modificara un diminuto factor comunicativo para romper la pauta de conducta negativa. La siguiente vez que quedó con su madre, sonrió y dio muestras de estar contenta de verla. Su madre respondió y restauraron la paz.

Cómo delegar las tareas de la casa

Las tareas de la casa son una de las causas de disputa más habituales en cualquier hogar; lo único que las supera como motivo de pelea es el dinero. En un mundo perfecto, cada miembro de la familia debería asumir su parte de las tareas de la casa con entusiasmo y alegría. Por desgracia, esto es algo tan infrecuente que, de hecho, debo admitir que no me lo he encontrado nunca. Lo que suele suceder es que una persona parece asumir todas las tareas de la casa y, entonces, intenta delegarlas, lo que lleva a acusaciones, a regañinas y a una necesidad constante de volver a delegar cada vez que la tarea en cuestión vuelve a ser necesaria.

Delegar las tareas domésticas puede ser muy complicado, especialmente si se quieren evitar los tres fracasos más habituales.

1. Repetición verbal: suele percibirse como una regañina.
2. Rendirse y acabar haciéndolo uno mismo: convierte a quien delega en un felpudo obediente.

3. Lograr que el resto de la familia colabore, pero con la actitud de que, en realidad, no les corresponde y que siempre tendrán que pedírselo: la víctima conserva la propiedad de la tarea y los demás miembros de la familia consideran que, si la ayudan, se trata de un favor.

Lo ideal sería que la familia entendiera que las tareas de casa nos benefician a todos y que, por lo tanto, deben hacerse cuando uno se da cuenta de que es necesario, no cuando alguien nos lo pide, y que tampoco hemos de esperar que nos den las gracias. A continuación encontrará algunos consejos que lo ayudarán a lograr esta situación ideal:

- Comuníquese siempre cara a cara, para obtener atención completa. Idealmente, todos los miembros de la familia deberían estar presentes.
- Emplee un lenguaje corporal que desprenda seguridad y autoridad. Evite las posturas de poder, pero es fundamental adoptar una pose tranquila, establecer un buen contacto visual y hablar con seguridad.
- No empiece la conversación recordando agravios del pasado. «¡Lleváis siete años sin coger una escoba!» es un argumento muy débil, porque no hay modo de cambiarlo. ¿Quiere que se disculpen o que empiecen a moverse? Demasiados objetivos, especialmente cuando se trata de una mezcla de objetivos emocionales y conductuales, dan lugar a mucha confusión.
- No permita que el tono de voz o el lenguaje corporal demuestren emoción. Si se dan cuenta de que está alterado, acabarán con usted.
- Siéntese en una posición ligeramente más elevada que el resto de la familia; por ejemplo, apoyarse en una mesa es mejor que sentarse en una butaca baja.
- Si se resisten, no dé su brazo a torcer. Juguetear con el reloj, desviar la mirada, tocarse la cara o cruzarse de brazos son señales defensivas.

- Escuche sus opiniones sin interrumpirlos. Entonces haga una pausa. Y mantenga su postura.
- No amenace. Los niños siempre lo hacen mejor y, además, cumplen sus amenazas.
- Cuando sus hijos o su pareja lleven a cabo las tareas en cuestión, no los persiga gritándoles normas e instrucciones o criticándolos. Los elogios y el refuerzo positivo son mucho más estimulantes; pero nunca les dé las gracias, porque hará que la tarea parezca suya para siempre.

Probablemente resulta acertado decir que cuando nos relacionamos con familiares y con amigos somos tan «nosotros mismos» como nos es posible. Este tipo de interacciones funcionan a un nivel completamente distinto a las que se mantienen con colegas o con parejas, porque se trata de personas a las que conocemos, o que nos conocen, desde hace mucho tiempo. Sin embargo, esto no garantiza el éxito de todas las interacciones, ni mucho menos. Sus familiares y amigos aprendieron sus conductas en tiempos ya remotos, pero eso no quiere decir que no puedan cambiarlas. Al igual que con el resto de los temas del libro, he identificado pequeños cambios que pueden marcar una gran diferencia. Una mínima desviación de la respuesta programada habitual puede marcar una enorme variación en los resultados.

Reunión de amigos

Unos últimos consejos e ideas relativos específicamente a las amistades. Por muy buenos amigos que sean, hay una diferencia enorme entre ellos y su familia: la cuestión del amor incondicional. Aunque las familias pueden separarse, y se separan, los familiares de sangre tienden a acompañarnos durante toda la vida. No sucede lo mismo con los amigos, motivo por el que nunca hay que dar las amistades por sentadas. ¿Se acuerda de todos esos amigos que tenía en su último empleo? ¿Qué pasó cuando usted, o alguno de ellos, cambió de trabajo?

Por mucho que los compañeros juren y perjuren que mantendrán el contacto, lo más habitual es que se pierdan la pista cuando el vínculo que los unía (el trabajo) desaparece. Las bodas suelen acabar con las amistades de la infancia y uno de los grandes problemas de la era actual es que los cambios de propiedad o de trabajo nos llevan, con frecuencia, a vivir en el extranjero.

Por lo tanto, resulta útil analizar las amistades para descubrir qué va bien, por qué va bien y cómo cuidarlo, en lugar de darlo por sentado.

- La imagen y el lenguaje corporal son dos elementos fundamentales en las relaciones de amistad. Por motivos de comodidad y de seguridad, tendemos a acercarnos a personas que se nos parecen o que actúan como nosotros. La escuela tiende a crear vínculos superficiales de este tipo. En la escuela, se está con niños de la misma edad que suelen vivir cerca los unos de los otros. Con frecuencia, el nivel socioeconómico de los niños es relativamente parecido y la experiencia escolar implica que todos llevan a cabo las mismas tareas. Los niños son grandes imitadores del lenguaje corporal y suelen copiarse muchísimo, lo que da lugar a vínculos muy fuertes. Hay grupos de amigos que se visten y se mueven de manera parecida, en un intento de reforzar todavía más esos vínculos. La identidad de grupo es un factor muy importante a la hora de decidir con quién nos relacionamos y con quién no.
- Sin un contacto directo regular que permita mantener estos vínculos visuales, las amistades se debilitan, sobre todo si las similitudes eran superficiales. Aunque los mensajes de texto y el correo electrónico permiten mantener el contacto, recuerde que, para que los vínculos sigan siendo fuertes, se necesitan sesiones de «mimetismo» frecuentes, es decir, encuentros cara a cara habituales.
- Si el contacto se ha interrumpido, utilice el teléfono para recuperar los vínculos vocales y verbales en lugar de

enviar fotografías o vídeos. Si los gestos visuales comunes se han reducido, el vínculo se habrá debilitado. Al hablar por teléfono, al menos tiene la oportunidad de emplear el reflejo verbal para crear empatía y vinculación.

- No dé nunca por sentado que todos sus amigos se caerán bien entre ellos. En la escuela contaba con grupos de amigos, pero ahora, ya adulto, lo más probable es que sus amigos procedan de lugares diferentes. A usted le resultarán parecidos, pero no se olvide nunca de que tanto usted como ellos han hecho ajustes para poder establecer la amistad. Lo que a usted puede parecerle pura suerte (por ejemplo, que conozca a tantas personas con tantas cosas en común) es, en realidad, el resultado de un proceso de vinculación social muy complejo que ha requerido una gran adaptación conductual de la que, probablemente, no se ha dado ni cuenta. Por lo tanto, amigos a los que usted quiere mucho pueden caerse fatal o descubrir que, aparte de usted, no tienen nada en común. Esto puede verse en el modo en que los invitados de las bodas se quedan sin conversación después de preguntarse de qué conocen al novio o a la novia.

- También resulta útil ser consciente de las jerarquías en los grupos de amigos. Al igual que con cualquier otra relación, se darán conductas compatibles, que tienen el objetivo de mantener la paz. Si suele quedar con un grupo, es conveniente que estudie la función que desempeña cada miembro y si los roles son flexibles. ¿Hay un alfa? ¿Algunos adoptan actitudes sumisas u obedientes? Y, de ser así, ¿resulta cómodo o irritante?

- En el reino animal, los grupos jerárquicos se traducen en grupos pacíficos. Sin embargo, eso no impide que pueda haber intentos de derrocar al miembro que ostenta el poder o el control. Los animales saben quién está al mando y cuál es el lugar que cada uno ocupa en el grupo. Los seres humanos no solemos ser tan conscientes de esto, lo que puede desestabilizar los grupos de amigos.

- Las parejas también pueden amenazar o desestabilizar las amistades, por lo que no es extraño que los amigos intenten romperlas, burlándose o ridiculizándolas cuando empieza a parecer que la cosa va en serio. En parte, esto es consecuencia de una sensación de pérdida que puede llegar a alcanzar la intensidad de un duelo cuando la pareja se da el «sí quiero». Las lágrimas en las bodas no siempre son de felicidad.

- Sea consciente de su lenguaje corporal cuando un amigo o una amiga encuentre pareja. Convertir un proceso inconsciente de aceptación o de rechazo en un proceso consciente puede impedir que la amistad se rompa para siempre. Es muy poco probable que la nueva pareja de su amigo aterrice en el grupo con un lenguaje corporal compatible con el del resto. Incluso es posible que él o ella haya cambiado las pautas de lenguaje corporal de su amigo o amiga, por lo que es normal que se sienta como un intruso. El ritual más habitual consiste en generar un lenguaje corporal compatible con el del recién llegado, para darle la oportunidad de integrarse. De no ser así, puede sentirse rechazado. Esta iniciación puede llegar a implicar un coqueteo inconsciente con el recién llegado, en un intento de modificar su lenguaje corporal. Muchas amistades acaban porque uno de los amigos parece coquetear constantemente con la pareja del otro. Aunque no tiene por qué ser algo inocente, lo irónico es que muchas veces sí que lo es y se debe a un deseo intenso de lograr la aceptación del grupo.

- Sea siempre consciente del lenguaje corporal de sus amigos, y refléjelo, porque éste es el vínculo que realmente los une. El cambio es un factor constante en nuestras vidas y, con frecuencia, puede reforzar las amistades, pero sólo si se conservan las similitudes fundamentales. Descubra los valores esenciales de sus amistades y esfuércese por conservarlos.

Puntos clave

- Aunque quizá le guste ser usted mismo en casa, con su familia, recuerde siempre que se trata de un «usted mismo» multifacético y que nunca debería anteponer sus necesidades a las de los demás.
- Es importante, y posible, generar interacciones complementarias con la familia. Aunque las pautas de conducta hayan sido las mismas desde hace muchos años, puede modificar su propio comportamiento para lograr respuestas o resultados más efectivos.
- Emplee técnicas de lenguaje corporal, como las señales de escucha activa y el eco postural, para causar buena impresión en eventos sociales.

Cuarta parte

LENGUAJE CORPORAL Y TRABAJO

Esta sección del libro trata de habilidades importantes en el lugar de trabajo, sea cual sea su profesión. Los empleos suelen requerir dos tipos de competencias fundamentales: la capacidad de llevar a cabo las tareas y la capacidad de comunicar, de motivar, de impresionar, de vender, de influir e, incluso, de entretener. El lenguaje corporal es un ingrediente vital en la segunda lista de cualidades.

Capítulo 11

CONSIGA QUE LO CONTRATEN. HABILIDADES DURANTE LOS PROCESOS DE SELECCIÓN Y LAS ENTREVISTAS DE TRABAJO

Las entrevistas de trabajo son una de las ocasiones en las que el lenguaje corporal resulta importantísimo. A excepción de los jugadores de póquer profesionales, dudo mucho que exista otra situación en la que haya tanto dinero en juego durante un período de tiempo tan breve.

El peor consejo que le pueden dar a la hora enfrentarse a una entrevista de trabajo es: «Sea usted mismo».

Quienquiera que se lo diga se equivoca, se equivoca y se vuelve a equivocar. Las entrevistas de trabajo son formales, falsas y repletas de rituales. Uno tiene que arreglarse y entrar en una sala relativamente pequeña, para sentarse frente a un grupo de personas a las que nunca ha visto antes y que están a punto de iniciar un interrogatorio. Por lo tanto, en esta situación concreta, «usted mismo» no existe.

Lo que debe hacer es parecer la persona que están buscando. ¿Cuántas empresas cree que lo están buscando tan activamente como usted las busca a ellas? No se trata del príncipe azul con el zapatito de cristal en la mano, sino de una empresa que quiere contratar a alguien que marque una diferencia real en sus beneficios o en su producción. «Sea usted mismo» implica ausencia de planificación, de ensayo y de esfuerzo real. Por mucho que deteste los tópicos, me siento obligada a lanzarle un par de ellos justo en este momento, para que los tenga presentes mientras se prepara para la entrevista: «Quien algo quiere, algo le cuesta» y «Fracasar en la preparación es preparar el fracaso».

No le estoy diciendo que deba cambiar completamente, sino que algo de chapa y pintura nunca le ha hecho daño a nadie.

Diez cosas que debe saber a la hora de solicitar un empleo

1. El departamento de selección *podría* haberle dado el trabajo sólo con base en su experiencia y su formación. El hecho de que no haya sido así le indica que tienen la intención de juzgarlo por su apariencia y por cómo se desenvuelva en la entrevista. La primera impresión puede ser decisiva.

2. Quieren saber si parece «normal». Por lo tanto, deje los calcetines de lunares para otra ocasión.

3. Quieren juzgar su personalidad. Si logra el trabajo, tendrá que encajar en un equipo ya formado.

4. Quieren saber cómo se desenvolvería en distintas situaciones laborales. Esté preparado para una situación de juegos de rol o para preguntas hipotéticas.

5. Es posible que estén tan nerviosos como usted.

6. Ellos están de su parte. Quieren que sea fantástico. Las entrevistas de trabajo son caras, consumen mucho tiempo y son bastante aburridas. Están deseando que dé las respuestas correctas y que marque las casillas adecuadas. Asuma que empezará gustándoles y que así seguirán las cosas a no ser que usted los haga cambiar de opinión.

7. Pueden estar «estudiándolo» incluso antes de haber llegado al despacho. No es que quiera volverlo paranoico, pero recuerde que hay cámaras de seguridad.

8. La presentación y la despedida son los dos momentos fundamentales. Ambas crearán las impresiones más duraderas.

9. Cuantas más entrevistas haga, mejor deberían salirle. Sin embargo, su respuesta emocional puede echar a perder sus oportunidades. Si empieza a desmotivarse (aunque sea algo natural) y descubre que tiene una gran capacidad para despreciarse a sí mismo, lo más probable es que su lenguaje corporal lo revele. En lugar de eso, entienda que cada entrevista es una oportunidad para practicar. Al igual que cuando aprendió a conducir, cuanto más practique, mejor le saldrá.

10. La entrevista es una oportunidad para destacar, pero no acapare todo el tiempo. Tiene dos orejas, un cerebro y una boca. Empléelos aproximadamente en la misma proporción. Escuchar-pensar-hablar. Escuchar-pensar-hablar. Escuchar-pensar-hablar. Los entrevistadores desean descubrir su capacidad de aprendizaje, de comprensión y de cumplimiento de instrucciones. Muy pocas entrevistas tienen el objetivo de contratar a alguien con diarrea verbal. Escuche atentamente las preguntas. He estado en entrevistas donde el entrevistador ha preguntado algo y el entrevistado ha contestado algo distinto, porque no estaba atento. Le sorprendería lo habitual que es.

Fases de planificación

Sé que este libro trata del lenguaje corporal, pero si no planifica las respuestas a algunas de las preguntas clave que pueden hacerle, es más que probable que el lenguaje corporal salga muy perjudicado.

Nunca podrá adivinar todas las preguntas con exactitud, pero no hace falta pensar mucho para saber que le preguntarán sobre su experiencia laboral, sobre sus valores personales, sobre sus intereses, sobre por qué se ha presentado a la vacante y sobre el grado de compromiso con el trabajo que le ofrecen.

Si aún no tiene experiencia en ese ámbito concreto, tendrá que hablar de otros aspectos importantes, como otros trabajos o, incluso, aficiones e intereses.

Si cuenta con experiencia, es de suponer que tendrá que explicar qué tipo de trabajos ha tenido hasta el momento y por qué dejó su último empleo, o por qué quiere dejar el que tiene ahora.

La modestia es un valor bastante inútil en las entrevistas de trabajo; casi tan inútil como la arrogancia. Debe encontrar el equilibrio adecuado y, para ello, tendrá que demostrar a los entrevistadores que es la persona más indicada para ese puesto.

Demostrar lo que uno vale

En el Reino Unido, cada vez más empresas ofrecen un período de prueba de un par de semanas para ver cómo se desenvuelven los candidatos. Esta técnica de selección suele limitarse a trabajos en los que el aprendizaje es muy rápido, como cafeterías o tiendas, y en los que el talento (o la falta del mismo) se hace patente con rapidez. Por desgracia, no sucede lo mismo con la contabilidad o con el marketing, donde la adquisición de las habilidades básicas es mucho más lenta. Por lo tanto, ¿cómo puede demostrarle al entrevistador que es la persona más adecuada? La respuesta es la siguiente: tendrá muchas más probabilidades de obtener el empleo si es la personificación de todas las habilidades necesarias. Lo que nos lleva de vuelta a uno de los mensajes clave del libro:

NO LO DIGA: DEMUÉSTRELO

Puede darles una lista de todas sus fantásticas cualidades, como la honestidad, el liderazgo, la capacidad comunicativa y de gestión, pero si no las demuestra, no le darán el trabajo. Tiene dos maneras de mostrar sus cualidades:

1. Respaldar sus afirmaciones con pruebas.
2. Parecer la personificación de esas cualidades.

Obviamente, tendrá que hacer ambas cosas.

- Cuando les diga a los entrevistadores que tiene habilidades de liderazgo o de gestión, respalde su afirmación exponiendo un ejemplo de cómo y cuándo las ha utilizado.
- Cuando les diga que desea trabajar en la empresa, demuéstreles que la conoce, así como sus productos o servicios.
- Cuando diga que tiene habilidades de comunicación, demuéstreselo utilizándolas con ellos.

Resulta sorprendente la gran cantidad de candidatos que pasan por alto esta técnica tan sencilla. Se presentan tarde a la entrevista, tan tranquilos, y luego afirman que son absolutamente responsables. Responden con monosílabos, pero luego afirman que podrían vender champú a los calvos gracias a sus dotes comerciales. Se jactan de su habilidad a la hora de presentarse a los demás, cuando se han atascado al anunciarse al llegar. Demuestre todas sus afirmaciones. Prepárese para dar ejemplos y presentar pruebas.

Planifique la coreografía física. Las primeras impresiones (el factor parpadeo) son más importantes que nunca en las entrevistas de trabajo.

Marcarse objetivos

No basta con desplegar un «lenguaje corporal mejor». Si no se marca objetivos de imagen, en lugar de parecer asertivo parecerá que se está enredando. Si la vacante ha sido publicada, vuelva a leer el anuncio, para descubrir pistas que le indiquen el tipo de persona que están buscando. ¿Contiene términos descriptivos, como *ambicioso, amable, organizado, capaz* o *extrovertido*? Si es así, ya le han trazado gran parte de los objetivos de imagen. Si llega a la entrevista a través de una agencia de colocación, acuérdese de preguntarles qué se dijo cuando les llegó la oferta. ¿Por qué lo envían a usted? ¿Qué características solicitó el cliente?

Una vez que se haya preparado para encajar con las especificaciones del trabajo, debería decidir qué más va a aportar. ¿Qué cualidades personales cree que debería anunciar? Elabore una lista y, luego, construya un perfil a partir de ella. Por ejemplo:

Requisitos del trabajo

- Trabajador.
- Amistoso.
- Extrovertido.

Su propia lista

- Inteligente.
- Aprendizaje rápido.
- Diligente.

Mantenga en la reserva cualidades personales como «sentido del humor»; espere a ver cómo se desarrolla la entrevista antes de lanzar este tipo de comentarios a los entrevistadores.

Debe desplegar todas estas cualidades tanto visual como verbalmente. Cuando haya elaborado su mapa de imagen, intente pensar como si fuera un actor preparándose para un papel. Compare la realidad con el «ideal». Por ejemplo, ¿es tímido y está nervioso por la entrevista, pero quiere parecer extrovertido y seguro de sí mismo? ¿O, por el contrario, en realidad es extrovertido, pero tiende a quedarse callado cuando conoce a alguien?

Éste es el momento para reflexionar sobre lo que conocemos como discrepancias de imagen, es decir, la diferencia entre cómo se es en realidad, o cómo se cree que se podría ser, y cómo lo perciben *ahora* el resto de las personas. Los entrevistadores son personas muy ocupadas. Si una cualidad no salta a la vista y los muerde en la nariz, suelen dar por sentado que se carece de ella.

Entrar por los ojos

¿Qué hace que alguien resulte agradable durante la entrevista? En realidad es bastante aleatorio, pero seguir ciertas pautas puede ayudarlo.

1. Tendemos a preferir a las personas que se nos parecen. Por lo tanto, es fundamental emplear técnicas de reflejo conductual. Debe estar alerta durante toda la entrevista, porque el lenguaje corporal y el estilo comunicativo de los entrevistadores pueden cambiar. Quizá se relajen o se muestren más amistosos y dispuestos a charlar. Son «entradillas» y debería entenderlas como una invitación a hacer lo mismo; «hacer lo mismo» es la expresión clave. No tome nunca la iniciativa, porque no le compete a usted modificar el estilo de la reunión y tomar el timón.
2. Los gestos abiertos y dirigidos hacia la audiencia harán que les guste más. Son señales inclusivas, en lugar de exclusivas. Las personas compartimos la preferencia por las expresiones faciales animadas, especialmente si incluyen gestos de complicidad que hablan directamente a la audiencia.
3. A la gente le gustan las personas que hablan su mismo idioma. Si utiliza su jerga o alguno de los términos que les oiga pronunciar, les será más fácil aceptarlo.

A continuación, encontrará una lista de gestos inclusivos y otra de gestos exclusivos.

Gestos inclusivos

- Captar la mirada de alguien y sonreír.
- Sonreír cuando hablan o cuentan un chiste.
- Inclinarse hacia delante.
- Asentir.

- Formar un abrazo vacío con las manos, es decir, dirigir-
las ligeramente hacia la audiencia, a la altura de la cintura y separadas, con las palmas mirándose.
- Gestos abiertos que muestran las palmas de las manos.
- Piernas cruzadas hacia la audiencia.

Gestos exclusivos

- Mirar hacia abajo.
- Cerrar los ojos en un parpadeo largo.
- Sonreír para uno mismo.
- Cara de póquer, inexpresiva.
- Brazos y piernas cruzados.
- Cruzar las piernas alejándolas de la audiencia.
- Parecer absorto en uno mismo, ya sea jugueteando con
algo, tocándose el pelo o mirándose las uñas.
- Mirar hacia abajo meneando la cabeza.
- Mascar.
- Dar golpecitos.
- Recostarse en la silla.

Practique los gestos inclusivos antes de la entrevista, para
que parezcan naturales. E identifique los gestos exclusivos que
hace, para intentar eliminarlos del repertorio. A continuación
encontrará otros consejos sobre lenguaje corporal que pueden ayudarlo a conseguir el trabajo de sus sueños.

Preparación física

- Acuéstese pronto la noche antes. Si está demasiado nervioso y no puede dormir, tiéndase con los ojos cerrados.
- Haga ejercicio durante los dos o tres días anteriores a la
entrevista. Nada agotador, lo suficiente para darle un aspecto vigoroso y lleno de energía.
- La mañana de la entrevista, levántese como mínimo me-
dia hora antes de lo que crea necesario. Beba zumo de
naranja; si come algo, que sea muy ligero, y no fume.

No debe llegar rodeado de una aureola de olor de comida grasienta o muy condimentada o de tabaco.

- Use muy poco perfume o colonia. Nadie quiere un empleado que apeste como una mofeta. Cada uno tiene sus gustos y su predilección por el agua de rosas quizá no sea universal.

- Utilice desodorante antitranspirante.

- El cabello debe parecer recién lavado y estar bien peinado. Si lo lleva largo, recójaselo, para que no se le caiga sobre el rostro si se pone nerviosa.

- Vaya siempre recién afeitado. Nada de sombras de un día. Las barbas también son muy controvertidas. Si tiene barba, sepa que supone un riesgo, a no ser que haya solicitado empleo en una convención de seguidores de ZZ Top.

- Preséntese como mínimo diez minutos antes de la hora de la cita, y un poco antes si se trata de una gran empresa con un sistema de seguridad complejo.

- Si es posible, acérquese a la empresa unos días antes de la entrevista, para ver el aspecto de los empleados. Vístase de un modo ligeramente más formal.

- Navegue por la red y averigüe todo lo que pueda sobre la empresa y sobre sus productos. Nunca dé por hecho que conoce una empresa sólo porque ha visto el nombre con frecuencia. Las grandes marcas suelen tener filiales que ofrecen productos completamente distintos.

- Durante la espera en recepción, actúe como si ya estuviera en la entrevista. Siéntese bien y sea educado. Si es posible, ojee las revistas internas que suele haber en las mesas de las salas de espera.

- Si hay más candidatos esperando, no se desmotive analizándolos e intentando decidir cuántos tienen mejor aspecto que usted. Coja un periódico, ábralo por el crucigrama y haga como que lo está rellenando. Cuando finja haberlo terminado, mire la hora, como si se hubiera cronometrado. Siempre es un golpe psicológico para la competencia.

- Si es posible, vaya al lavabo cuando llegue, para arreglarse el pelo, enderezarse la corbata, comprobar las cremalleras, etc.
- Lleve únicamente un maletín o un bolso serio, nada de bolsos informales ni de bolsas de plástico.
- Lleve el bolso o el maletín en la mano izquierda, para dejar la derecha libre para los apretones de manos.
- Practique el lenguaje corporal en casa, tanto de pie como sentado, delante del espejo y con la ropa que piense llevar a la entrevista.
- Cósase los bolsillos, así le será imposible meter las manos dentro.
- No lleve nunca pañuelos de papel hechos una bola y metidos en la manga de la camisa.
- Deténgase un momento antes de entrar en el despacho de la entrevista. Colóquese en la postura de poder.
- Entre en el despacho con buen pie. Entre, deténgase delante de la puerta y ciérrela sin mirar hacia atrás.
- Sonría y adelante la mano, pero deje que sean ellos quienes la presenten primero. Si no lo hacen, no se preocupe.
- Ofrezca siempre una mano firme, fría y seca. Si suda, límpiesela con una toallita antes de entrar.
- Intente dar la mano a todos los presentes en la sala.
- Establezca contacto visual durante el apretón de manos.
- Espere a que le ofrezcan una silla antes de sentarse. Si se les olvida, pregúnteles.
- Puede mover la silla ligeramente. Gírela hacia los entrevistadores o acérquela a ellos, si le parece que está demasiado lejos. Nunca la pegue a la mesa, como si estuvieran a punto de comer.
- Nunca toque el escritorio ni deje nada sobre el mismo. Si se trata de una mesa de reuniones, puede dejar las manos o algunas notas encima.
- Apóyese en el respaldo de la silla, con la espalda erguida, pero no rígida, y con las piernas ligeramente cruzadas. Coloque los brazos sobre los reposabrazos y entrelace las manos suavemente sobre su regazo.

- Emplee habilidades de escucha activa mientras le hablen.
- Utilice una pausa de escucha y de reflexión antes de responder a las preguntas. Así parecerán honestas, no ensayadas. Mire hacia abajo y ligeramente hacia la izquierda. Así dará la impresión de que reflexiona. Si eleva la mirada al techo o la fija hacia delante, puede parecer que la pregunta le ha sorprendido o que se está inventando la respuesta.

Escucha activa

- Emplee el contacto visual al cien por cien.
- Asienta mientras le hablen. Adapte el ritmo de los asentimientos a la velocidad de su discurso.
- No los interrumpa nunca.
- Céntrese en los puntos clave que quieren transmitirle.
- Refleje su lenguaje corporal y su expresión facial.
- No juguetee con los dedos ni dé golpecitos.
- Inclínese ligeramente hacia delante si le hablan durante un período de tiempo prolongado.
- No use nunca gestos de «aparcamiento», como elevar ligeramente un dedo y mantenerlo ahí, para indicar que quiere decir algo.

Gestos que impresionan o que hunden durante una entrevista

Impresionan

Piernas cruzadas, codos
sobre los reposabrazos.

Piernas ligeramente abiertas. (¡Obviamente, sólo si lleva pantalones!)

Gestos abiertos, ambas palmas extendidas, pero sin ser excesivamente congruente.

Gestos de precisión, como unir las yemas de los dedos de una mano, apuntando hacia arriba.

Gestos con las palmas hacia arriba.

Dedos ligeramente entrelazados.

Inclinarse ligeramente hacia delante cuando le hacen una pregunta, porque da a entender que quiere contestar, incluso aunque no sepa la respuesta.

Hunden

Brazos y piernas cruzados.

Frotarse la nuca con
una mano.

Tocarse la cara.

Piernas cruzadas apartándose de
los entrevistadores, de modo que
la pierna que queda arriba forma
una barrera.

Mantener el maletín o
el bolso sobre el regazo.

Postura de hoja de parra.

Sentarse al borde del asiento,
con los pies escondidos
bajo la silla.

Recostarse en la silla, ligeramente
encorvado, con las piernas abiertas
y un dedo en la cara.

Despedirse. El sutil arte de las últimas impresiones

Quizá piense que la entrevista ha ido bien, o tema que haya ido bastante mal. En general, es prácticamente imposible valorar las posibilidades de éxito a no ser que lo haya hecho realmente mal o le haya dicho al entrevistador que su mujer es un adefesio con trasero de mandril.

Antes de adoptar la expresión facial de despedida, recuerde que los entrevistadores suelen ser amables al final, o bien porque saben que ya no lo verán más, o bien porque quieren acabar de pensárselo antes de ofrecerle el trabajo. Si es demasiado paranoico, puede acabar con un rostro que transmita desdicha y resignación; el tipo de expresión facial resignada que dice: «Muy bien, ambos sabemos que no lo he conseguido». En situaciones muy extremas, esto podría provocar que no le dieran el trabajo.

Deje que los entrevistadores le indiquen cuándo es el momento de despedirse. Deberían tener la experiencia suficiente para transmitir indicios verbales y no verbales de que la entrevista ha terminado, por ejemplo, mover la silla ligeramente hacia atrás y decir algo como: «Bueno, si no tiene más preguntas…». Cuando esto suceda:

- No salte de la silla como un gato asustado. Además de dar la impresión de que se alegra de que la entrevista haya llegado a su fin, hará que parezca torpe. La torpeza de movimientos y de discurso suele hacer su aparición justo en el momento de salir de la sala de entrevistas. ¿Alguna vez ha dicho algo realmente absurdo mientras salía de una reunión? Por desgracia, el cerebro tiene la mala costumbre de salir de los despachos antes que el cuerpo que lo contiene. Tómese su tiempo y muévase con cuidado. No es el momento de tropezarse con la silla, de golpearse la cabeza en la puerta o de echar a perder el apretón de manos de despedida. Planifique la salida con el mismo cuidado con que ha preparado la entrada.

- Debe estar preparado para otro apretón de manos, por lo que no coja papeles ni bolsos con la mano derecha.
- Espere a ver quién le ofrece la mano. Es fácil ofrecer la mano con demasiada rapidez y proceder con todo el ritual del apretón de manos con alguien que luego dice: «De hecho, lo acompañaré a la recepción». Los buenos entrevistadores deberían acompañarlo a la salida.
- O quizá lo dejen en el ascensor. Si es así, ése es el lugar donde deben darse la mano. Esto quiere decir que hay que coordinar el apretón con la llegada del ascensor. Si el entrevistador se queda esperando el ascensor, ofrézcale la mano justo antes de entrar.
- No se olvide de los rituales del contacto visual y de la sonrisa mientras se despide. No es el momento apropiado para descubrir que el suelo es realmente bonito.
- Si necesita un taxi, puede preguntar, pero nunca pregunte cómo se llega a la estación de metro más próxima, porque dará impresión de inmadurez.
- Despídase de la recepcionista cuando salga.

Segundas entrevistas

Nunca salga de la entrevista pensando que no lo llamarán para un bis. Las segundas o incluso las terceras entrevistas son habituales en el mundo de la empresa y pueden ser un problema si no reflexiona sobre cómo ha ido la representación original.

Los entrevistadores no quieren verlo de nuevo sólo para ahondar en detalles o para obtener información nueva; a veces quieren comprobar que su actuación es coherente. Para ello, tendrá que recordar la primera entrevista e incluso anotar cómo ha ido, incluidas las respuestas que ha dado y cómo se ha vendido.

¿Ofreció un aspecto entusiasta o más bien tranquilo? ¿Cómo describió sus puntos fuertes y sus puntos débiles? La perfección en el discurso, o incluso en el lenguaje corporal, puede resultar sospechosa, pero también lo es aparecer dando saltos y con una sonrisa de oreja a oreja si en la primera entrevista se mostró formal y serio.

Grandes producciones

Obviamente, la mayoría de estos consejos se han centrado en el estilo de entrevista más sencillo, pero a las empresas modernas les suele gustar convertir el proceso de selección en una especie de aventura épica. Es posible que lo entreviste un grupo de personas numeroso; de ser así, acuérdese de establecer contacto visual con todos ellos, después de haber empezado a responder dirigiéndose a la persona que le haya formulado la pregunta. Quizá le parezca que algunos de los entrevistadores no participan demasiado, pero eso no es motivo para no hacerles caso.

El proceso de selección puede incluir llamadas telefónicas, visitas guiadas a la empresa o cursos de formación selectivos. En ocasiones, alguna o todas esas visitas pueden parecer relajadas e informales, pero le ruego que no se deje engañar; se encuentre donde se encuentre, si está en las instalaciones de la empresa, lo están vigilando. He visto cómo candidatos que habían superado sin dificultades la primera entrevista lo echaron todo a perder más adelante, contando chistes y tonteando durante las visitas al edificio, o demostrando que carecían de los modales básicos en la mesa, durante la comida en la cafetería de la empresa.

Las situaciones clave como las entrevistas de selección requieren planificación y esfuerzo. Piense en lo que depende de su actuación y decida cuánto tiempo cree que puede dedicar a ayudarse a tener éxito. Debe comportarse como un actor preparándose para salir al escenario: no sólo ha de memorizar y ensayar el texto, sino que también debe trabajar el aspecto, la postura y los movimientos.

Puntos clave

- Prepare la entrevista con antelación y evite seguir consejos del tipo «sea usted mismo».
- La entrada y la salida son los dos momentos cruciales.
- Establezca contacto visual con todos los presentes.
- Concédase una pequeña pausa de reflexión antes de responder a las preguntas.
- Refleje el ritmo general y el «tono» de lenguaje corporal de los entrevistadores.

Capítulo 12

LENGUAJE CORPORAL EN EL LUGAR DE TRABAJO

Es innegable que las técnicas de lenguaje corporal ejercen un gran impacto en el lugar de trabajo. A medida que las empresas crecen y que las comunicaciones se vuelven menos personales, el culto a la «comunicación muerta» va ganando adeptos. Por desgracia, la dependencia electrónica, toda una serie de normas políticamente correctas y el terror a las demandas han barrido el individualismo y la personalidad del mundo de la empresa. A veces parece que los líderes verdaderamente carismáticos, las personas dispuestas a arriesgarse para ser brillantes o los que pueden inspirar, motivar, divertir o entretener sólo gracias a su personalidad escasean más que las gallinas con dientes, sobre todo en las grandes empresas. A lo largo del año visito muchas empresas, y noto que no es sólo que cada vez sea más difícil diferenciarlas en términos de imagen y de cultura empresarial, independientemente de la línea de negocio a la que se dediquen, sino que cada vez cuesta más diferenciar a los empleados. En consecuencia, tengo la sensación de *déjà vu* la primera vez que voy a una empresa. Las personas tienen el mismo aspecto y se mueven igual; desempeñan los mismos trabajos y las mismas funciones y emplean la misma jerga empresarial.

No digo que sean aburridos, sino que el lugar de trabajo actual lo ha recubierto todo con una pátina de monotonía.

Hasta las instalaciones del sector de la comunicación, como las revistas o los periódicos, se han convertido en desiertos grises y estériles. Es como si nos pidieran que nos extirpásemos la personalidad y que la ocultáramos en nuestro interior mientras nos pasamos el día mirando la pantalla del ordenador. El color, la textura, el ruido, las expresiones de ira, de alegría o de placer han desaparecido, y parece que nadie se haya dado cuenta.

Hace años, el «trabajo de oficina» no era más que una entre muchas opciones de carrera profesional, pero, gracias a los ordenadores, ahora todos somos oficinistas. Los médicos miran impasibles la pantalla de su ordenador mientras los pacientes recitan sus dolencias y, con toda probabilidad, les darán una lista de páginas webs en las que podrán encontrar más información sobre lo que les pasa. Los fontaneros se presentan en las casas portátil en mano. La policía dedica más tiempo a introducir informes en los ordenadores que a perseguir criminales, e incluso las personas que trabajan en casa, como yo, acabamos sentadas delante de una pantalla con el cursor parpadeando como un latido robótico.

Nos hemos convertido en un mundo de espaldas y de cabezas. Antes, los únicos que me pedían que analizara su lenguaje corporal, a pesar de que sólo les veía la mitad del cráneo desde el asiento de atrás, eran los taxistas. Ahora, entro en oficinas diáfanas y me preguntan: «¿Qué piensa de ellos?», cuando lo único que veo es un mar de hombros encorvados y de cabezas inclinadas.

Esta sección del libro trata de cómo devolver cualidades personales como el carisma y la simpatía al lugar de trabajo. ¿Por qué es tan importante? ¿Cuál es el beneficio inmediato de lanzar una ofensiva de carisma?

- Que la capacidad de persuasión, de influencia, de impacto y de motivación aumentarán su eficiencia laboral en un cien por cien.
- Que creará y definirá su propia imagen en el trabajo, en lugar de dejar que los otros lo perciban de un modo

aleatorio que tendrá que ver más con comentarios, suposiciones, conversaciones susurradas y malentendidos que con habilidades, capacidades y talento.

- Que todos hemos vivido o presenciado la situación en que alguien no ha logrado un ascenso porque se lo ha juzgado por su apariencia y por su conducta en su puesto actual, en lugar de tener en cuenta su potencial para asumir más responsabilidades, prestigio y liderazgo.
- Que las empresas siempre van cortas de tiempo y, si no se ejerce un impacto inmediato, es posible que la oportunidad no vuelva a presentarse.

Soy consciente de que su vida laboral también se ve afectada por la escasez de tiempo. Como sé que está muy ocupado, he elaborado tantas listas con consejos y puntos clave como he podido para asegurarme de que pueda leerlos rápidamente. Todos hemos comprado libros de autoayuda tan largos que antes de pasar de la primera página ya sabemos que no dispondremos ni del tiempo ni de la motivación necesarios para llegar a la última. Por lo tanto, esta introducción es lo más largo que va a encontrarse. Y si le gusta marcarse objetivos, aquí tiene unos cuantos que he preparado con antelación para describir los beneficios que le ofrece la siguiente sección:

- Este capítulo intensificará el impacto que ejerce sobre los demás, lo hará destacar y lo ayudará a venderse como nunca antes se había vendido.
- Aprenderá a dar la mejor impresión con el mínimo esfuerzo.
- Aprenderá a vender, a motivar, a convencer, a influenciar y a relacionarse.
- Aprenderá a hacer presentaciones en el trabajo y a organizar reuniones.
- Y a liderar o a gestionar.
- También encontrará técnicas que ayudarán al personal de primera línea a ofrecer un servicio de atención al cliente genuino y eficaz.

Así pues, deténgase. Seleccione los puntos que necesite o léalos todos otra vez; cualquiera de las dos opciones le llevará sólo un momento, pero cambiará por completo su vida.

Tipos de lenguaje corporal

Las pruebas psicométricas son muy habituales en el mundo de la empresa. Si aún no ha hecho ninguna, le basta con saber que, normalmente, consisten en una batería de preguntas sobre usted mismo que se repiten tanto que resulta muy difícil mentir con éxito. Las respuestas se correlacionan y, en función del resultado, lo asignan a una categoría conductual. Suele haber tres o cuatro categorías que reflejan cuál es su conducta más probable en la mayoría de las situaciones.

He hecho lo mismo fijándome en el lenguaje corporal. Los estereotipos no suelen ser muy útiles, pero identificar su estilo de lenguaje corporal le permitirá modificarlo cuando quiera comunicarse eficazmente con los demás. En el lugar de trabajo, esta modificación será una de sus herramientas más importantes en los procesos de persuasión y de influencia.

Para empezar, debe descubrir cuál es su estilo de lenguaje corporal actual. Luego podrá aprender a identificar otros estilos y a apropiárselos para ser más efectivo en su comunicación, dependiendo de la persona con quien esté. Es una herramienta muy poderosa, pero, al igual que sucede con el resto de los consejos que ofrece este libro, requiere sutileza y práctica. Si lo pillan cambiando de estilo de un modo demasiado obvio, pueden percibirlo como una persona muy falsa.

¿Es usted activo, intérprete, empático o analista? Lea los siguientes perfiles y vea cuál encaja mejor con usted.

Es activo si...

Tiende a ser claro y conciso al hablar y le molestan la palabrería y las conversaciones intrascendentes. Está motivado y es competitivo, y le gusta encargarse de las tareas y de las situaciones. Su lenguaje corporal ejerce un gran impacto y transmite mucha energía, y no desperdicia casi nada.

Gestos característicos

- Contacto visual intenso y prolongado que puede llegar a convertirse en una mirada fija.
- Busca una vía de escape cuando está aburrido.
- Postura erguida.
- Se cruza de brazos cuando está aburrido.
- Se inclina hacia delante.
- Frunce el ceño.
- Apunta con el dedo, entre otros gestos directivos.
- Gestos enfáticos.
- Da golpecitos (cuando quiere que las cosas avancen).
- Da zancadas.

Es intérprete si…

Le gusta ser el centro de atención y usa con frecuencia el sentido del humor durante sus comunicaciones en el trabajo. Al mismo tiempo, tiene poca capacidad de concentración y se aburre con facilidad.

Presenta un estilo entusiasta y prefiere las reacciones instintivas a la investigación y al detalle. Se le da mejor hablar que escuchar y lo apasionan las cosas y las ideas nuevas.

Gestos característicos

- Gran expresividad facial.
- Sonríe y ríe con frecuencia.
- Movimientos rápidos.
- No puede quedarse quieto mucho rato.
- No puede hablar sin usar las manos.
- Gestos abiertos y dramáticos.
- Gestos ilustrativos.

Es empático si...

Le da mucha importancia a las relaciones personales en el trabajo y le gusta saber qué mueve a los demás. Las conversaciones personales o intrascendentes son fundamentales para usted. No desea la gloria ni el estrellato, sino que prefiere influir en los demás guiándolos o motivándolos. Emplea muchas técnicas inclusivas, para animar a los otros a hablar y a compartir sus opiniones.

Gestos característicos

- Sonríe.
- Asiente.
- Se inclina hacia delante para escuchar.
- Se sienta en lugar de quedarse de pie.
- Contacto físico amistoso.
- Reflejo.
- Gesticulación comedida.
- Escucha intensa.
- Autoabrazos.
- Gestos de barrera corporal.

Es analista si...

Le gusta trabajar en soledad durante períodos prolongados. Disfruta de la planificación, de la investigación y del pensamiento lógico. Tiende a ser callado y se fija mucho en los detalles, por lo que puede detectar tanto pequeñas equivocaciones como grandes errores o problemas en un proyecto. Le gusta hablar tranquilamente y valerse de la lógica para respaldar sus ideas. Prefiere dedicar tiempo a pensar antes de tomar decisiones sobre ideas nuevas. Empieza y acaba las cosas. Cuando inicia un proyecto, lo sigue hasta el final.

Gestos característicos

- Trabaja y mira la pantalla mientras habla.
- Gestos comedidos.
- Habilidad para establecer contacto visual con el fin de enfatizar una idea.
- Uso habitual de gestos excluyentes, por lo que a veces parece que está perdido en sus pensamientos en lugar de comunicarse hacia fuera.

Persuasión e influencia

Una vez que haya identificado su perfil, podrá identificar el de las personas con las que hable, incluso si se trata de conversaciones brevísimas. Busque pistas en su manera de trabajar o en cómo han organizado el encuentro. ¿Han sido minuciosos y todo estaba bien organizado o, por el contrario, ha sido algo a salto de mata y lleno de interrupciones? ¿Les gusta empezar con una conversación intrascendente o van directamente al grano? ¿Qué tal son sus habilidades de escucha? ¿A qué velocidad hablan? ¿Se muestran muy animados?

Mantenga una mente abierta, pero empiece a buscar pistas en cuanto los hayan presentado. El siguiente paso consiste en crear lo que llamamos «estilo complementario».

Lo parecido no siempre nos gusta, y tanto si se es intérprete, analista, activo o empático, probablemente se tendrán más problemas a la hora de relacionarse y de establecer vínculos con rapidez con las personas del mismo perfil. Éste es uno de los grandes problemas de las relaciones laborales y es lo que las diferencia de las relaciones sociales. Quizá trabaja de cara al público o en una empresa en la que las conversaciones son muy rápidas. O tal vez tiene un jefe o un gerente que sólo aparece de vez en cuando y a quien tiene que impresionar rápidamente si no quiere perder la oportunidad. El mundo de los negocios modernos recuerda al de las citas rápidas.

Los opuestos se atraen

Empecemos con algunos aspectos negativos. A las personas activas les puede costar disfrutar de las conversaciones con personas empáticas. Cuando la persona empática quiere charlar un rato tomando un café con pastas, la persona activa quiere ir al grano y pasar a otra cosa. A las personas activas no les interesan demasiado ni las emociones ni los sentimientos. Quieren aprovechar el tiempo y creen que las personas empáticas son demasiado sensibles. A veces llegan a exasperarse. Por otro lado, las personas empáticas pueden considerar que las activas son agresivas e incluso maleducadas.

Los analistas pueden considerar que los intérpretes son una pérdida de tiempo. No dejan de contar chistes, no investigan en profundidad y tampoco se preocupan demasiado por los hechos lógicos ni por el razonamiento, por lo que suelen encontrarse con que su encantadora ofensiva habitual no surte efecto alguno sobre los analistas, que valoran los hechos y las pruebas mucho más que las reacciones instintivas o que el entretenimiento. A su vez, el intérprete puede encontrar al analista austero y aburrido, como un jarro de agua fría que congela todo su entusiasmo y creatividad.

Por lo tanto, ¿las personas de estilos parecidos encajan a la perfección? No necesariamente.

- Dos personas activas podrían enzarzarse en una competición por el poder o por el prestigio y acabar luchando a muerte.
- En un principio, dos intérpretes podrían entretenerse mutuamente, pero también podrían acabar compitiendo para acaparar toda la atención.
- Dos personas empáticas podrían encajar más rápidamente, porque ambas disfrutarían charlando y escuchando.
- Dos analistas *deberían* poder trabajar juntos en paz y armonía.

Para crear el tipo de relación que le permitirá ser persuasivo e influir sobre sus compañeros de trabajo, antes debe dar dos pasos cruciales:

1. **Conózcase a sí mismo**
    Esto quiere decir evaluar con precisión su perfil o su tipo comunicativo y de lenguaje corporal ahora mismo, hoy. He descrito un perfil de cada tipo, pero, obviamente, se identificará más con algunas cualidades que con otras. Por ejemplo, es posible que sea una persona activa a quien le guste la charla intrascendente, o un analista a quien le gusta relacionarse con los demás de vez en cuando. Sin olvidarse de los cuatro tipos, elabore su propio perfil, intentando ser lo más preciso posible.
2. **Adapte su estilo**
    El siguiente paso consiste en detectar el perfil o el tipo de persona con quien quiere aumentar su eficacia comunicativa. Cuando lo haya hecho, tendrá que planificar la adaptación de su estilo comunicativo, para que resulte complementario con el del otro.

Para influir sobre una persona activa

- Planifique sus comunicaciones y asegúrese de que las ha estructurado bien antes de iniciar la conversación.
- Sea conciso.
- Emplee un lenguaje corporal enfático, pero sin llegar a ser amenazador. Evite demostraciones de poder, porque las personas activas no aceptarán su idea o argumento, sólo pensarán en lograr que descienda un escalón en el estatus percibido.
- Esté dispuesto a dar muestras de sumisión si es necesario para lograr su objetivo, pero sólo cuando perciba que su interlocutor tomará la decisión deseada si puede crecerse.
- Asegúrese de que los gestos son congruentes con el discurso. Las personas activas detectan con mucha rapidez a quienes intentan engatusarlas o no saben de lo que hablan.

- Póngase delante de él y mantenga el contacto visual.
- No las acorrale nunca; a las personas activas les gusta tener una vía de escape.
- Véndales ideas que les hagan sentir que salen ganando o que les permitan obtener gloria personal.

Para influir sobre un intérprete

- Ríale las gracias.
- Dé muestras de entusiasmo, de energía y de actitud positiva.
- Utilice gestos abiertos que rocen lo expansivo y lo dramático.
- Nunca cruce los brazos o aparte la vista.
- No sacuda la cabeza ni parezca negativo.
- Ofrézcase a hacer parte del papeleo por ellos.
- Apláudalos siempre que sea posible; les encanta. Ofrézcales una gran ovación si han dado una clase magistral, pero un par de palmadas impulsivas en una pequeña reunión bastarán para impresionarlos.
- Sonría mucho.

Para influir sobre una persona empática

- Deje lo que esté haciendo y transmita señales de escucha activa.
- Acepte siempre té o café cuando se lo ofrezca.
- Mírela a ella, no a la puerta.
- Tóquela si resulta apropiado.
- Siéntese cerca de ella para hablar.
- Use gestos abiertos y enseñe las palmas de las manos.
- Recuerde que si el lenguaje corporal lo «delata», la persona empática será la que detectará sus verdaderos sentimientos con mayor facilidad.
- Sonría, pero sin exagerar, que sea una sonrisa sincera.
- No la interrumpa ni le meta prisa.

Para influir sobre un analista

- Modere su lenguaje corporal. Los analistas sólo se dejan convencer por los hechos y por la lógica.
- Emplee una voz tranquila y unos gestos suaves. Los gestos coordinados, fluidos y enfáticos, pero sin exagerar, deberían funcionar bien.
- Evite tocarlos.
- Evite demasiado contacto visual. La mirada reflexiva los impresionará mucho más, al igual que las pequeñas pausas antes de responder a las preguntas.
- Frunza ligeramente el ceño; los impresionará.
- Puede cruzar los brazos, sobre todo si está pensando.
- Evite gestos que indiquen que tiene prisa, como mirar el reloj o dar golpecitos.

Carisma para principiantes

Ser carismático en el trabajo es tan sencillo que siempre me sorprende lo escasas que son las personas que lo intentan. Para empezar, son tan pocos los elementos de comparación y la competencia que lo más probable es que se tenga vía libre. A veces basta con sonreír o establecer contacto visual para distinguirse del rebaño. Con sólo aumentar su carisma en un 5 %, es muy probable que quede kilómetros por delante de los demás. Si lee esto, los barrerá del mapa.

Por cierto, esto no significa en absoluto que no deba ser bueno en su trabajo. Se supone que todas estas técnicas carismáticas han de sumarse a su talento, del mismo modo que el marketing y la publicidad se añaden a un buen producto. Lo que quiero decir es que he conocido a muchas personas con muchísimo talento, pero que nunca obtienen reconocimiento, y que hay muchas personas trabajadoras, responsables y meticulosas cuyo mérito tampoco acaba de reconocerse. La cuestión es que tiene que venderse.

¿Qué es el carisma?

Al igual que sucede con el estrés y con el buen sexo, todos sabemos qué significa el carisma, pero nos cuesta mucho definirlo. Si le pidiera que elaborara una lista de personas carismáticas, es probable que empezara por Nelson Mandela y por Bill Clinton, y que luego ya no supiera cómo continuar. ¿Qué es el carisma y cómo se consigue?

Normalmente no me gusta acudir a diccionarios durante mis cursos de formación o en los libros que escribo, porque no suelen tener en cuenta la percepción de la palabra, es decir, lo que la gente suele entender de una palabra, y la percepción es lo que a mí me ocupa. Sin embargo, es útil saber a qué deberíamos referirnos cuando hablamos de carisma: «Especial capacidad de algunas personas para atraer o fascinar» (*Diccionario de la Lengua Española*, Real Academia Española).

La primera buena noticia es que el carisma no tiene por qué formar parte del ADN. No se compra en las tiendas, pero se puede aprender a utilizarlo y a aplicar sus técnicas. La otra buena noticia es que se trata de técnicas sencillas y relativamente fáciles de llevar a la práctica. ¿La mala noticia? Lo cierto es que no hay ninguna: todas son buenas.

Sencillez

En la actualidad circulan muchas insensateces complicadas que afirman ser consejos sobre cómo causar buena impresión en el trabajo. Pase de eso. A veces la magia es fácil.

Regla número 1: sólo trucos fáciles

Sé que antes le he dicho que «quien algo quiere, algo le cuesta», pero le aseguro que no es cierto en este caso. Con sólo marcarse objetivos y pasos sencillos, logrará cambios drásticos. Aquí tiene tres para empezar:

1. Haga siempre una gran entrada.
2. Aprenda a sonreír.
3. Aprenda a dar apretones de manos.

¿Fácil? Por supuesto. Pero observe al resto de las personas con quienes trabaja. ¿Cuántas de ellas logran poner en práctica estos tres rasgos básicos de la personalidad carismática? ¿Cuántos de sus colegas aparecen en la oficina o entran a una reunión con aspecto de estar dormidos y pierden esos preciosos minutos de las primeras impresiones quejándose de lo cansados que están? ¿Cuántos de ellos demuestran inseguridad o ignorancia sobre las técnicas básicas del apretón de manos? ¿Cuántos de ellos ponen mala cara o adoptan una expresión «salvapantallas» cuando hablan con clientes o con otros colegas? Pues bien, usted no va a ser uno de ellos.

Regla número 2: proyecte y absorba a partes iguales

Aprenda a relacionarse con los demás. Lograr un perfil carismático significa transmitir sensación de equilibrio interior y de armonía, lo que se interpreta como seguridad en uno mismo, pero ha de asegurarse de no parecer egocéntrico. La vanidad y la suficiencia no son cualidades muy apreciadas en la mayoría de las sociedades; en cambio, sí que se valora dar la impresión de que uno sabe lo que hace.

Debe ser cuidadoso y no dar la impresión de que lo que más le preocupa es usted mismo. Las personas carismáticas *absorben* y saludan, prestan atención y escuchan a los demás. Y no se trata de escuchar sólo con las orejas. Es totalmente irrelevante que esté verdaderamente pendiente de las palabras del otro si *parece* aburrido o distraído. A continuación encontrará un cuestionario rápido que le permitirá descubrir lo bien o lo mal que se le dan las habilidades de proyección y de absorción:

- ¿Ha escogido un escritorio orientado a la puerta del despacho o de la sala donde trabaja? ¿O está sentado de espaldas a la entrada o a la zona de paso principal? (Sé que no siempre es posible escoger dónde sentarse en el trabajo, pero, si le dieran la opción, ¿qué escogería?)

- ¿Se levanta del asiento para saludar a todas las visitas, independientemente de su importancia?
- ¿En ocasiones sigue trabajando mientras le hablan, aunque sólo se trate de teclear un par de palabras en el ordenador y tenga la seguridad de no perderse nada de lo que le dicen?
- ¿Interrumpe a los demás mientras le hablan?
- En las reuniones, ¿se enorgullece de poder prestar atención o de evadirse a voluntad y de fijarse sólo en lo que necesita saber?
- ¿Le parece que la gente suele repetirse?
- ¿Se sienta en las reuniones con la barbilla reposando en la mano?
- ¿Le resulta más fácil concentrarse si mira por la ventana?
- ¿Le gusta llevar a cabo varias tareas al mismo tiempo e ir haciendo pequeñas cosas mientras habla por teléfono?
- ¿Suele comer o beber durante las reuniones y disfruta de las comidas de trabajo?

Estoy segura de que, a partir de las respuestas, se dará cuenta de que sólo escucha a medias. ¿Cuándo fue la última vez que le concedió a otra persona el lujo de su atención completa? A continuación, encontrará algunas preguntas sobre su capacidad de absorción:

- Cuando alguien le habla, ¿lo escucha en parte, pero, sobre todo, se dedica a formular una respuesta en su mente o a pensar en lo que quiere decir a continuación?
- ¿Le resulta fácil cambiar de tema durante una conversación?
- Cuando alguien le habla, ¿suele mordisquear el bolígrafo, juguetear o dar golpecitos con él?
- ¿Alguna vez ha preguntado algo sólo para que luego le pregunten a usted lo mismo, como «¿O cuál es tu película favorita?»

- ¿Se siente cómodo hablando de lo que le gusta y de lo que no?
- ¿Usa mucho la palabra *yo* cuando habla?
- ¿Alguna vez habla de usted en tercera persona, como: «Estoy siendo yo misma, así es Judi James»?

La proyección personal es fundamental para el carisma en el lugar de trabajo, y ser y parecer invisible no debería ser una alternativa. Sin embargo, debe dar un paso más. Además de destacar, asegúrese de que aprende a lograr que otros destaquen también. Las personas carismáticas no quieren ganar en importancia; quieren que lo hagan los demás y logran que quienes las rodean se sientan importantes y valoradas.

Regla número 3: acierte con las señales de estatus

Todas las empresas son jerárquicas. El lugar que se ocupa en la jerarquía depende de tres factores clave:

1. *El estatus designado*
   Deriva del cargo que ocupa. Quizá lo llamen «director», «director ejecutivo» o «jefe de equipo», lo que comunica al resto de los trabajadores que usted está al mando.
2. *El estatus animal*
   Éste es el lugar que ocupa realmente en la jerarquía. Se decide con arreglo al respeto que sus colegas sientan por usted y por sus capacidades.
3. *El estatus canalla*
   En todas las empresas, hay personas que definen su estatus en función del poder falso o psicológico que ejercen. Si ha visto la serie estadounidense *Scrubs*, conocerá al conserje que consigue hacer lo que quiere con los médicos, gracias a su profundo conocimiento del edificio. Todas las empresas cuentan con personas como éstas, que normalmente trabajan en el departamento de informática o en el de contabilidad. Su estatus designado suele ser bajo (con frecuencia se los considera personal

«de apoyo»), pero su nicho de conocimiento les otorga un poder que, con frecuencia, aplican a actos de venganza.

Para lograr el éxito en la empresa, o para obtener un trabajo, tendrá que ejecutar estas señales de poder como un Stradivarius.

Regla número 4: haga una buena representación

En el trabajo nunca se es «uno mismo» (a no ser que trabaje en casa y no hable nunca por teléfono. E, incluso así, estoy segura de que, cuando sale a vender el producto que haya estado gestando, tiene que ponerse una careta). Los actores saben cuáles son los momentos más importantes de la representación y los preparan, los practican y los ensayan. Ponen sus mentes y sus cuerpos en forma y se esfuerzan para lograr el éxito. ¿Por qué las personas que trabajan en empresas son tan descuidadas con las fases de preparación? Una de las excusas más habituales es que «no he tenido tiempo para preparar tal o cual reunión o presentación». ¿Qué cree que haría un actor si le dijeran que debe salir a escena sin haber tenido tiempo para ensayar o para aprenderse el guión? ¿Se acercaría al borde del escenario, parpadearía por la luz de los focos y se disculparía ante el público por estar nervioso y por no saberse ni una palabra de lo que tiene que decir? No, le tirarían tomates.

Estos son los momentos más importantes de su representación en el trabajo:

- *Papeles de Óscar*
  Son los momentos en los que se dirige a un grupo de accionistas, hace una presentación, da una conferencia o se dirige al comité ejecutivo de la empresa.
- *Papeles protagonistas*
  Estas representaciones son las entrevistas de selección o de ascenso, las reuniones individuales, las reuniones de

equipo, las reuniones con clientes, la dirección de sesiones de formación, la atención al cliente o la gestión de quejas.

- *Papeles secundarios*
  Ejercicios para reforzar el equipo, sesiones de formación, jornadas fuera de la empresa o hablar del trabajo con colegas.
- *Papeles de figurante*
  Cualquier otra intervención que parezca más pasiva, como llegar al trabajo, sentarse a su mesa, marcharse, ir a comer, etc.

Asuma que está actuando, igual que un actor sobre un escenario. Si se niega a aceptarlo («No es más que una conversación rápida o una presentación sin importancia», «La verdad es que no sabía de lo que estaba hablando» o «Alguien me lo pidió») debe madurar y pronto, porque se trata de una conducta y de una manera de pensar muy poco profesional y no lo ayudará en absoluto a aumentar su carisma.

Zona sin palabras

Le ruego que se acuerde de lo que le dije hace unas páginas: venderse a uno mismo no tiene nada que ver con «decir». Es cierto que ha de seguir la norma de no menospreciarse nunca, pero alabarse verbalmente suena superficial y da a entender que está desesperado. Una vez estuve observando a una concursante de *Gran Hermano*. Sus gritos de «¡En realidad soy muy simpática!» y de «¡No suelo quejarme tanto, normalmente soy muy divertida!» se fueron haciendo más estridentes y más frecuentes, al tiempo que su conducta se volvía cada vez más desagradable, por lo que empezó a caerle mal a todo el mundo.

Las conductas que está a punto de aprender no son de «quita y pon». Cuando empiece a emplearlas, las utilizará constantemente. Pero así es mejor, porque le resultarán más sencillas y naturales, mientras que si las activara y las desactivara, se convertirían en una representación que difícilmente resultaría congruente.

El bueno, el feo y el malo

No hay «aciertos» y «equivocaciones» absolutas en lo que respecta al lenguaje corporal, pero en el lugar de trabajo resulta especialmente útil contar con una breve lista mental de cosas que hay que evitar y que fomentar; por lo tanto, a continuación encontrará algunas imágenes visuales que debería recordar cuando necesite hacer una comprobación rápida.

Hacer una gran entrada

Bien

Entrar con el cuerpo completamente visible, erguido, con las manos libres o con el bolso en la mano izquierda, contacto visual hacia delante y una sonrisa de saludo que transmita seguridad en uno mismo.

Mal

Mirar el pomo de la puerta, con el bolso en la mano derecha. No entre nunca con aspecto de estar ensimismado. Debe centrar toda su atención en las personas que haya en la sala.

Sacar la cabeza por la puerta. No entre nunca con aspecto de culpabilidad o de sentirse de poca importancia.

Llevar gran cantidad de comida o de bebida en las manos. Lleve lo mínimo posible, necesita las manos para saludar a los demás. No llegue nunca al trabajo o a una reunión con el almuerzo en la mano.

Apretón de manos

Bien

Cara a cara, sonriendo, con los codos flexionados y las manos a la altura de la cintura. Aplique técnicas de atención completa y mire de frente siempre que le sea posible.

El invitado debe estar sentado, y
el anfitrión de pie con la mano
extendida y sonriendo. Utilice un
gesto intencional, para que el
invitado tenga tiempo de
levantarse antes de darle la mano.

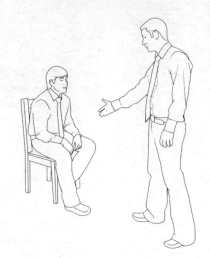

Mal

Dar la mano por encima de
una mesa, medio encorvado.
Nunca se incline sobre una
mesa para dar la mano.

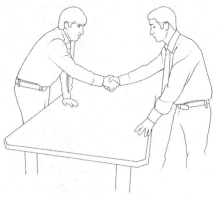

Coger a la otra persona del brazo durante
el apretón de manos. No utilice el apretón
para capturar a su víctima.

Nunca utilice los apretones de manos como una demostración de poder. Un ejemplo de ello sería cuando el anfitrión le coge la mano a la visita, para saludarla, pero entonces tira de ella y la abraza. Evite forzar o acelerar las demostraciones de afecto. Deben ser recíprocas.

Estar de pie

Bien

Los pies separados a la distancia aproximada de los hombros, cuerpo erguido pero relajado, manos al frente, entrelazadas con suavidad. Ésta es la descripción de la postura de poder, en que está equilibrado y estable, con las manos preparadas para gesticular enfáticamente.

Apoyado, con una pierna doblada, uno de los glúteos sobre la mesa y brazos relajados sobre el regazo. A esto se le llama estar medio sentado, una pose lo suficientemente activa para ser una postura erguida que atrae la atención, pero al mismo tiempo muy relajada.

Mal

Piernas demasiado separadas, brazos cruzados. Es una postura alfa agresiva, como la de los porteros de discoteca.

Cruzar las piernas mientras se está de pie. Es la postura de las tijeras pasivas.

Pies ligeramente separados con las puntas hacia dentro y los tobillos hacia fuera. Es una postura pasiva y juvenil que transmite obediencia.

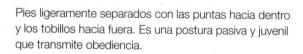

- Estar de pie con las piernas casi juntas y con los brazos colgando a ambos lados. Es una postura muy poco natural que le dará aspecto de androide.
- Estar de pie con la espalda encorvada. Es una postura que transmite debilidad y obediencia, y lo que dice de usted es que tiene poca energía y que no vale la pena escucharlo.
- Estar de pie con las manos cogidas a la espalda y las piernas separadas. Esta postura, que suelen adoptar sobre todo los hombres, transmite que se quiere imponer la propia autoridad.
- Estar de pie sosteniendo el café muy arriba, cerca de la barbilla. Esta barrera sugiere que preferiría estar solo.
- Estar de pie con las piernas ligeramente separadas y con las manos cubriéndole la entrepierna. Es una postura defensiva de hoja de parra y sugiere que se siente atacado.

Estar sentado

Bien

- Piernas cruzadas, codos sobre los reposabrazos, manos ligeramente entrelazadas sobre el regazo.
- Piernas sin cruzar, rodillas ligeramente separadas, codos sobre los reposabrazos y manos ligeramente entrelazadas. (Esta postura sólo es adecuada para los hombres.)
- Sentado adelantado en la silla, con las piernas ligeramente separadas y los codos sobre los muslos. Parecerá que escucha con gran atención, pero tenga cuidado de no exagerar.
- Piernas cruzadas, un codo en el respaldo de la silla, manos entrelazadas suavemente. Transmitirá seguridad en sí mismo, siempre que el respaldo sea de la altura adecuada y permita que la postura resulte cómoda. Sin embargo, también puede parecer que está ligeramente desconectado de la conversación.

Mal

- Piernas muy separadas, brazos cruzados sobre el pecho y espalda ligeramente encorvada. Esta postura transmite señales contradictorias: se muestra la entrepierna de manera arrogante o dominante, pero se combina con una barrera corporal de precaución que transmite ganas de discutir y obstinación.
- Brazos y piernas cruzados. Da a entender que está cerrado a toda comunicación.
- Manos en la nuca, piernas separadas. Es la clásica postura descubierta, que expone las partes más delicadas del cuerpo y transmite arrogancia.
- Manos entrelazadas tras el respaldo y piernas enroscadas a las patas de la silla. Parecerá un rehén.
- Colgarse al borde de la silla, escondido a un lado o en una esquina de la sala. Transmite nerviosismo y ansiedad.
- Encorvado y mirando hacia abajo. Parecerá una persona negativa o dará a entender que está aburrido.
- Sentado a horcajadas. Parecerá juguetón, atrevido y seductor, pero totalmente maleducado.
- Una pierna sobre la otra, con la pantorrilla sobre el muslo. No es una postura especialmente negativa, pero no deja de ser una barrera corporal, lo que le da apariencia de haber desconectado o de tener una actitud crítica.
- La postura anterior, pero con el torso ligeramente inclinado hacia atrás y con las manos sobre la pantorrilla. Este último gesto refuerza la barrera y transmite que no está de acuerdo con lo que se dice.
- Sentado muy erguido, con los dedos «en campanario» y los codos sobre los reposabrazos. La postura enfatiza el propio estatus hasta el punto de empequeñecer a la persona con quien se habla.
- Piernas muy abiertas, con los codos enganchados al respaldo de la silla. Es una postura agresiva y combativa.

- Sentarse sobre una de las piernas, doblada bajo el trasero. Sugiere que se deja llevar por el instinto, que es infantil y que desea elevar su estatus aumentando su estatura.
- Ambas piernas cruzadas sobre la silla. Trasmite que es totalmente infantil o tiene tendencias espirituales.

Técnicas de lenguaje corporal manipulador

En la década de 1980, a los futuros comerciales y empresarios se les enseñaba cómo controlar las reuniones con técnicas de lenguaje corporal muy potentes, que incluían joyas como el apretón del poder, en el que uno luchaba por lograr que fuera su mano la que quedara encima, o la mirada fija, que consistía en entablar una lucha de contacto visual con la víctima en la que quien apartara antes la mirada era el perdedor. Muy acertadamente, ahora se las considera técnicas rancias y rebosantes de testosterona, por lo que se las ha desterrado de la vida moderna. Sin embargo, hay técnicas más sutiles para establecer vínculos y ejercer influencia, que pueden utilizarse para obtener mejores resultados en reuniones, conversaciones o cualquier otro tipo de interacción. Encontrará una lista más adelante.

Aviso: es muy fácil emocionarse demasiado al pensar en técnicas subliminales para influir sobre los demás. *¡Contrólese!* Son técnicas que han de emplearse con gran sutileza; si exagera, le sacarán una tarjeta amarilla por excederse e ir mucho más allá de lo que le exige el deber. Ahora, antes de que le cuente algunos de los secretos de mi profesión, repita conmigo: «Seré sutil…, seré sutil…, seré sutil…».

- **Eco postural, congruencia postural o reflejo**
  Las posturas parecidas tienden a transmitir ideas parecidas, así que, en caso de duda, fíjese en la postura y en el ritmo de su compañero o interlocutor y cópielos. Lo que hace es imitar la conducta natural de los amigos íntimos, que se imitan automáticamente cuando están

juntos o entablan una conversación. Del mismo modo, si alguien le gusta, también intenta *ser* como él o ella. Esta técnica se llama eco postural, reflejo o mimetismo. Se parece a acercarse a alguien que ya está bailando y unirse a él. Se imita el ritmo y el movimiento, además de la postura y del estado de ánimo general. Sin embargo, si quiere que le salga bien debe ser muy sutil. No se trata de crear una imagen perfectamente simétrica, porque parecerá que se está burlando del otro. Practique la técnica antes de emplearla. Le irá bien ensayar con un amigo que pueda avisarle cuando el reflejo sea demasiado obvio.

- **Marcar el ritmo y liderar**
  Es una técnica extraordinariamente potente que también requiere sutileza y habilidad si se pretende que funcione bien. Imagine que habla con alguien que se encuentra en un estado que, en su opinión, es poco productivo. Es posible que sea tímido o introvertido, o que esté nervioso. Empiece reflejando sutilmente su postura o energía. Entonces, a medida que vaya hablando con él o ella, empiece a modificar su lenguaje corporal, para llevarlo al estado al que desea conducirlo. Esto implica abrirse, si ha empezado con los brazos cruzados formando una barrera, o irse calmando poco a poco, si ha empezado reflejando sus nervios, su ira o su ansiedad. Al alterar gradualmente su propio estado habiendo partido del otro, debería poder guiarlo y llevarlo al mismo estado en que usted acabe. A riesgo de repetirme, practique esta técnica en un entorno seguro, porque aplicarla de manera consciente es muy complicado.

- **Fijación**
  Cuando su cliente se vaya por las ramas o intente cambiar de tema repetidamente, puede usar la técnica de la fijación para hacerlo volver al tema que le interesa. Consiste en mantener la misma postura del momento de la interrupción, para indicar que desea volver al tema cuando hayan terminado.

- **Gestos intencionales o de aviso**

  Estos gestos tienden a imitar movimientos parciales, como levantar ligeramente la mano cuando quiere hablar en una reunión o adelantarse en la silla cuando quiere interrumpir; señales de alerta, como miradas cómplices (intensas y llenas de significado), quitarse las gafas o aclararse la garganta, o incluso guías corporales, como darle palmaditas a alguien o tocarlo discretamente para hacer que se mueva.

- **Señales de retroalimentación**

  Son modos sutiles de dirigir una conversación, como asentir para animar al otro a seguir, modificar el propio ritmo o mirar alrededor para terminar una conversación e indicar que quiere irse.

Impopularidad en el trabajo

Si quiere ser impopular en el trabajo, hay dos maneras muy fáciles de conseguirlo: una consiste en ser el jefe y pasarse todo el día recordándoselo a sus colegas; la segunda consiste en *no* ser el jefe, pero intentar imponerse a todo el mundo, como si lo fuera.

En términos de poder y de estatus hay algunas opciones más. ¿Se reconoce en alguna de las categorías siguientes? De ser así, sería buena idea que estudiara su lenguaje corporal y viera qué puede cambiar para mejorar su situación:

- Reflectores: personas que siempre están cerca de los jefes, haciéndoles la pelota o embarcándose en relaciones sexuales con ellos, para bañarse en la gloria que reflejan.
- Sube-y-bajas: personas que emiten señales de estatus elevado o bajo en función de las circunstancias.
- De incógnito: personas que desean mejorar su estatus, pero que no transmiten las señales adecuadas y luego se quejan cuando ascienden a otro; afirman que el jefe debería darse cuenta de que, si les ofrecieran un ascenso, podrían comportarse de otra manera.

- En su caparazón: personas que prefieren mostrarse sumisas.

Señales de poder excesivas

Si realmente goza de un estatus elevado y está satisfecho con él, no tiene por qué imponerse a los demás, ni verbal ni visualmente. Las siguientes señales corresponden a la categoría de posturas de poder. Las personas que gozan de un estatus genuinamente elevado suelen tener la suficiente confianza en sí mismas como para evitarlas en todo momento.

- Acercarse demasiado.
- Quedarse de pie detrás de alguien.
- Usar el apretón del poder (lograr que la mano quede por encima durante el apretón de manos).
- Apretar y agarrar: coger al otro del brazo mientras le da la mano para controlarlo.
- Apretar y dar palmaditas: darle palmaditas al otro mientras le da la mano.
- Palmaditas de poder: darle palmaditas al otro en la espalda o en el hombro.
- Ocupar más espacio que los demás.
- Sentarse o estar de pie en un lugar más elevado que los demás.
- Elevar la barbilla, mirar con superioridad.
- No devolver la sonrisa o el saludo.
- Separar mucho las piernas.
- Poner los brazos en jarras.
- Sacar pecho.
- Postura descubierta.
- Sonrisa de suficiencia.
- Mirada fija.
- Ceño fruncido.
- Gestos metronómicos.
- Dedos en campanario.
- Señales de bloqueo, cerrar los ojos al hablar o al escuchar.

- Cruzar los brazos con agresividad.
- Parecer más relajado que el interlocutor.
- Pisar fuerte con zapatos de tacón.
- Arrastrar a los demás.

Señales de inferioridad

Hay momentos en el trabajo en los que resulta adecuado reducir el propio estatus, para facilitar que un invitado, un cliente o un colega de rango superior se sienta cómodo. Sin embargo, no hay que exagerar las señales de inferioridad, del mismo modo que hay que evitar extremar las de superioridad.

Puede ser adecuado que sonría, que refleje el lenguaje corporal del otro o que reduzca ligeramente su estatura percibida, pero ninguno de los gestos siguientes le hará ningún favor:

- Tener una risa floja, sonreír excesivamente o añadir una risita al final de cada frase.
- Encorvarse.
- Hacer que el cuerpo parezca más pequeño, pegándose los brazos a los lados, etc.
- Andar insegura con zapatos de tacón.
- Ocupar menos espacio que los demás.
- Levantar barreras con las manos o con los brazos.
- Meterse las manos en los bolsillos.
- Tocarse la cara o tapársela.
- Frotarse las manos.
- Juguetear con objetos, parecer ensimismado.
- No mantener el contacto visual.
- Bajar la cabeza.
- Permitir que lo lleven.
- Realizar un apretón de manos débil.
- Retirar la mano con demasiada rapidez.
- Tocarse el cuello o sostenerlo con la mano.
- Morderse las uñas.
- Sentarse o estar de pie con el torso o las piernas parcialmente girados.

- Cruzar brazos y piernas.
- Sentarse al borde de la silla.
- Sentarse con uno o ambos pies señalando la puerta.
- Realizar gestos con las palmas hacia arriba.
- Entrar en las reuniones de puntillas.
- Sentarse siempre en la última fila.

Las luchas de poder son muy desagradables, no se deje arrastrar a ninguna. Sin embargo, es igualmente importante recordar que, si siempre se tiende patas arriba, lo acabarán considerando un blandengue, y con toda la razón del mundo. Por lo tanto, el reto consiste en rebosar seguridad, confianza, sabiduría y autoridad natural sin molestar a los compañeros de trabajo.

Y esto implica aromatizar su territorio con la cualidad que he ido mencionando a lo largo del capítulo:

CARISMA

Consejos rápidos para aumentar el carisma en el lugar de trabajo

Inicie la representación positiva antes de entrar al edificio

Llegue siempre entre diez y quince minutos antes y entre en una cafetería, para centrarse en su estado «ideal». No espere a llegar a su mesa para empezar la jornada. Llegue siempre preparado y dispuesto a coger el toro por los cuernos. De otro modo, sería como un actor que se vistiera y se maquillara ya sobre el escenario. Al corregir el mensaje que transmite su lenguaje corporal antes de entrar al trabajo, no se sentirá tan raro. Adopte el paso de poder. Ajuste el ritmo de los pasos. El sonido de los pies y el aura de energía que transmite impresionarán o hundirán a sus compañeros de forma subconsciente. Si va demasiado rápido, dará la impresión de que está estresado, sobre todo si da pasos pequeños y sonoros. Si va demasiado lento, parecerá deprimido y reacio a empezar la jornada. Para parecer carismático, ha de mostrarse dispuesto a afrontar cada día y cada situación con entusiasmo, no con miedo, aburrimiento o reticencia.

- *Cómo evitar los gestos delatores*
Cualquier señal discordante que emita su cuerpo destruirá el mensaje general. Echará a perder el paso de poder si se nota que es forzado. Los gestos delatores más habituales son: dientes apretados, que lo vean respirando hondo y una voz demasiado aguda, alegre y jovial. No es una azafata de vuelo sirviendo bebidas mientras el avión cae en picado. Rebaje el tono y conviértalo en «despreocupado» y «amistoso», e intente andar haciendo menos ruido. Es sorprendente la velocidad a la que un taconeo transmite el mensaje de «sé que todos lo pasamos mal aquí, yo el primero, pero si puedo parecer contento, vosotros también». Su lenguaje corporal nunca debe parecer un reproche a los demás. Debe tener el objetivo de levantarles el ánimo, no de reñirlos. Todos hemos oído alguna vez ese «buenos días» a través de dientes apretados. Ah, ¡no se olvide de reprimir el famoso suspiro!

Impresione, no se deje impresionar

Las primeras personas a las que vemos al entrar en el trabajo no son responsables de nuestro estado de ánimo durante el resto del día. Hay recepcionistas y guardias de seguridad que no aprobarían la asignatura de buenos modales y también hay mucha gente que considera que tiene la obligación de hacer que los demás paguen sus propias deficiencias. Su lenguaje corporal ha de estar siempre en modo de «mantenimiento». Conserve una expresión facial educada y amistosa. Los estados de ánimo de los demás no tienen nada que ver con su lenguaje corporal. Averigüe cómo se llaman y llámelos por su nombre cuando los salude. Pero nunca se pare a charlar con ellos. Hay una ley de la dinámica humana que afirma que cuanto más deprimentes y maleducados son los trabajadores de primera línea, más se esfuerzan los demás empleados en animarlos. No lo haga. Es una pérdida de tiempo y de esfuerzo. Active el modo de mantenimiento y siga adelante.

- *Cómo evitar los gestos delatores*
  Nunca haga gestos de impaciencia o de nerviosismo mientras se dirige a la mesa. Mirar el reloj mientras espera en la cola de recepción no sólo le dice a todo el mundo que llega tarde; también les informa de que ocupa un escalafón bajo en la jerarquía laboral y que la hora de entrada es importante. No le ponga mala cara al tiempo. Debe hacer como si las cuatro estaciones del año le encantaran. La expresión del rostro debe ser congruente con esa idea. No emplee las quejas para establecer vínculos con los demás. Los gestos delatores a los que debería prestar más atención son: expresión facial avinagrada; hombros elevados como resultado de los nervios del trayecto; parecer un animal enjaulado mientras hace cola en recepción, dando zancadas y mirando alrededor como si buscara una salida; lo mismo en el ascensor, o utilizar el tiempo en el ascensor para empezar a trabajar, telefoneando a alguien, enviando un mensaje de texto o encendiendo el ordenador portátil. Esto le hará saber a todo el mundo que es muy desorganizado. Nunca se deje ver trabajando fuera de su espacio de trabajo. Es muy mala publicidad.

La importancia de los ascensores

Debe asumir que todos los rincones del lugar de trabajo son posibles oportunidades para establecer relaciones profesionales. Con esto no quiero decir que el ascensor sea el lugar más adecuado para solicitar un ascenso, pero sí que debe proyectar una imagen positiva se encuentre donde se encuentre. Hace poco estaba trabajando en una emisora de radio cuando una mujer pasó cerca, pisando fuerte y con una expresión facial muy seria. «¡Lo que debe de ser trabajar con ella!», dijo otra mujer junto a mí. Su compañero asintió. Ambos eran productores de programación y la radio es un mundo muy pequeño. Nunca se sabe a quién se va a impresionar o no. Peque de precavido; al fin y al cabo, sonreír no cuesta tanto. No importa que nadie más sonría o salude en los pasillos, en el ascensor o en el despacho. Hágalo y no se canse de hacerlo. De hecho, que la mayoría de sus compañeros tengan un aspecto sombrío jugará en su favor, porque hará que su incansable ofensiva de encanto destaque todavía más.

- *Cómo evitar los gestos delatores*
  Es muy posible que, al principio, relacionarse de este modo le dé un poco de vergüenza. Al fin y al cabo, quizá se trate de una actitud pionera en la empresa. De ser así, evite la pausa: ese momento en el que ve a alguien y se detiene unos segundos para decidir si saludar o no, o para reunir el valor para hacerlo. Sin embargo, las pausas no funcionan. Nadie ha logrado reunir coraje alguno gracias a ellas. No hacen más que llenarlo de dudas. Las pausas son una puerta abierta a los diálogos interiores negativos. Empezará a darse motivos y excusas para no saludar. Nada de pausas, actúe.

La importancia de la organización del espacio

El espacio y el uso que se hace de él son fundamentales para el éxito en el lugar de trabajo. Las guerras siempre se deben a luchas por el espacio y por el territorio, por lo que no hay que subestimar la importancia de ninguno de los dos.

- Si entra alguien en el ascensor, apártese un poco hacia el lado, pero no se arrincone. Si el ascensor tiene reposamanos, abra los brazos ligeramente a lo largo del mismo.
- Siempre que sea posible, no escoja nunca una mesa que lo deje de espaldas a la puerta de la oficina. Lo hace vulnerable en términos animales y afectará a su estado de

ánimo y a su sensación de bienestar. También hará que
quien quiera que entre por la puerta lo vea como a un
autómata. Debería sentarse en un lugar desde donde
pudiera ver a los recién llegados con tan sólo levantar la
mirada.

- Si la oficina es alargada, pelee por lograr una mesa que
esté cerca de la puerta, y a la derecha. La izquierda es
amistosa, pero la derecha transmite poder. Ya transmitirá simpatía con la expresión facial.

- Mantenga la mesa ordenada. El desorden desorganiza el
pensamiento y da la impresión de que se está constru-
yendo un nido, lo que implica opiniones fijas e ideas
aburridas. Energice su espacio de trabajo. No se rodee
de objetos del pasado, como papeleo antiguo, premios,
proyectos anteriores, bolígrafos viejos, plantas o tazas de
café. Las empresas miran hacia delante y están en un estado de cambio constante: ése es el aspecto que usted
debe tener. Los únicos objetos personales sobre la mesa deberían ser la fotografía de alguien o de algo que le guste, como su mascota, su hijo o su casa, a la izquierda de
la pantalla, y una imagen idealizada del equipo con el
que trabaja a la derecha, para fomentar pensamientos
positivos sobre sus integrantes cuando las cosas se pongan difíciles. Además, cuando ellos miren su mesa, verán
que son importantes para usted.

- Disponga el espacio de manera que le resulte fácil adoptar las posturas adecuadas. Compruebe la altura de la silla para asegurarse de que las piernas puedan estar bien
apoyadas y no se queden colgando. Ajuste el respaldo
para poder sentarse erguido durante largos períodos, en
lugar de encorvarse por el cansancio. Elimine los trastos
o cualquier otra cosa que pueda haber bajo la mesa,
para darles a los pies y a las piernas espacio para estirar-
se. Incline la pantalla y colóquela a la altura necesaria
para que la primera línea le quede al nivel de los ojos.
Coloque un apoyo para la muñeca delante del teclado.
Si es diestro, ponga el teléfono a la izquierda de la mesa,

para poder atender las llamadas con la mano izquierda y seguir escribiendo con la derecha. Deje tanto espacio libre como le sea posible alrededor de la mano con la que escribe. Tire los bolígrafos que se rompan o se gasten y no vuelva a colocarlos en su sitio. Asegúrese de que el cable del teléfono no se enrosca ni se enreda con nada; si no, cada vez que responda una llamada arrastrará todo lo que haya sobre la mesa.

- Nunca coma en la mesa de trabajo. ¿Necesita que se lo explique? Parecerá que está ganando tiempo y, por lo tanto, dará la impresión de que tiene demasiado trabajo, y de que es demasiado tonto y no sabe decir que no. O parecerá una persona que come allá donde se encuentre, como un animal que se sienta y trabaja en su propio abrevadero. Si siente aunque sólo sea un ápice de respeto por sí mismo, levántese y coma en otro sitio. O, mejor aún, salga de la empresa.

- Mantenga un buen lenguaje corporal incluso mientras sueña despierto. El cerebro está preparado para ensimismarse cada noventa minutos, aproximadamente. Soñar despierto es bueno, porque reinicia el cerebro. Sin embargo, el lenguaje corporal negativo mientras se sueña despierto es malo, porque parece que uno esté perdiendo el tiempo. Por lo tanto, resulta fundamental planificar una buena postura para soñar despierto. A mí me funciona elevar ligeramente la barbilla, mirando hacia arriba y hacia la izquierda, apoyarla sobre la palma de la mano y tamborilear con los dedos cerca de los labios. Esta postura tiende a proyectar que se está reflexionando intensamente, en lugar de jugar al solitario del ordenador o mirar el salvapantallas.

- Intente que las reuniones sean en una mesa redonda, no en su mesa de trabajo. Siéntese cerca de la puerta y a la derecha.

- Si la mesa es rectangular o la típica gran mesa de reuniones, ha entrado en el mundo jerárquico. En esta situación, hay dos posiciones clave: el asiento del patriarca, en uno de los extremos de la mesa, y el asiento de «la última cena», en el centro del lado largo de la mesa que queda más alejado de la puerta. Siéntese en ellos únicamente si está al mando y quiere dejarlo bien claro. Nunca se siente frente a quien ocupe una de estas posiciones, porque parecerá un usurpador. Y tampoco se siente a su lado, porque parecerá un ayudante, un pelota o ambas cosas. Intente sentarse delante, pero en una diagonal ligeramente a la derecha. Lo verán claramente, pero también lo percibirán como parte de su visión de futuro, en lugar de como un antiguo criado de confianza. Piense en la perspectiva que tendrán ellos, no en la que tendrá usted. ¿Cuántas veces escogemos sentarnos en lugares que nos resultan cómodos o que hacen que los demás queden en mejor lugar?

• Si está entrevistando a alguien, no emplee el viejo truco de sentarse en la esquina de la mesa, para evitar levantar una barrera entre ambos. Esta posición sólo es apropiada en una relación entre médico y paciente, porque implica contacto físico, y el entrevistado pensará que está a punto de hacerle una exploración rectal completa. Es mejor tener una mesa de por medio.

La importancia de las sillas

Hay sillas en las que es imposible parecer carismático y otras que logran que hasta el más rarito parezca poderoso y seguro de sí mismo. He visto a un político detrás de otro tropezar en el obstáculo de la escuela infantil, al aceptar una silla de niño para quedar más cerca de los alumnos en la foto; no se dan cuenta del error hasta que ya es demasiado tarde. También puede suceder con sillas de adulto. Gordon Brown es un hombre corpulento, y su equipo tiene que aprender a ser más exigente con las sillas. En una entrevista reciente en un programa televisivo, le dieron una silla tan pequeña que parecía que estaba sentado a horcajadas sobre un puf. Sé que no siempre se pueden escoger las sillas en el trabajo, pero cuando es posible elegir, o incluso pelearse por una, ¿por qué conformarse con una silla de inútil cuando puede tener otra que lo haga parecer seguro de sí mismo y lleno de gracia?

- Evite las sillas sin reposabrazos. Para parecer carismático, necesita poder apoyar los codos en algún sitio.
- Evite las sillas que, tradicionalmente, ocupan las secretarias. Son funcionales, pero transmiten que se ocupa un lugar bajo en la jerarquía.
- Escoja sillas con el respaldo muy alto sólo si usted lo es también, o parecerá un niño pequeño.
- Escoja una silla que se adapte a usted y a su forma de sentarse, no una que lo domine.
- Asegúrese de que la silla está a la altura adecuada. Las piernas no deben quedar por encima del asiento, pero tampoco han de colgar.
- Evite los sofás y las butacas. Son fantásticos para casa, pero en la empresa lo harán parecer mucho mayor de lo que es en realidad, porque quedará en una postura demasiado parecida a la de un anciano en una residencia de la tercera edad.
- No use nunca una silla que chirríe.
- No se desplace por el despacho sobre las ruedas de la silla, como si fuera un *dalek* de *Doctor Who*.
- Las sillas que se mecen y giran son buenas, pero sólo cuándo se está en modo «representación». Mecerse demasiado parece de maníacos o psicóticos. Si se mece de un lado a otro, transmitirá nerviosismo.
- Sentarse en el borde de la mesa está muy bien, porque le permite quedar por encima de los demás y transmite liderazgo y energía. Sin embargo, todo esto se evapora si la mesa no puede aguantar su peso.

La importancia de las entradas en escena

Siempre que haga una entrada, hágala bien. De hecho, más que bien, debe ser excelente. Inolvidable por todos los motivos adecuados. Quiero que se concentre en proyectar un aura que transmita lo especial que es. Imagínese que es una estrella de cine sobre la alfombra roja y, entonces, elimine algunas de las señales de arrogancia. Se hace así: ajuste la postura de poder, irguiéndose y definiendo la expresión facial. Sonría de manera relajada y sin enseñar los dientes. Sonreír demasiado puede parecer agresivo si es una sonrisa social forzada, pero también puede transmitir obediencia y sumisión, a pesar de que se enseñen los dientes. Respire y entre en la oficina o en la sala como si realmente tuviera ganas de encontrarse con las personas que están allí. Nada de miedo ni de nerviosismo, sólo energía positiva, así que ande a un ritmo que demuestre entusiasmo. Haga una pausa al entrar y haga un barrido con la mirada, para incluir a todos los presentes. Salude a todo el mundo con quien se encuentre, aunque no le respondan. Si sabe cómo se llaman, utilice el nombre en el saludo.

No hable al espirar, porque sonará como un suspiro. No se queje ni del tiempo ni de ninguna otra cosa. No dé la imagen de pensar que quizá se haya equivocado de sala. Si se trata de una reunión formal, salude con entusiasmo y con un apretón de manos, pero extienda antes la mano, para anunciar el gesto mientras se acerca.

- Vista siempre bien y de manera elegante.
- Lleve algo ligeramente distinto a los demás. Las personas carismáticas suelen llevar prendas distintivas, como Richard Branson, el presidente del grupo Virgin, que nunca lleva corbata a pesar de que todos los que lo rodean van trajeados. Esto demuestra que piensa por sí mismo, que le gustan el cambio y las ideas originales, y que puede tomar y mantener decisiones controvertidas.
- Mantenga su mesa ordenada aunque todos los que lo rodean estén sumidos en el caos.
- Déjese ver por toda la empresa de manera regular. Relaciónese con los otros departamentos. Eleve su perfil en toda la empresa. Hable con todo el mundo y preséntese

siempre que sea posible, en lugar de quedarse confina-
do en su departamento.

- Cuando hable con la gente, mírela de frente y establezca contacto visual.. Ofrezca a todo el mundo unos momentos de atención completa y exclusiva.
- No se queje ni emplee señales de lenguaje corporal negativas.
- Evite gestos de negación mientras habla, como encogerse de hombros, agitar las manos, elevar los ojos al cielo o
fruncir los labios.
- Evite gestos que reduzcan su estatus, como encogerse,
autoabrazarse, retorcerse las manos, agarrárselas como
disculpándose, tocarse la cara, juguetear con algún objeto o acicalarse.
- Emplee señales positivas, amistosas y cómplices, como el
contacto físico esporádico, la mirada, el reflejo o el eco
postural.
- Emplee el espacio para manipular. La proxemia es una
herramienta muy potente y puede utilizarla para dejar
una impresión duradera. Mantenga una distancia social respetuosa (entre un metro y un metro y medio)
en la mayoría de las ocasiones. Aíslese cuando sea necesario. Al igual que José Mourinho, saber sentarse
solo, agazapado y reflexivo en los momentos de gran
presión para el grupo le dará aspecto de estratega. Entonces acérquese (entre medio metro y un metro), o
para crear intimidad y complicidad si alguien tiene un
problema, o para intimidar ligeramente, si es lo que
desea. (Siéntese en el reposabrazos de la silla en que estén sentados o apóyese en su mesa, pero nunca se quede merodeando a sus espaldas. Hágalo únicamente con
colegas más grandes o más fuertes que usted; evite parecer un matón.)
- No dé nunca la impresión de que está atado a la mesa o
de que la ha convertido en su refugio. Siempre que sea
posible, gire la silla ligeramente hacia la sala, para poder
proyectarse. Emplee el ordenador lo menos posible. En

términos de imagen, no es una herramienta de poder, sino una máquina de escribir moderna. Conozco a muchos grandes empresarios que no tienen ni idea de cómo funcionan (ni la más mínima intención de aprenderlo).

- Lo mismo vale para los juguetitos masculinos, como las BlackBerry. Sé que son unas maquinitas maravillosas y que cuestan bastante dinero, pero el lenguaje corporal que transmiten no impresiona a nadie. Sostener un aparatito en la palma de la mano y golpearlo con un lápiz endeble y casi de juguete lo hace parecer un niño jugando con una consola o un camarero tomando la nota.
- Nunca se pasee por la oficina con las manos vacías. Lleve siempre documentos bajo el brazo. Lo hará parecer ocupado e importante.
- Levántese para saludar a las personas que se acerquen a la mesa. Así podrá apoyarse sobre ella, en lugar de quedarse atrapado en la silla. No deje que nadie se quede de pie mientras usted permanece sentado.
- No salga a fumar a la puerta. Resulta de un mal gusto increíble. Dejar de fumar demuestra decisión y autocontrol.

Trucos del lenguaje corporal carismático

- Levantarse y sentarse en el borde de la mesa cuando alguien se le acerque.
- Mirar de frente cuando ambos estén hablando de pie, con un brazo rodeándole el cuerpo y tocándose la barbilla con los nudillos.
- Presentar al estilo de Bill Clinton: estar de pie con otros dos hombres y colocarle una mano sobre el hombro a uno de ellos al tiempo que se lo presenta al otro.
- Estar sentado en la mesa, pero con la silla girada ligeramente hacia el resto de la sala.

Gestos nada carismáticos

- Sentarse ligeramente encorvado y mirando fijamente a la pantalla.
- Estar de pie, con las piernas separadas y los brazos en jarras.
- Hablar de pie, descargando el peso sobre una de las caderas y con las manos entrelazadas con fuerza delante del cuerpo y a una altura considerable.
- Echarse atrás en la silla, con los pies sobre la mesa y las manos en la nuca.

Famosos con carisma

Bill Clinton

Es la personificación de las señales de liderazgo carismáticas y ejecutivas. Clinton alcanza su punto álgido de carisma en las conversaciones individuales, en las que emplea muchas señales de escucha activa, como el contacto visual, la atención completa y el eco postural, para que la otra persona se sienta especial.

Hillary Clinton

Desde que ha saltado a la escena política por mérito propio, Hillary ha abandonado todas las señales de sumisión femenina y ha adoptado gestos militares de liderazgo carismático. Lleva bolso en muy raras ocasiones y suele estar de pie, con ambos brazos a los lados del cuerpo. Cuando habla, lo único que se mueve suele ser la cabeza. Así transmite seguridad en sí misma y fortaleza emocional. A diferencia de las señales de su marido, éstas funcionan mejor ante grupos numerosos.

Lady Di

Sus señales carismáticas procedían de una mezcla de un porte real innato, de la utilización del eco o del reflejo postural y del empleo constante de gestos cómplices. Así conseguía parecer un miembro de la realeza especial y accesible, una mezcla muy potente. Su postura era siempre impecable, pero modificaba el estilo comunicativo de su lenguaje corporal para generar empatía con quienquiera que hablara. Además, inclinaba la cabeza mientras elevaba la mirada y reprimía una sonrisa. Lograba que el público se sintiera como un amigo con quien acababa de compartir algo gracioso.

Tom Cruise

Tom emplea varias técnicas muy estudiadas para crear su propia aura de carisma de alfombra roja. Presenta una mezcla misteriosa de exclusividad y de accesibilidad: se rodea de todos los símbolos del éxito de los famosos y del estatus elevado, siempre viste de modo muy elegante y tiene una sonrisa amplia. Las mujeres que lo acompañan suelen ser mucho más altas que él, además de jóvenes y bellísimas, y las dirige con una serie de palmaditas muy bien cronometradas. Sin embargo, al mismo tiempo dedica períodos exageradamente prolongados a saludar a los fans, a posar para fotos con teléfonos móviles e incluso a hablar con familiares de los fans, al otro lado del móvil. Tony Blair trató de imitar esta técnica, empleando el truco de las fotografías y de los móviles, en un intento de crear una sensación parecida a la del carisma de una estrella de cine.

Jackie Kennedy

Al igual que Greta Garbo antes que ella, Jackie creó una versión muy potente de carisma enigmático. Era una esposa solícita en los días en que las señales sumisas eran de rigor, y su capacidad para parecer una estrella de cine silenciosa durante toda su vida permitió que la gente pudiera adorarla, sin miedo a que sus mensajes verbales resultaran decepcionantes. Cuando un personaje combina belleza y clase con un silencio remoto, permite que el público proyecte sobre él cuantas cualidades mágicas o de santidad desee.

David Beckham

David es un ejemplo obvio de carisma deportivo. En muchos aspectos, este tipo de carisma es inherente a la profesión; cuando éramos niños, todos nos sentíamos impresionados por lo especial que resultaba cualquiera que destacara en la clase de gimnasia. Ser un deportista de élite magnifica ese efecto. El lenguaje corporal de David también transmite lo que se espera de alguien como él. La barbilla elevada, el ceño fruncido, la mirada fija en el horizonte y un atractivo físico innegable lo convierten en el epítome de los héroes masculinos que protagonizan los cómics infantiles.

Quizá le parezca que lograr carisma en el lugar de trabajo requiere mucho esfuerzo, sobre todo si está muy ocupado o soporta mucha presión. Sin embargo, lo que ha leído en este capítulo no son más que algunos trucos de imagen y de lenguaje corporal sencillos, pero muy efectivos, que compensarán con creces el pequeño (y con frecuencia nulo) esfuerzo que requieren. No subestime nunca el poder del impacto visual: acierte y tal vez pronto se encuentre trabajando menos y cobrando más.

Puntos clave

- Descubra cuál es su *tipo* de lenguaje corporal y ajústelo para asegurarse de que se comunica de manera efectiva con el grupo más amplio posible.
- Desprenda carisma y encanto siempre que sea posible.
- Sea un buen actor.
- Empiece a actuar antes de llegar a la oficina.
- Impresione, no se deje impresionar.
- Haga buenas entradas.
- Dé un buen apretón de manos.

Capítulo 13

SITUACIONES DECISIVAS

En todos los trabajos hay momentos en los que es necesario agarrar el toro por los cuernos y hacerse valer. Son momentos decisivos, en los que quedará como un ganador o como alguien que no acaba de dar la talla.

Relacionarse

Las personas carismáticas saben hacer contactos de un modo muy elegante. Si lo aterroriza la idea de cruzar una sala, de recorrer las instalaciones de la empresa o de presentarse usted mismo, no se preocupe, no está solo en absoluto. Lo primero que debe hacer para superar esos momentos de inseguridad o de miedo irracional es darse una pequeña charla. La empresa no es una agencia matrimonial corporativa. Para ejercer impacto, debe aprender a proyectarse con orgullo y con confianza en sí mismo. Esto quiere decir que tiene que ser capaz de acercarse a la gente (con frecuencia serán completos desconocidos para usted), presentarse usted mismo y quedarse a charlar un rato con ellos.

Cómo trabajarse las salas concurridas

- Cuando se encuentre en lo que suele calificarse de «oportunidad para hacer contactos» (algo que podría decirse de casi toda su vida), no salga nunca a cazar en grupo o en pareja. Trabajar solo significa que no hay posibilidad de quedarse hablando con alguien a quien ya conoce bien.

- Márquese objetivos. Ocho presentaciones y conversaciones por hora es un buen objetivo, lo ayudará a no perder el impulso.

- Acepte una bebida, pero no se quede quieto o se atascará. Si se acomoda, dejará de trabajarse la sala.

- Evite a los grupos de dos y a las personas solas. Si puede, diríjase a tríos, porque es más fácil introducirse en ellos.

- Encuentre el hueco en el grupo al que quiere dirigirse y encamínese hacia él con energía. Cuando un grupo ve a un objeto que se abalanza sobre él, se abre para dejar espacio. Si se acerca con demasiado sigilo, lo más probable es que se cierren para impedirle la entrada.

- Si ve que se queda en el exterior del grupo, porque no lo dejan entrar, no espere más de dos segundos, salude con la mano a alguien imaginario al otro lado de la sala y márchese.

- Cuando se introduzca en el hueco, preséntese silenciosamente, mirando y sonriendo a las personas a ambos lados.

- Nunca interrumpa a quien esté hablando, porque ostenta la posición alfa, aunque sea sólo durante unos momentos.

- Mientras estén hablando, logre que lo acepten empleando técnicas de reflejo. Copie el ritmo, la energía y el tipo de lenguaje corporal del grupo.

- Cuando la persona alfa deje de hablar, aparezca en el radar elogiándola, mostrándose de acuerdo con lo que haya dicho o preguntando algo sobre el tema. Entonces, cuando haya captado la atención de todos, preséntese, empleando el contacto visual y una sonrisa genuina.

- Recuerde que los grupos no siempre son educados ni se muestran dispuestos a aceptar a extraños. Sobre todo cuando se trata de grupos a los que no les gusta establecer contactos y sufren las consecuencias de su propia inseguridad. Es posible que se muestren petulantes y que quieran hacerlo sufrir como ellos sufrieron en el pasado. Quizá le traten como al último de la fila, pero eso no significa que usted deba pensar o actuar como tal.

- Tenga cuidado con la altura a la que sostiene la copa: si lo hace a la altura de la cintura transmitirá apertura y seguridad en sí mismo. Más arriba empieza a parecer una barrera.
- Tenga cuidado con lo que come. De hecho, coma únicamente si usted es el anfitrión y su huésped está comiendo también. Coma para hacerle compañía, no porque tenga hambre. Es prácticamente imposible comer aperitivos en una fiesta y parecer carismático al mismo tiempo. No creo haber visto nunca a una persona carismática comer mientras se trabaja una sala. Si se ve obligado a comer, evite la comida peligrosa como el hojaldre, las alitas de pollo, los bocadillos con tomate o lechuga, la ensalada (a no ser que esté muy troceada) o cualquier cosa con salsa. No se olvide de lo difícil que resulta sostener un plato y un vaso simultáneamente. ¡Lo llaman por teléfono! Le recomiendo que coma antes de acudir a la reunión.
- No haga cola en el bufé libre.
- No se llene el plato ni apile la comida.
- No se lleve nunca comida o bebida a casa.
- No sea demasiado rápido entregando su tarjeta de presentación. Resulta forzado y transmite desesperación, al menos en el Reino Unido.
- Refleje a la persona con la que habla. Copie ligera y sutilmente su postura y su energía. El resultado debe ser unisex. Una vez observé a un hombre que intentaba mezclarse con un grupo de mujeres en una reunión. Estaba de pie, con las piernas abiertas, balanceándose sobre los talones y jugando con el cambio que tenía en el bolsillo del pantalón. El resultado se parecía más a un desagradable ritual de apareamiento que a un intento de establecer contactos laborales.

- Una vez vi a Bill Clinton aplicar el «agarrón de hombro» con un efecto impresionante. Estaba hablando con Putin y quería que Blair se uniera a la conversación. Así que colocó una mano firme, pero amistosa, sobre el hombro de Putin y lo dirigió hacia Blair. Y mantuvo la mano sobre el hombro de Putin durante toda la presentación y la conversación introductoria. Sí, fue una demostración de poder, y no le recomiendo que lo intente. Sin embargo, fue una demostración tan valiente, sólida y controlada de cómo relacionarse en un grupo que me dejó sin aliento. Llevó a Putin adonde quería, pero no lo abandonó una vez allí.

- Emplee el contacto visual y las señales de escucha activa, como el asentimiento, el ritmo y el reflejo. No mire alrededor mientras la otra persona le hable y nunca mire su reloj.

- Cuando quiera irse, empiece a abrir el cuerpo hacia la sala y comente el tema de los contactos con el grupo, por ejemplo: «¿A quién deberíamos conocer?». Si usted es el anfitrión, asegúrese de acompañar a su huésped y presentarle a alguien. No lo abandone nunca. Preséntelo y abra un tema que les interese a todos antes de marcharse.

Presentaciones de negocios

Son el equivalente empresarial de los Óscar en términos de importancia de la representación. Aunque son relativamente nuevas en el paisaje corporativo, han adquirido la velocidad, el poder y la energía suficientes para convertirse en el sistema preferido de todo el mundo para producir vergüenza ajena, dolor y aburrimiento. Las presentaciones pueden ser breves e informales, con un público tan reducido como una única persona, o eventos de gran envergadura que se celebran ante un público numeroso de ejecutivos embelesados… o no, que es lo más habitual.

Hay que recordar tres puntos clave sobre las presentaciones de negocios:

1. A nadie le gusta darlas.
2. Todo el mundo detesta escucharlas.
3. Es posible que aún no le haya tocado, pero lo más probable es que tenga que dar una antes o después, por lo que más le vale aprovechar el tiempo y aprender algunos consejos mientras pueda.

¿Por qué infligirse ese castigo mutuo? ¿Son acaso las presentaciones de negocios una forma de sadomasoquismo? ¿No sería más fácil autoflagelarse frente a un público invitado?

Lo que hay que recordar de las presentaciones de negocios es que pueden inspirar, motivar, entretener y llenar de energía al público de un modo incomparable con otra forma de comunicación. Los líderes se valen de los discursos para encantar a millones de personas de manera simultánea. Presénteme a un orador verdaderamente bueno y le mostraré a alguien que puede cambiar la opinión de la gente para bien o para mal.

Tengo un problema, pero es con los oradores que van de lo pasable a lo aburrido, pasando por lo mediocre. Y, sobre todo, con esos que quieren estar allí, tras el atril, porque suelen ser los únicos a quienes les gusta el sonido de su propia voz. Por lo tanto, no se preocupe si lo aterran las presentaciones de trabajo. Las personas que *no* las temen son, probablemente, las que menos deberían darlas. Son un poco como el adolescente que se acomoda al volante de un Ferrari. Por muchas ganas que tenga de conducirlo y por muy seguro de sí mismo que se sienta, no es consciente de lo peligroso que resulta cometer el más mínimo error. Los peores oradores son, precisamente, los que se creen maravillosos. Por lo general, son muy espesos y extraordinariamente petulantes.

Los oradores suelen pensar que el público es su enemigo, pero no es así. Usted y el público tienen algo muy importante en común: ninguno de los dos quiere estar ahí. Si entiende esta cuestión fundamental, podrá aprovechar al máximo sus presentaciones.

Las veinte reglas de oro de las presentaciones de negocios

1. *No intente nunca eliminar el factor del lenguaje corporal*
   Que esté muerto de miedo no significa que deba intentar hacerse invisible y desaparecer del proceso; es decir, ponerlo todo en transparencias y pasarse toda la presentación de espaldas al público, leyéndolas en voz alta. Es lo que yo llamo «karaoke empresarial». La presentación es usted, no las transparencias. Repita conmigo: el PowerPoint es aburrido.

2. *Lleve zapatos cómodos*
   No, no es que deba llevar zapatillas de estar por casa o de deporte, pero sí debe llevar zapatos que le den estabilidad sobre el suelo. Y que le permitan moverse. Algunas de mis peores experiencias como oradora han transcurrido sobre zapatos preciosos que luego resultaron ser un peligro.

3. *Haga un precalentamiento en el lavabo*
   Sacuda las manos en el aire para relajarlas, respire profundamente, canturree para calentar la voz, dé un par o tres de saltos para calentar la musculatura y, por favor, ajústese toda la ropa antes de salir ante el público. Nunca aparezca en el escenario subiéndose los pantalones o comprobando si se ha subido la cremallera. Ningún actor saldría al escenario sin haberse vestido completamente antes.

4. *Vacíese los bolsillos*
   Si lleva algo en los bolsillos no podrá evitar ponerse a tocarlo. Quítese también cualquier objeto con el que pueda juguetear, como collares o anillos.

5. *Tómese su tiempo*
   No comience a hablar hasta que esté en posición. Hay personas que empiezan a parlotear de camino a su sitio. Cuando llegue al lugar desde el que piensa hablar, adopte su *pole position* y espere unos segundos. Mire al público. Sonría. Céntrese. Y hable. Recuerde el dicho de los campos de tiro: preparados…, apunten…, ¡fuego! Ésta es su fase de preparados y apunten.

6. *Quédese de pie, no se siente*

   ¿Por qué? Porque, si se queda de pie, todos verán cómo le tiemblan las manos y las piernas. No, es broma. Si se queda de pie, transmitirá poder y energía. Si se sienta, resultará demasiado suave para la audiencia. ¿Se quedaría sentado para anunciar que hay que evacuar la sala porque se ha declarado un incendio? Pues tampoco debería quedarse sentado si quiere que su mensaje ejerza un mínimo impacto.

7. *Aléjese del atril*

   ¿Quién los inventaría? Horribles, horribles, horribles.

8. *Atención con el atrezo*

   No coja nada. Cualquier objeto que sostenga en las manos se convertirá en un punto de apoyo al que se aferrará para sentirse mejor. Nunca lleve notas ni tarjetas con esquemas de la presentación. Déjelas cerca, pero no las sostenga en las manos. Nada de bolígrafos, ni de punteros... nada de nada.

9. *Adopte la* **pole position**

   Es decir, la postura de poder, descrita en el libro con anterioridad (pág. 77).

10. *Empiece riendo*

    No con una carcajada enorme, tan sólo un chiste sencillo que le permita romper el hielo. El hielo más importante que debe romper es el suyo. Si se ríe de sus propios chistes, la sonrisa relajará los músculos faciales, soltará todo el aire que esté reteniendo en los pulmones y los hombros se relajarán. El organismo liberará endorfinas, lo que lo hará sentir más contento y relajado.

11. *Utilice el contacto visual, pero no exagere*

    Es bueno mirar al público, pero no crea que tiene que clavarlos en el asiento con su mirada de acero durante más de lo que se tarda en parpadear. De hecho, es muy probable que sea mejor que no los mire a los ojos directamente, porque puede causarles incomodidad. Si busca palabras, le irá bien elevar la mirada, porque esa posición ocular ayuda a acceder a palabras memorizadas. Sin embargo, también lo aislará del público, al igual que si le da la espalda para mirar la pantalla.

12. *Adopte una cara agradable*

Sonría. Imagine que está saludando a una sala llena de amigos. No dé la impresión de estar nervioso o a la defensiva. Existe una creencia popular muy aceptada, según la cual el público reacciona con empatía o con pena ante las señales visuales de nerviosismo o de sumisión. Créame si le digo que no es así en absoluto. En cuanto el orador permite que el público se dé cuenta de que está nervioso, empiezan a odiarlo por hacerles perder el tiempo. Últimamente, los aficionados no gustan mucho.

13. *Use las manos al hablar*

Pero úselas para el bien, no para el mal. La gesticulación debe añadir énfasis a las palabras, no distraer ni interrumpir. Emplee gestos abiertos que resulten ilustrativos o que aporten un refuerzo emocional.

14. *Las manos deben volar bajo*

Si las manos le llegan a la altura de los hombros, transmitirá nerviosismo o pánico. Si superan la altura de sus hombros, no estará a punto de alzar el vuelo, sino de hundirse. Mantenga las manos entre la cintura y el pecho.

15. *Muévase*

Nadie le ha dicho que se quede quieto mientras esté hablando, y yo menos. Hable y ande simultáneamente, porque así añadirá energía al mensaje. Sin embargo, debe evitar estos tres tropezones escénicos:

- Dar zancadas como un león hambriento. Parecerá que ha perdido la cabeza.
- No haga el baile que The Shadows patentaron a principios de la década de 1960. Sí, es demasiado joven para acordarse, pero era algo así como: dos pasos adelante, cruzar, dos pasos atrás, cruzar, etc.
- Quedarse delante del proyector. Las transparencias no deben adornarle el pecho. Además, cuando esa

luz cegadora le dé en los ojos, pondrá una mirada de «soy un conejito cegado por los faros de un coche» que no será su mejor imagen.

16. **Dé unos pasos hacia delante cuando le formulen una pregunta**

A pesar de que pueda tratarse de la pregunta con puntilla, la que viene directamente de lo más profundo del infierno para interrumpirlo, siempre debe dar la impresión de que se alegra de que se la hayan hecho. Establezca contacto visual con quien la haya formulado, dé un par de pasos hacia él, repita la pregunta con un tono jovial y nunca se cruce de brazos ni retroceda. Así, todo el público creerá que conoce la respuesta, aunque se la tenga que inventar.

17. **Evite las barreras corporales**

Debe evitar cruzarse de brazos, tocarse la cara y abrazarse a sí mismo. Recuerde que puede abrazarse con los brazos a cada lado. Eso sucede cuando los aprieta contra sendos costados, en lo que parece un intento de estrujarse el torso como si de un tubo de pasta de dientes se tratara. Por el contrario, cuando sea un miembro del público quien habla y usted quien escucha, puede cruzar un brazo sobre el pecho y apoyar el codo del otro en la mano. Así transmite que escucha con atención.

18. **Saque pecho**

Pero sin resultar agresivo (es decir, sin entrelazar las manos detrás de la nuca); asegúrese de que el aire puede circular por debajo de las axilas. Relaje los hombros y déjelos caer, luego separe ligeramente los brazos del cuerpo.

19. **Evite las sinfonías inacabadas**

Uno de los gestos más molestos y con más poder de distracción que se pueden utilizar durante una presentación es el gesto a medio gas o inacabado. Un ejemplo claro es el de la cuenta atrás abortada, cuando el orador dice: «Hay cinco puntos fundamentales», levanta cinco dedos al aire, baja uno, luego otro y, entonces se olvida de los tres puntos que quedan, pero mantiene los dedos arriba. O el orador que empieza a destapar el rotulador de la pizarra, pero deja el gesto a medias y empieza a blandirlo como una espada.

20. **Sepa cómo terminar**

La postura final debería ser uno de los momentos clave de la presentación. Sin embargo, suele ser uno de los puntos más bajos de los oradores, porque empiezan ese ritual tan peculiar al que conocemos como «la danza de la negación». Si ha hablado bien y ha presentado buenas ideas, ahora es el momento de cerrar con seguridad y con una pequeña inclinación para agradecer los aplausos. Sin embargo, la mayoría de los oradores escogen precisamente este momento para invalidar todo lo que han dicho. La danza de la negación suele consistir en una pequeña mueca con ojos al cielo incluidos; en un gesto despreciativo con la mano; en un encogimiento de hombros, o, incluso, en andar marcha atrás hacia la silla de un modo que resulta casi gracioso, porque recuerda al de un cangrejo. Todo esto es un intento desesperado de transmitir simpatía y amabilidad, con frecuencia por el miedo de haber sido demasiado atrevido o polémico. Es el subconsciente, que intenta disculparse por todo el buen trabajo que acaba de realizar haciendo gracia; todo lo que puedo decirle es que, si se le pasa por la cabeza hacerlo, *¡no lo haga!*

Cómo vender

El de la venta es un negocio antiguo y peculiar. En cuanto hace su aparición una nueva técnica, todos se suben al carro, por lo que pasa a estar trasnochada y trillada muy pronto.

Parece que todos los trucos de la profesión se han quedado desfasados, aunque algunos comerciales siguen aferrándose a ellos, como Linus a su mantita. El problema es la saturación.

Ahora todo el mundo vende de todo. La semana pasada fui a comprar un medicamento a la farmacia y la pobre mujer tuvo que preguntarme si quería comprar sellos o tarjetas para recargar el móvil. Los bancos intentan venderte tantos productos, que han acabado por devaluar su función original, y no se puede andar por la calle sin que te asalten representantes de ONG, que quieren hacerte socio o sacarte una donación. Las aceras se han convertido en puntos de venta.

Con esto en mente, creo que lo mejor es ceñirse a dos normas:

1. No intente ocultar que está tratando de vender algo. Hay muy pocas cosas peores que el «no estaría haciendo mi trabajo si no le recomendara que abriera esta nueva cuenta» que han adoptado las cajas de ahorros o el «¿tiene un par de minutos para responder un cuestionario?», frase que esconde una venta agresiva. Si usted se muestra reticente a vender lo que sea que esté vendiendo, ellos tienen todo el derecho a mostrarse reticentes a comprarlo. El producto o servicio debe de ser realmente malo si ni siquiera el comercial quiere admitir que lo está vendiendo.

2. Establezca vínculos. Pero si cree que puede lograrlo pronunciando el nombre del comprador hasta gastárselo o utilizando el tono de voz que intenta transmitir «soy tu mejor amigo», está muy equivocado. El proceso de vinculación para una venta es distinto del que se establece entre amigos.

He descrito estas habilidades de lenguaje corporal en capítulos anteriores, y las normas son las mismas cuando el objetivo es vender algo. Recuerde las cualidades que intenta transmitir:

- Entusiasmo.
- Honestidad.
- Conocimiento.
- Estatus ligeramente inferior.

En consecuencia, ésta es una lista de algunas de las cosas que tiene que recordar durante el proceso de venta:

- No trate nunca al cliente como a alguien a quien debe derrotar. Olvídese del apretón de poder y de las señales corporales alfa.
- Utilice el contacto visual para denotar honestidad, pero no se exceda.
- Refleje su lenguaje corporal en lo relativo a la postura y al ritmo, pero ¡con sutileza!
- Tómeselo con calma. Es bueno parecer tranquilo. Evite los rituales de lenguaje corporal que transmiten nerviosismo o que le sirven para tranquilizarse. Relaje los hombros y respire.
- Evite el exceso de congruencia. Es el enemigo de la honestidad.
- Pierda algunos puntos para ganar muchos. Si acepta pequeñas pérdidas o aspectos negativos de vez en cuando, estarán más dispuestos a aceptar los positivos.

Hágase notar en las reuniones de trabajo

- Sea siempre puntual.
- No entre nunca con un café o con un bocadillo en la mano.
- Lleve documentos, nada más.
- Siéntese en diagonal a la persona más poderosa.
- Siéntese de cara a la puerta.
- No se siente nunca pegado a una pared. El espacio es poder.
- No cuelgue la chaqueta en el respaldo de la silla.
- Si está a cargo de la reunión, siéntese a la cabeza de la mesa o establezca una formación de «última cena» (véase página 272).
- Escoja siempre una silla con reposabrazos.
- Siéntese bien apoyado en el respaldo y sin dejarse caer.
- No coja café ni galletas.

- Lo único que puede tener en la mano es el bolígrafo. ¡Pero no lo maltrate! Lea los consejos de las páginas 294 y 295.

- Salude con un apretón de manos y, si es usted quien ha convocado la reunión, sea el primero en ofrecer la suya.

- No reparta tarjetas de presentación hasta el final de la reunión.

- Tome nota por escrito de los nombres de los asistentes y de dónde se sienta cada uno, pero sin que nadie se dé cuenta.

- Siempre diga algo durante los primeros tres minutos.

- Emplee un contacto visual rotatorio. No se olvide de ninguno de los asistentes.

- Sea un oyente activo; asienta mientras hablen los demás.

- Nunca se quede inactivo; es como si saliera a correr y se detuviera en un semáforo en rojo: luego es muy difícil recuperar el impulso y seguir corriendo.

- No levante nunca barreras corporales, como cruzarse de brazos o abrazarse a sí mismo.

- Esté dispuesto a levantarse para hablar y pronunciar sus frases más importantes, pero sólo si necesita tomar la palabra durante un período prolongado.

- Si se levanta, asegúrese de que está completamente erguido antes de empezar a hablar. Tómese su tiempo.

- Emplee gestos que avisen de que está a punto de hablar, como levantar ligeramente un brazo, adelantarse en la silla y colocar las manos sobre la mesa, quitarse las gafas, elevar ambas manos, mostrar las palmas, etc.

- No hable nunca en la misma postura en la que escucha; le faltará dramatismo y efecto. Cambie de estado antes de hablar. Siempre.

- Sea un oyente atento y correcto, porque eso implica que usted merece el mismo trato. Si interrumpe a los demás, habla al mismo tiempo que ellos o no les hace caso, creará un mal karma.

- Gesticule para añadir valor y énfasis a sus argumentos.

- Si quiere captar la atención de una persona concreta, puede hacerlo elevando un dedo o un bolígrafo hasta la altura de los ojos y mirándola directamente.
- Sea breve y conciso, siempre con un lenguaje corporal dinámico.
- Una de las rutinas de lenguaje corporal más desagradables durante las reuniones es la de los quejicas en serie. Hablan con ira y frustración mal reprimidas. Se sientan recostados en los respaldos, con los brazos cruzados y siempre ejecutan lo que yo llamo el «cuello de pavo tembloroso» mientras hablan. Sus frases preferidas son: «Todo eso está muy bien, pero…» o «Sí, pero…». No se convierta en uno de ellos. Emplee gestos abiertos, mantenga una expresión facial positiva y establezca un buen contacto visual.

Las reuniones de trabajo pueden ser una verdadera pérdida de tiempo. Pero, en lugar de morirse de aburrimiento, aprovéchelas al máximo. No las considere nunca una oportunidad de sentarse en silencio con un café en la mano, sino como una plataforma para lanzar sus propias ideas y compartir e intercambiar opiniones con los demás. Esto requiere energía y participación; recuerde que, cuando habla, debe tomar medidas para asegurarse de que el resto de los asistentes lo escuchan.

El maltrato a los bolígrafos

El bolígrafo es su compañero constante en el trabajo y, sin que usted se haya dado cuenta, también se ha convertido en el barómetro de sus pensamientos y de sus emociones. Asegúrese de que el bolígrafo no transmite más información de la que desea.

- **La espada**
  Lo alza cuando va al ataque, blandiéndolo como una espada o dando puñaladas al aire, como si fuera una daga. Pone de manifiesto el deseo reprimido de lanzar un ataque físico.

- **El metrónomo**
  Lo utiliza para golpear la mesa o su otra mano. Lo hace constantemente o cuando intenta decir algo importante para usted. Resulta agresivo y controlador.
- **El científico**
  Lo desmonta y lo vuelve a montar; lo desenrosca por la mitad y luego vuelve a meterlo todo dentro, después de que el muelle haya hecho saltar todas las piezas por los aires. Parece nervioso y torpe o extraordinariamente distraído.
- **El mordedor**
  Mordisquea el extremo del bolígrafo como las ardillas hacen con las avellanas. Para cuando termina, falta mucho plástico y el extremo está rugoso, con multitud de marcas de dientes. Esto le hace parecer nervioso y frustrado, con mucha agresividad reprimida.
- **El succionador**
  Succiona el extremo del bolígrafo. Es un gesto tranquilizador muy infantil, como si se chupara el dedo. También puede tener connotaciones sexuales si lo introduce y lo saca con mucha lentitud de la boca.
- **El clic clic clic**
  Hace clic con el bolígrafo a intervalos regulares, acelerando el ritmo a medida que la presión aumenta. Se lo ve ansioso y estresado y, además, resulta extraordinariamente molesto para los compañeros.
- **El helicóptero**
  Gira el bolígrafo entre los dedos, como las hélices de un helicóptero. Esto le da un aspecto infantil y aburrido.
- **El garabato**
  Quizá garabatee para aumentar su capacidad de escucha, pero dará la impresión de que está aburrido.

Lenguaje corporal de primera línea

A pesar del reciente *tsunami* de teorías y de cursos de formación en atención al cliente, lo cierto es que las personas cuyo trabajo consiste en tratar con el público suelen ser nefastas incluso en las interacciones más sencillas. Los peores son los que creen que «tienen don de gentes». Suelen mostrarse paternalistas o actuar como un extra excesivamente entusiasta en uno de los programas del Disney Channel. Algunos son escandalosamente maleducados. A veces, me entran ganas de quitarme el sombrero y empezar a hacerles reverencias, ante sus intentos de hacerme sentir insignificante como cliente.

Sin embargo, la atención al cliente es muy sencilla y, en realidad, es muy fácil complacer a la gente. Lo que pasa es que cuando esos vestigios de estatus a los que tenemos tanto apego vuelven a sufrir el ataque de una apisonadora, tendemos a devolver el golpe o a girar sobre los talones y a no volver nunca.

Mi consejo en lo relativo al lenguaje corporal para los que trabajan de cara al público es muy básico. Me dirá que no le viene de nuevas, pero, como les digo siempre a los representantes en mis cursos de formación, hay muchísima distancia entre *saber* y *hacer*. Son medidas muy sencillas, pero absolutamente vitales, y es más fácil encontrar la proverbial aguja del pajar que personal de atención al cliente que las aplique correctamente.

- Salude a los clientes inmediatamente. No cuando hayan llegado a su mesa o a su zona del mostrador y, desde luego, no cuando termine lo que sea que esté haciendo. Para ser bueno, debe tener un radar que empiece a pitar cuando haya clientes en las inmediaciones. Debe saber cuándo hay alguien a punto de entrar y levantar la mirada en cuanto lo haga. Si está ocupado, hablando por teléfono o con otro cliente, mírelo y salude. Lo más probable es que se le salten las lágrimas de agradecimiento.
- Las señales de «espere un momento» tienen que ser educadas. Basta con elevar un dedo ligeramente doblado o con una sonrisa acompañada de un leve asentimiento. O puede levantar dos o tres dedos para indicar que sólo tardará unos minutos.

- Sonría. Y que la sonrisa sea de las buenas. Ha de parecer que está realmente complacido de ver al cliente. No se muestre excesivamente contento ni aliviado y no sonría como si fuera lo mejor que le ha pasado en la vida. Pero sí debe sonreír de manera amistosa y agradable. Asegúrese de que los ojos también participen en la sonrisa.
- Si no le corresponden, no se altere. Si cuando sonríe espera que todos le devuelvan la sonrisa y que el mundo se convierta repentinamente en un lugar con nubes de algodón de azúcar y con pajaritos piando canciones de *Mary Poppins*, es un iluso. Haga lo que haga con su cara y por buena que sea su sonrisa, es muy probable que obtenga una respuesta impasible o incluso burlona. La buena noticia es que no importa en absoluto. Haga lo que haga nuestra cara (y ahora hablo en nombre de los clientes), por dentro estamos sonriendo. Lo que pasa es que tal vez nos cuesta lograr que la sonrisa nos llegue a los labios. A veces acabamos de salir de un largo trayecto en coche o en metro, lo que quiere decir que nos hemos pasado bastante rato con rostro impasible.
- Inclínese ligeramente hacia delante cuando empiece a hablar. Pone de manifiesto la intención y el deseo de ayudar.
- Utilice el contacto visual.
- Incline la cabeza a un lado, levemente y sin exagerar, o parecerá un quinceañero.
- Deje un espacio adecuado entre usted y el cliente. Un metro suele ser suficiente, pero si intenta lograr una venta, deje un poco más.
- Recuerde el equilibrio de poder. Los compradores siempre se consideran más importantes que los vendedores. Esto no quiere decir que tenga que arrastrarse, pero sí que su lenguaje corporal debe reflejar ese hecho. Las recepcionistas que se muestran pomposas o engreídas molestan muchísimo a los clientes. Muéstrese seguro de sí mismo y con control sobre la situación, pero nunca se ponga por encima de su cliente ni parezca más relajado

que él. También debe evitar las demostraciones de poder básicas, como poner los brazos en jarras, exagerar el contacto visual o sacar pecho.

- Ilustre las instrucciones con gestos. Si trabaja en la recepción de un hotel, ya se habrá dado cuenta de que los clientes nos tomamos un jarabe de estupidez antes de entrar por la puerta. Perdemos totalmente el sentido de la orientación y no entendemos las instrucciones que nos da. Si nos dice que la habitación está a la izquierda, empezamos a andar hacia la derecha. Diga «segundo piso» y pulsaremos el botón del cuarto. Y suerte que no nos ve peleándonos con los interruptores y con el control del aire acondicionado cuando logramos entrar en la habitación. No se muestre condescendiente, pero recuerde que si imita el gesto de cómo se mete esa tarjeta de plástico en la ranura de la puerta o hacia dónde debemos girar cuando salgamos del ascensor, reducirá las probabilidades de que volvamos a los cinco minutos para pedir ayuda.

- Levántese, no se quede sentado. Detesto los mostradores de recepción; de hecho, los odio profundamente. Están desfasados y pasados de moda y necesitan que alguien los reinvente. Cuando se llega a un hotel de los caros o a una empresa importante, hay que hacer cola en el mostrador, como en correos. Una importante empresa británica acaba de cambiar la recepción con mostrador por un vestíbulo diáfano y me he quedado admiradísima. Acercarse andando para recibir a las visitas es infinitamente mejor que obligarlos a hacer cola en un mostrador.

- Deje el ordenador tranquilo. Nunca le dé más importancia de la que tiene. Lo fundamental es el cliente, no esa pantalla y ese teclado engreídos. Nunca mantenga los ojos fijos en la pantalla cuando haya clientes cerca.

- No exagere a la hora de reducir su propio estatus. A los clientes les gusta tratar con alguien que parezca seguro de sí mismo, que sabe lo que hace y que controla la situación. Ponerse nervioso o humillarse no le servirá de nada.

- Si trata con clientes enfadados o que vienen a presentar una queja, utilice la técnica de reflejar y acoplarse para ayudarlos a calmarse. Si le dice a alguien que se calme, lo único que logrará es que el enfado se convierta en ira. Por el contrario, lo que tiene que hacer es asegurarse de que su propio lenguaje corporal refleja parcialmente su malestar, lo que le permitirá alcanzar cierto grado de empatía. Esto implica mostrar preocupación mediante su expresión facial, por ejemplo enarcando ligeramente las cejas, e inclinarse ligeramente hacia delante con una postura que indique claramente que está dispuesto a ayudarlos a resolver el problema. Si se mueven a un ritmo más rápido que el suyo, acóplese y acelere el suyo ligeramente. Si gesticulan mucho, haga usted lo mismo. Escuche cuál es su problema y, entonces, empiece a calmarlos desactivando su ira, en lugar de intensificarla. Refleje, acóplese y tome las riendas. Cópielos sutilmente y luego empiece a mostrarse cada vez más calmado; deberían seguirlo y tranquilizarse un poco también.

- Cuando emplee el reflejo para establecer vínculos o generar empatía, fíjese siempre en el cliente. Si parecen contentos o con ganas de charlar, sígalos. Si son más callados o formales, haga lo propio con su lenguaje corporal. Nunca los presione. Presionar es intentar modificar su estado independientemente de lo que sientan en ese momento. ¿Le ha pasado alguna vez? Imagínese que va andando solo por la calle y uno de los trabajadores de las ONG que hemos mencionado antes se le acerca, mostrándose gracioso e insistente. Lo esquiva y entra en el banco. Allí se encuentra con globos y con un recepcionista risueño que le pregunta con voz cantarina en qué puede ayudarlo hoy. Éste es el típico acercamiento de tierra quemada y no tiene en cuenta en absoluto ni el estado de ánimo ni los sentimientos del cliente.

e

- Dicho esto, también creo que es fundamental «alegrarle el día» al cliente, incluso cuando se trata de transacciones muy breves. Conecte con él, pero sin exagerar. Sonría, despliegue un lenguaje corporal amistoso y hable con él breve y amablemente. Comente el mal tiempo si llueve o diga algo gracioso si parece contento. Con frecuencia, son estos tratos tan fugaces los que logran marcar una gran diferencia.

Cómo lograr un aumento de sueldo

Acuérdese de darme mi parte cuando los fantásticos consejos que estoy a punto de presentarle den sus frutos.

- Planifique. No actúe por instinto. Asaltar a su jefe en el ascensor y creer que se trata de una oportunidad es una insensatez de tal envergadura que roza la estupidez.
- Prepare el terreno exhaustivamente. Durante las semanas o los meses previos a la «solicitud», hágase notar y exhiba todos los motivos por los que su jefe debería recompensarlo con más dinero.
- Sea puntual y muéstrese lleno de energía y con ganas de trabajar. Siéntese cerca de la primera fila en las reuniones y haga aportaciones positivas. Visualice cómo debe ser un empleado imprescindible en su empresa y conviértase en esa persona. No sólo tiene que trabajar, sino que lo tienen que ver haciéndolo. No tiene sentido llegar antes o quedarse hasta tarde si el jefe no está allí para verlo.
- Apunte al pez gordo. No vale la pena dedicar ni un segundo de su tiempo a impresionar a nadie que no sea la persona que tomará la decisión sobre el aumento. No confiar en nadie en el trabajo suele ser una buena norma. Por lo tanto, no pierda el tiempo mejorando su imagen y su lenguaje corporal con la esperanza de que su jefe de grupo informe favorablemente al director de recursos humanos. Actúe siempre para el público objetivo; no emplee mensajeros.

- Pida una cita para la «solicitud». Escoja el momento con mucho cuidado. ¿Están de mejor humor por la mañana o por la tarde? ¿Cuáles son los momentos en que están más atareados? ¿Qué hora del día escogen para relajarse y charlar? ¿A qué hora les gusta marcharse? Sintonice con su conducta y su estado de ánimo.
- Intente no lanzar indirectas ni dar pistas. Es más fácil convencer a alguien desprevenido y que no ha tenido tiempo para preparar la respuesta. Si le preguntan para qué quiere la reunión, emplee la técnica del caballo de Troya y diga que es sobre los pedidos pendientes; añada la cuestión del aumento una vez que haya empezado la reunión.
- Dé muestras de esperar una respuesta favorable. Es difícil decir que no a una persona que se muestra entusiasta, abierta y amistosa. Si se muestra agresivo o a la defensiva ya les habrá hecho la mitad del trabajo, porque les será mucho más fácil decirle lo que ya es obvio que piensa.
- Siéntese frente a ellos, erguido y sin juguetear con los dedos ni con las manos. Establezca contacto visual cuando pida el aumento de sueldo y nunca retire la mirada en el momento clave. Evite tocarse o cubrirse la cara, porque parecerá que está a la defensiva o que no se cree sus propios argumentos.
- Sea claro. Use argumentos sencillos y un lenguaje corporal simple que los respalde y que logre que resulten convincentes.
- Cuando les explique por qué se merece que le suban el sueldo, haga que los motivos parezcan redundar en beneficio de la empresa, no en el suyo propio. Aunque decir que la hipoteca lo está ahogando puede ser válido, ejercerá mucho más impacto si les explica en qué beneficia a la empresa el hecho de que le aumenten el sueldo. Es el principio YYQML: «¿Y yo qué me llevo?».
- No emplee señales de agresividad ni de confrontación reprimida. Lo único que consiguen es facilitarles el no. Los conflictos en el lugar de trabajo nunca conducen a

buen puerto. No profiera amenazas, porque dará lugar a una lucha de poder que sólo tiene un ganador: su jefe.

- Por eso, debe mantener un lenguaje corporal que transmita cierta sumisión, aunque siempre con seguridad en sí mismo. Si resulta demasiado apabullante, puede hacer que *quieran* decirle que no. Más de una vez he estado dispuesta a aceptar los cambios que me proponían, pero, al final, he acabado disfrutando de la oportunidad de negarme debido a la actitud de quienes presentaban la propuesta.

- No dé muestras de ninguna emoción reprimida. Sentarse delante del jefe con aspecto de volcán a punto de entrar en erupción sólo complicará las cosas. Respire y deje todo el equipaje emocional en la sala de espera. Los rostros enrojecidos, las manos hechas un puño, los ojos saltones o llorosos, morderse los labios, retorcerse las manos o las miradas ceñudas no añaden nada valioso a sus argumentos. Debe tener un aspecto inteligente y razonable.

- En el trabajo, lo mejor es airear las emociones verbalmente. Las manifestaciones físicas tienden a ser el equivalente del desprestigio, motivo por el que se suele representar a los buenos líderes como personas que saben mantener la calma en cualquier situación. Sin embargo, nada le impide hablar de sus emociones. Recuerde que las demostraciones no verbales de ira o de malestar suelen hacer que los demás desconecten y, además, devalúan sus argumentos; por el contrario, si al decir algo parecido a: «Debo decirles que estoy bastante molesto por lo que ha pasado», lo acompaña de un tono de voz tranquilo y de un lenguaje corporal razonable, aumentará la potencia de sus palabras.

Cómo llevar una relación de pareja en el trabajo

Todas las relaciones amorosas empiezan, transcurren y acaban con tal cantidad de señales de lenguaje corporal que resultan demasiado potentes y obvias para poder ocultarlas con facilidad. Hay algo intrínsecamente divertido en mezclar el sexo y el trabajo. Quizá sea el choque cultural, porque las oficinas, que están organizadas fundamentalmente para fomentar una conducta y una manera de pensar lógica y planeada, de repente se ven barridas por una oleada de emociones descontroladas; o quizá sea porque unos empleados que solían ser adultos responsables se transforman en adolescentes alocados que abandonan toda precaución y empiezan a manosearse o incluso a tener relaciones sexuales en las fiestas de la oficina, si no les da por inmortalizar la imagen del trasero en la fotocopiadora del pasillo.

Afecta a las esferas más elevadas. ¿Cómo olvidar la fotografía de John Prescott sosteniendo en el aire a su secretaria y con aspecto de gorila alfa en lugar de viceprimer ministro? ¿O las imágenes mentales a las que dieron lugar las historias sobre Monica Lewinsky y el puro?

Obviamente, todo esto también tiene una faceta seria, pero si está pensando en embarcarse en algún tipo de lío sexual en la empresa y cree que podrá mantenerlo en secreto, ésta es su frase del día: *¡Es imposible!*

¿Por qué? Bueno, pues porque su lenguaje corporal los delatará. Los entornos laborales suelen dar lugar a una gran sintonía entre los trabajadores. Los equipos y los grupos que se forman son como una colonia animal y, al igual que todas las colonias animales, la supervivencia depende de la capacidad de leer y de percibir los mensajes no verbales del resto del grupo. Y no hay que ser muy sensible para percibir los mensajes no verbales relativos al sexo. Para empezar, los grupos tienen una tendencia natural a hacer de celestinos, y si dos de sus miembros parecen ser una posible pareja, el grupo hablará de ellos y los controlará. Si, a pesar de todo, intenta ocultar la relación, siga estos consejos sencillos:

- **No dejen de hablarse**
  Dejar de hablarse es el truco más viejo del mundo y el que se detecta con mayor facilidad. Cuando se haya

embarcado (o esté a punto de embarcarse) en la historia, sentirá un deseo instintivo de reaccionar excesivamente cuando se mencione el nombre del objeto de su
deseo. Para reprimir y ocultar esta tendencia a sonrojar-
se, a reír o a prestar mucha atención súbitamente, lo
más probable es que se exceda en el sentido contrario y,
entonces, finja que el tema no le interesa en absoluto.
Lejos de despistar al grupo, lo que hará será intensificar
las especulaciones, especialmente si hace como que no
ve a alguien que se sienta en la mesa de al lado.

- **Lleguen juntos**
  Llegar por separado es uno de los indicios más claros de
  culpabilidad, especialmente si lo pillan dejando a su pareja en la esquina del edificio de la empresa y haciéndo-
  la andar el último tramo. Además, la Ley de Murphy
  hará que, cuanto más se esfuercen en llegar por separado, más probable sea que los acontecimientos conspiren
  para lograr que lleguen al mismo tiempo. Conozco a
  una pareja que se separaba a un kilómetro y medio del
  trabajo, para que él finalizara el trayecto pedaleando sobre una bicicleta plegable. Para cuando ella había encontrado aparcamiento y él había plegado de nuevo la
  bicicleta, era inevitable que se encontraran en la puerta
  giratoria del edificio.

- **No se quede mirándolo fijamente**
  Mirar fijamente es un efecto secundario inevitable del ena-
  moramiento y del deseo, pero tendrá que atenuarlo si no
  quiere anunciar su relación a los cuatro vientos. Si no puede evitarlo, sólo tiene una escapatoria: use exactamente la
  misma intensidad de contacto visual con todos sus colegas.

- **Coquetee**
  Pero sólo un poco. Es algo habitual en la mayoría de las
  empresas, aunque no de manera sexual, así que resultará sospechoso que deje de hacerlo súbitamente.

- **No empiece a coquetear con otras personas de repente**
  No despistará a sus colegas, sino que desviarán el punto
  de mira a su pareja, para ver cómo reacciona. Reír como

un loco mientras la persona a la que se quiere hace el pulpo con un compañero es muy difícil.

La especialidad de la casa

Algunas técnicas de lenguaje corporal son bastante más especializadas y es posible que hasta resulten arriesgadas. Sin embargo, nada le impide conocerlas. No soy muy entusiasta de los políticos en lo que se refiere a la imagen y a las señales no verbales, pero me encanta estudiar todos sus truquitos. No defiendo su utilización, pero aun así se pueden aprender algunas cosas y es posible que quiera añadir alguna de estas técnicas a su repertorio.

Cómo ser primer ministro

Se puede aprender mucho estudiando la imagen del presidente o del primer ministro de un país. Por un lado, nos da mucha información sobre el jefe de Estado, pero, por el otro, resulta muy revelador acerca del tipo de personas que lo votan. Hace mucho que la gente ya no vota únicamente en función del programa electoral. Cuanto más retrocedemos en el tiempo, más lejano se muestra el líder. En la actualidad, todos nos sentimos más seguros de nosotros mismos y creemos que el liderazgo (al igual que la fama) está al alcance de todos. Ya no buscamos rasgos especiales, sino rasgos parecidos a los nuestros. Harold Wilson era un patriarca y Margaret Thatcher era una directora de internado, pero Tony Blair era el vecino de al lado, que metía a los niños en el monovolumen para llevarlos a la escuela de camino al trabajo. George W. Bush tenía la actitud del tipo amistoso a quien uno se encuentra en los bares.

Sin embargo, accesibles o no, todos los líderes actuales deben ser muy conscientes de su imagen. Ser consciente no siempre conduce al éxito, pero los fracasos también nos ayudan a detectar conductas que podemos incorporar a

nuestra vida laboral, especialmente si aspiramos a un trabajo importante.

- **Estatura**
  En realidad es cuestión de altura, no de centímetros. La
  mayoría de los líderes actuales son altos, aunque no excesivamente. Los que no lo son, como Vladimir Putin o
  Hillary Clinton, acentúan su estatura manteniéndose
  muy erguidos. En los casos de Condoleezza Rice, de Hillary Clinton o de Margaret Thatcher, los peinados voluminosos contribuyen a acentuar la altura. Cuando Margaret Thatcher llevó al Reino Unido a la guerra, su
  peinado se volvió más voluminoso y más rígido. Como
  un casco.

- **Cabello**
  Lo que nos lleva al tema del cabello. Es de todos conocido que el cabello da votos. ¿Por qué? Creo que tal vez
  tenga algo que ver con el reconocimiento instantáneo.
  El color y la longitud del cabello, así como el peinado,
  generan una imagen instantánea en la mente de los demás. Siempre se ha establecido una relación (errónea,
  por supuesto) entre el cabello y la virilidad. Para muchas
  personas, la calvicie es sinónimo de vejez o de primera
  infancia. No hago más que oír que el príncipe Guillermo «se está quedando calvo». Sin embargo, esto es menos importante para los líderes modernos, porque ir ra-
  pado se ha convertido en una solución aceptable.

- **Expresiones faciales**
  Todos los líderes políticos saben lo importante que es
  perfeccionar un par de expresiones características. A
  Tony Blair le encantaba sonreír mientras elevaba una
  ceja para parecer un chico corriente y, frente a la adversidad, fruncía los labios, elevaba la mirada y parpadeaba
  rápidamente en un gesto de disculpa. Por el contrario,
  George W. Bush es más como un poni que sólo sabe un
  truco. En situaciones en las que los ojos chispeantes y
  la sonrisa cómplice reprimida no son adecuados… los

emplea igualmente. Harold Wilson tenía una pipa que le servía como punto de apoyo de la expresión facial. Margaret Thatcher mostraba una expresión aristocrática: elevaba los ojos y los cerraba ligeramente, al tiempo que sonreía con los labios apretados dando muestras de superioridad.

- **Andar**

Es muy importante andar con carácter. Margaret Thatcher siempre andaba con rapidez, para transmitir decisión y energía. Durante la guerra, Bush y Blair descubrieron el paso de poder, impregnado de testosterona al cien por cien, supongo que para impresionar a la opinión pública y aterrorizar al enemigo, como si ellos dos fueran a entrar en combate. Daban grandes zancadas y mantenían los brazos separados del cuerpo, en una postura parecida a la de los practicantes de lucha libre o a la de los porteros de discoteca cuando quieren mostrar sus músculos.

Tanto Hillary Clinton como Condoleezza Rice han desarrollado un paso ligeramente militar que emplean en reuniones muy importantes. Bill Clinton tenía una manera de andar menos característica, pero su tamaño y su estatura siempre resultaban una distracción, al igual que su uso constante del saludo con la mano.

- **Gestos delatores**

Todos los políticos hacen múltiples gestos delatores, pero, si son buenos, aprenden a controlarlos. Algunos siguen teniendo la costumbre de pensar que están fuera de cámara hasta que empiezan a hablar, lo que no es cierto en absoluto, como ya han aprendido a su pesar tanto los miembros de la realeza como algunos famosos. Uno de los principales gestos delatores de Blair partía de sus pulgares. Tenía la costumbre de hacer el gesto del campanario, con las manos frente al pecho, las palmas apuntando al cuerpo y los dedos unidos. Cuando se sentía seguro, los dedos estaban rectos, como una pistola a

punto de disparar. Cuando no se sentía tan seguro, los
dedos se quedaban algo doblados.

Gestos

Los líderes políticos (y algunos miembros de la realeza) se
valen de varias técnicas básicas para afianzar su estatus y su poder cuando aparecen en público. Una de las más importantes
consiste en emplear la gesticulación para establecer la jerarquía.

- **Manos poderosas**
  Es fundamental para la persona más importante que se
  la vea gesticulando mientras anda y habla con otras personas. Al ser quien gesticula, da la impresión de que está
  al mando y de que es él o ella quien pregunta y quien
  obtiene información. Resulta interesante que las mujeres, especialmente las que pertenecen a la realeza, reci-
  ban con tanta frecuencia ramos de flores, lo que les impide llevar a cabo este gesto tan potente. Es como si aún
  no acabara de gustarnos ver a mujeres al mando, por lo
  que incluso las líderes han de parecer sumisas.
- **Yo, yo, yo**
  Aunque los políticos emplean con frecuencia el gesto
  del abrazo vacío para mantener al público implicado y
  conectado, a la hora de la verdad es fácil ver cuál es el
  mensaje principal. Estoy segura de que cuando quiere
  impresionar a su jefe, aún le cuesta emplear la palabra
  yo, como en «[yo] he conseguido ese proyecto tan importante». Por modestia, preferimos utilizar el *nosotros* y
  esperamos que el jefe entienda lo que queremos decir
  en realidad. Sin embargo, los políticos saben comunicar
  ese mensaje con gran claridad. Cuando quieren transmitir responsabilidad o esfuerzo personal, utilizan gestos que dicen «yo, yo, yo». Las manos en campanario de
  Blair subían cada vez más alto y tendían a cerrarse,
  creando una imagen de aislamiento, como si estuviera
  mirando desde las almenas de un pequeño castillo. Esto

creaba a su alrededor un aura de independencia y de gran autoridad. Apuntarse al pecho es otro de los trucos habituales. Al girar los dedos hacia dentro y apuntarse al corazón con ellos, transmiten la palabra *yo* con gran intensidad.

- **La pausa**

  Todos los líderes deben ocultar sus verdaderas emociones con gran frecuencia (por no decir siempre). Esto puede generar mucho malestar interior y llega a resultar un esfuerzo casi insoportable, por lo que emplean gestos que les permiten hacer una pausa y disfrutar de un momento de descanso que resulta vital. Normalmente, el truco consiste en beber un poco de agua. Esto les permite abandonar durante unos segundos cruciales la expresión y la máscara que llevan y, en general, son conscientes de que han quedado expuestos. La pausa les permite retocar la máscara, como las mujeres se retocan el maquillaje. Tony Blair hizo una pausa crucial mientras lo abucheaban en el Instituto de la Mujer, y Clinton bebió de una lata y de un vaso de agua durante una entrevista sobre Monica Lewinsky.

- **El pulgar del poder**

  Hay gestos que parecen exclusivos de la escena política y el pulgar del poder es uno de ellos. Sin embargo, nada le impide emplearlo si el momento parece adecuado. A los políticos se les dijo hace tiempo que no apuntaran con el dedo, por lo que el índice extendido se utiliza en muy raras ocasiones y se evita incluso en los debates más acalorados. Así que se han acostumbrado a señalar con las falanges: cierran los dedos y utilizan la falange del dedo índice para añadir énfasis a sus palabras. Para que el gesto resulte aún más potente, se coloca el pulgar sobre la falange que queda arriba, enfatizando la dominancia de quien hace el gesto.

- **Manos de medir**

  Otro de los gestos característicos de los políticos es el de las manos que parecen medir algo. Se extienden ambas

manos con los codos flexionados en un ángulo recto;
las manos quedan bastante rígidas y paralelas; las palmas se
mantienen enfrentadas y se deja un espacio entre ambas. El
tamaño de ese espacio denota la envergadura del problema
al que se enfrenta el gobierno o la persona. Cuando se ha
expuesto el problema, el siguiente gesto suele ser uno de
precisión, para demostrar que todo está bajo control.

- **Gestos de precisión**
  Son gestos extraordinarios que pueden utilizarse como
  defensa o como ataque. Si es como defensa, implican
  que el orador sabe exactamente qué debe hacer y cómo
  afrontar el problema, mientras que utilizarlos como ataque significa que se cuenta con una estrategia bien definida y superior a la del adversario. La mano se extiende
  hacia delante con las yemas de los dedos unidas y, entonces, se balancea levemente al hablar.

- **El hachazo**
  Dar un hachazo con la mano es otro de los gestos favori-
  tos de los políticos. Se hace con una sola mano y transmite una determinación agresiva. Si no es más que una
  especie de manotazo, puede indicar un nivel razonable
  de toma de decisiones o de imposición, pero si la mano
  está rígida y el gesto se hace con firmeza, significa que el
  problema se ha resuelto y que el orador ya no quiere oír
  nada más al respecto.

- **El dedo o la cabeza batuta**
  Blandir el dedo se ha convertido en un gesto de liderazgo muy habitual, pero cuando no utilizan las manos, los
  políticos suelen sustituirlas por la cabeza. Esos cabezazos al aire transmiten énfasis y el deseo de pelear con
  fuerza por un argumento. Se parecen a los últimos golpes de un combate, como si el político ya hubiera ganado la discusión. Neil Kinnock, ex parlamentario laborista
  y ex vicepresidente de la Comisión Europea, era un gran
  fan de la cabeza batuta, aunque a veces llevaba el gesto a
  extremos, hasta el punto de utilizar todo el cuerpo, casi
  saltando en el aire para dar énfasis a sus palabras. Hay

algo importante que debe recordar acerca de los gestos enfáticos: usarlos en exceso resta énfasis. Lo mismo sucede con el énfasis vocal. Tony Blair empleaba frecuentemente un tono de voz enfático, pero lo usaba tanto que, en ocasiones, conseguía devaluarlo. Me lo imaginaba en su casa, sentado a la mesa con Cherie y diciendo: «¿ME-PASAS-EL-AZÚCAR-POR-FAVOR?».

- **El gesto bimanual**
  La mayoría de nosotros gesticulamos con una sola mano al hablar. O, de usar las dos, utilizamos más una que la otra. En su deseo de resultar extraordinariamente creíbles y enfáticos, muchos líderes políticos emplean la técnica de la gesticulación bimanual. Blair y Brown la usan con gran asiduidad; este último utiliza con frecuencia el gesto del banderillero, es decir, apuñala el aire con ambos índices en un gesto descendente. También es un entusiasta usuario de las manos de medir, gesto en el que mantiene ambas manos separadas para desplazarlas en el aire, como si entregara pequeños paquetes de información.

- **El índice alzado**
  Michael Howard, ex líder del Partido Conservador británico, era un gran partidario del dedo alzado, y su legado sigue entre nosotros. Se alza el índice hasta acercarlo a la cara. Es un gesto de autoridad y de advertencia que hunde sus raíces en los días de escuela.

- **Rechazar el atril**
  Ha pasado de ser un gesto sorprendente y de alto impacto a convertirse en la norma. Se permite que el resto de los oradores hablen desde la relativa seguridad del atril y, entonces, se sale ante la audiencia. El mensaje que se transmite es que se está conectado con el público y que se habla desde el fondo del corazón. Es posible que este gesto fuera determinante en la victoria de David Cameron como líder de los conservadores británicos. John Major empleó una técnica similar cuando se levantó en una conferencia y se quitó la americana, para

parecer honesto e informal. El contraste con la formalidad de Margaret Thatcher fue demoledor. Sin embargo, si se rechaza el atril debe hacerse desde el principio del discurso. Empezar detrás y luego salir puede resultar amenazante y aterrador para el público. Howard lo intentó en un mitin importante, durante el que saltó al borde del escenario, para pronunciar un discursito lacrimógeno sobre sus raíces. Se notó que estaba más coreografiado que *Dirty Dancing*.

- **Utilización del espacio**

  Cuanto más importantes son, más espacio utilizan. Blair siempre aprovechó al máximo el espacio mientras fue primer ministro.

- **Atrezo que habla**

  Los líderes políticos saben perfectamente que una imagen dice más que mil palabras, por lo que emplean objetos para que hablen por ellos. ¿Se acuerda de John Major hablando directamente con el público en medio de la calle, micrófono en mano? ¿O del pañuelo con que Margaret Thatcher cubrió el nuevo logo de British Airways, para demostrar que no le gustaba en absoluto? Wilson empleaba la pipa para dar imagen de confianza y de honestidad, y a Blair se lo veía muy pocas veces sin una taza de té en la mano, por el mismo motivo. Una de las tazas, con la imagen de sus hijos impresa, se hizo famosa, pero luego tuvo la desfachatez de sugerir que no era un accesorio de atrezo de imagen. ¿Cuándo fue la última vez que salió de casa para ir al trabajo sin darse cuenta de que llevaba una taza en la mano?

- **Atrezo humano**

  Obviamente, el mejor accesorio de un político es tener a su lado a la persona adecuada cuando hay cámaras cerca. La cuestión de las parejas es como la del *ying* y el *yang*, y las mejores aparecen para apoyar al líder o para compensar sus posibles carencias. Por eso, Hillary aparece de repente con Bill a su lado cuando va a visitar alguno de los estados que no le son demasiado favorables.

Por eso, Sandra Howard apareció en escena durante la campaña electoral, para añadir algo de carisma a un hombre a quien se describió como «algo siniestro».

Incluso Denis Thatcher tuvo su momento de gloria cuando Margaret fue elegida primera ministra por primera vez. Durante esa época, fue mucho más visible y asumía con frecuencia el papel protagonista, apareciendo delante de ella, o incluso en una posición más elevada, ante las cámaras, lo que sugiere que tal vez había gente preocupada por que el país no estuviera del todo preparado para que una mujer ejerciera el poder.

Si se hace una revisión histórica de los primeros ministros británicos, aparecen contrastes sorprendentes en la función que han desempeñado sus parejas. Algunas permanecían inmóviles y transmitían un estatus muy bajo, como si fueran conejos paralizados por los faros de un coche, y otras, como Clementine Churchill o Margaret Lloyd George, daban muestras de ser perfectamente capaces de gobernar el país ellas solitas. La esposa de Clement Attlee aportó frescura a un hombre cuya sonrisa sólo podía compararse a la de un depredador, y Mary Wilson parecía un ama de casa a la que hubieran sacado de la cocina para dejarla en medio de la calle.

Las parejas de los líderes políticos modernos tienden a adoptar una posición casi sexual, para hacer que sus consortes parezcan más atractivos físicamente. Cherie Blair fue una pieza fundamental en este cambio y es posible que nunca veamos nada parecido. Se enganchaba a su marido como una lapa sobreexcitada, con unos abrazos y unas miradas de adoración que daban a entender que el resto del mundo también debía rendir culto a Blair, el superhéroe *sexy*. Los hijos también han pasado a formar parte del tinglado, y se insta incluso a los solterones más empedernidos a que produzcan descendencia, para demostrar su juventud y su virilidad.

Mi consejo es el mismo tanto si su carrera profesional se encamina a Downing Street como si sigue la dirección de la informática o de la contabilidad corporativa, o tanto si aspira a dirigir una empresa como si quiere hacerse el dueño de la recepción: recuerde siempre el poder de las señales no verbales. Los empleos pueden ser variados y complejos, pero encontrar el lenguaje corporal adecuado es relativamente sencillo. Empiece por marcarse un objetivo y luego identifique los atributos que debe poseer para alcanzarlo. Los tornillos redondos nunca encajarán en tuercas cuadradas, y esto hace que me pregunte una y otra vez por qué tantas personas que han optado por carreras profesionales que implican trato con el público parecen mostrar un odio patológico hacia la gente. De todos modos, si resulta que su trabajo no encaja perfectamente con usted, siempre puede perfeccionar sus artes interpretativas, para que nadie se dé cuenta de ello.

Puntos clave

- Planifique su aparición en las reuniones donde se vaya a tratar un aumento de sueldo o un ascenso.
- El lenguaje corporal de los trabajos de cara al público es sencillo, pero requiere habilidades sutiles: transmita las señales de estatus y de sumisión apropiadas.
- Escoja el asiento adecuado en las reuniones de trabajo y emplee gestos que le permitan transmitir su mensaje con más eficacia.
- Las ventas y las presentaciones en el trabajo son cuestión de carisma y de impacto personal. Recuerde siempre que *usted* es el mensaje y transmita las señales convenientes.
- No se implique en romances de oficina si le preocupa que alguien pueda descubrirlo. Leerán sus señales por mucho que intente ocultar sus emociones.
- Fíjese en los líderes mundiales para elevar su estatus en el trabajo.
- Los contactos profesionales son una constante, nunca deja de estar a la vista de todos. Controle sus señales y utilícelas para venderse en todas las ocasiones clave.

Capítulo 14

LEER A LOS DEMÁS EN EL LUGAR DE TRABAJO

La vida laboral nos convierte en mentirosos consumados en lo que al lenguaje corporal se refiere. Por mucho que nos guste nuestro trabajo, es muy poco probable que la oficina sea el lugar donde queremos estar cada momento de cada día y todos los días. Hay quien detesta tanto su trabajo que querría estar en cualquier otro lugar. Otros sólo detestan a sus compañeros o intentan parecer más eficientes y expertos de lo que son en realidad.

Por lo tanto, en términos de lenguaje corporal, el trabajo consiste en faroles y dobles faroles. En consecuencia, leer y analizar las señales no verbales de colegas y clientes es muy complicado. Recuerde lo que le dije al principio del libro: el lenguaje corporal no es una ciencia exacta. Me encantaría poder darle acceso directo a lo que piensan los demás, pero las cosas no funcionan así. Lo mejor que puede hacer es trabajar sobre su propio lenguaje corporal para transmitir sus mensajes ideales con la mayor claridad posible. Lo segundo mejor que puede hacer es ser más consciente de las señales que emiten las personas con quienes trabaja. Analícelas y utilice lo que descubra para leer entre líneas y entender mucho mejor lo que piensan y lo que quieren decir en realidad sus compañeros. Sin embargo, siempre debe dejar la mente abierta a otras posibilidades. Recuerde que le he dicho que no hay significados absolutos ni gestos inequívocos. No estudie las lecciones sobre el lenguaje corporal como hizo con las matemáticas en la escuela. El lenguaje corporal se parece al álgebra, pero es un álgebra cognitiva. No hay ninguna fórmula que diga: «Brazos cruzados = agresividad». O «Rascarse la nariz = mentir». Si le dijera que la hay, lo estaría estafando.

Hay dos reglas:

- **Mirar**
  ¿Fácil? Pues no. Desde que tenía 2 años, le han estado diciendo que quedarse mirando a los demás es de mala educación, así que tendrá que perfeccionar gradualmente sus habilidades perceptivas y reaprender a mirar (que no es lo mismo que quedarse mirando).
- **Evaluar**
  Empiece por su reacción instintiva. ¿Cómo se ha sentido por lo que han dicho o hecho? ¿Qué parecían transmitir? En realidad, las reacciones instintivas forman parte de un proceso perceptivo muy complejo y no debería subestimar las sensaciones intensas.

A continuación, piense en grupos de señales corporales: coja un gesto e interprételo en el contexto de la «frase» completa de lenguaje corporal, es decir, el resto de gestos y de movimientos. Relaciónelo con las palabras. ¿Resultan congruentes, incongruentes o excesivamente congruentes? ¿Los gestos concuerdan con las palabras o las desmienten?

Tenga siempre presente el error que cometió Otelo. Por bien que valore las señales de lenguaje corporal de los demás, es posible que se equivoque con el estímulo que las ha generado. A Otelo le llegan rumores de que su esposa, Desdémona, le es infiel. La interroga, se da cuenta de que se pone nerviosa, lo interpreta como una prueba de culpabilidad y la mata. Sin embargo, era inocente y las señales de nerviosismo se debían a la sorpresa que le había causado la acusación. Síntomas correctos, causa equivocada.

Si perfecciona sus habilidades perceptivas básicas, y siempre que no caiga en el error interpretativo al que hemos llamado error de Otelo, puede llegar a cuadriplicar la capacidad de entender a sus colegas y a sus clientes, haciendo lo que se conoce como leer entre líneas.

Para ayudarlo en el proceso de evaluación, le daré una lista de emociones y de síntomas. Como si de un médico se tratara, tendrá que interpretar los síntomas para entender el problema que los causa, pero manteniendo siempre una mente abierta.

Señales que pueden delatar a un mentiroso

Mentir es un proceso muy complicado para el cuerpo humano y, por eso, la mayoría de nosotros somos pésimos a la hora de hacerlo. Primero aparece la respuesta sincera, que debemos reprimir, para luego representar la respuesta falsa, o mentira. Esto puede generar estrés, que se intensificará todavía más debido a la sensación de culpabilidad.

Sin embargo, es importante ser consciente de que no todo el mundo se pone nervioso al mentir, porque no todo el mundo se siente culpable al hacerlo. Los «buenos» mentirosos suelen mentir con regularidad o creen que mentir no es nada malo. De todos modos, a continuación encontrará algunos indicios que pueden ayudarlo a pillar a un mentiroso:

- La respiración se acelera y se vuelve más superficial. Puede ser visible, notará que el pecho se agita; o puede ser audible, oirá que parece que se quedan sin respiración al hablar.
- El aumento de la adrenalina puede hacer que se les seque la boca y que tengan que pasarse la lengua por los labios. Pueden hacerlo de varias maneras. La más divertida se da cuando la punta de la lengua emerge entre

los labios, lo que puede indicar rechazo o asco, como cuando los bebés rechazan comida. Sin embargo, si se pasan la lengua por la comisura de los labios, puede indicar que se están divirtiendo o incluso coqueteando.

- Tragar con exageración. Se debe a que la tensión muscular en el cuello estrecha la garganta. Al igual que sucede con la respiración, es posible verlo o detectar las pausas frecuentes al esforzarse en tragar.
- Juguetear excesivamente con algún objeto. Todos jugueteamos, pero no siempre mentimos. De todos modos, puede indicar que el sistema nervioso simpático se ha activado y, con él, el deseo de luchar o huir. Al reprimirlo, aparecen movimientos nerviosos.
- Rascarse, sobre todo la parte posterior de la cabeza. Tocarse de este modo tranquiliza y alivia.

- Es habitual que, durante la mentira, se rompa el contacto visual. Es posible que el mentiroso crea que los ojos transmiten demasiada información. Esta pequeña señal de «bloqueo» puede indicar el momento en que ya no aguanta más la presión.

- Contacto visual excesivo e intencionado. Puede que sepan que desviar la mirada transmite falta de sinceridad y opten por quedarse mirando fijamente.

- Una pausa prolongada antes de la mentira es muy habitual, igual que el tartamudeo.
- Elevar la mirada hacia arriba y hacia la derecha. Puede indicar que están accediendo a la zona creativa del cerebro.
- Tocarse o taparse la boca. Es otro gesto de bloqueo. Puede relacionarse con la etapa infantil, cuando se habrían cubierto toda la cara o habrían girado la cabeza para mentir.

- Tocarse o taparse la nariz. Es otra señal de posible ocultamiento facial.
- Ruborizarse. Es una respuesta fisiológica imposible de controlar, aunque también puede deberse a la vergüenza.
- Sudar. Léase el punto sobre ruborizarse.
- Gestos de distracción: emplear las manos u objetos para distraerlo de lo que le está diciendo.
- Aclararse la garganta. Debido a la tensión en el cuello y al deseo de crear una pausa «para pensar y planificar».

- Sentarse muy quieto, más de lo normal. Es posible que se trate de un intento de poner cara de póquer con todo el cuerpo: «Si no me muevo, el lenguaje corporal no me delatará».
- Ser más expresivo de lo habitual, gesticulando ampliamente y hablando mucho. Es la versión verborreica del lenguaje corporal.
- Los gestos de las manos aparecen después que las palabras. Cuando se es sincero, los gestos suelen preceder a las palabras, porque son la manera más rápida de expresar emociones e ideas.
- Mostrar demasiado las palmas de las manos. Aunque, hasta cierto punto, pueden transmitir honestidad y apertura, un empleo excesivo de las palmas puede resultar excesivamente congruente.
- Hinchar el pecho para aliviar la tensión.
- Alteraciones del discurso: tartamudeo, repeticiones, pausas, etc.

Señales que pueden indicar rechazo o desprecio

- Pasarse la mano por la rodilla o el muslo, como cuando nos quitamos migas de pan de encima. Esas migas invisibles pueden representar sus pensamientos o sus ideas.
- Encogerse de hombros. Este gesto transmite a la perfección el rechazo de ideas o de situaciones. Si lo hacen en respuesta a su idea o a su conversación, es muy probable que la estén descartando; sin embargo, también podrían estar aplicándolo a su propio discurso, así que analice el momento en que se han encogido de hombros y lo que se estaba diciendo.

- Sacudir la cabeza. Es el mismo movimiento con el que los bebés rechazan el pecho de la madre y es una de las señales de lenguaje corporal más básicas.
- Cruzarse de brazos y recostarse en la silla. También aquí debe analizar el momento en que sucede. Este tipo de gestos de barrera puede indicar rechazo.
- Inspirar mientras se mira hacia arriba. Los ojos pueden transmitir señales de intención, como por ejemplo el deseo de escapar o de pedirle al cielo que nos conceda paciencia. El gesto sugiere que buscan inspiración o ideas. ¡No es una buena señal de aceptación!
- Cerrar fuertemente los labios o meterlos hacia dentro. Implica que están reprimiendo palabras, pensamientos o emociones negativas.
- Dar golpecitos. Es un gesto metronómico que puede indicar que desean dar la conversación por terminada.
- Temblor en el cuello. Es muy probable que indique una acumulación de agresividad.
- Elevar las manos. Suelen detener o bloquear el discurso.
- Girarse mientras habla. Es una forma de rechazo muy básica, que, por otro lado, también puede ser indicio de timidez.
- Mover los ojos con rapidez. Puede ser indicio de emociones contradictorias, como el pánico o el deseo de escapar, entre otras.
- Recostarse en la silla mirando hacia abajo. Quizás esté reflexionando, pero también puede ser un intento de ocultar respuestas negativas.
- Seguir trabajando. Suele generar una disonancia cognitiva en la persona que habla: es decir, es una señal de rechazo tan obvia que pensamos que es imposible que sean tan maleducados y seguimos hablando. Pero sí, *pueden* ser tan maleducados.
- Mirar fijamente a la pantalla. Es un gesto intencional que puede indicar que preferirían hacer algo más divertido que hablar con usted… ¡como mirar su salvapantallas!
- Asentir rápidamente. Es una interrupción no verbal.

- Agitar las manos. Podría ser un signo de placer, pero lo más probable es que se trate de una señal reprimida.
- ¡Mirar la hora!

Señales que pueden indicar nerviosismo o estrés

- Hombros tensos y elevados. La tensión muscular es uno de los síntomas del estrés, y la contracción de los hombros es su manifestación más visible.
- Rituales excesivos para calmarse o tranquilizarse, como abrazarse, acariciarse o tocarse la cara.
- Morderse las uñas, rascarse o morderse el labio. Estos ataques autoinfligidos pueden ser una señal de agresión reprimida, pero, en general, apuntan sobre todo al estrés.
- Juguetear. Es una respuesta habitual, pero el estrés puede intensificarla. Si no sabe qué es lo normal para su interlocutor, busque otros síntomas que confirmen el diagnóstico.
- Dar golpecitos. Las personas estresadas sienten constantemente el apremio del tiempo. Los golpecitos pueden ser un gesto metronómico con el que transmiten un deseo constante de ir deprisa.
- Mirar hacia la salida. La mirada puede transmitir intenciones y deseos, en este caso, el de escapar.
- Las barreras, como cruzarse de brazos o sostener bebidas o bolsos en alto cerca del pecho. Si parecen un autoabrazo o un contacto tranquilizador, pueden transmitir estrés o nerviosismo.
- Demasiados gestos para ponerlo todo en su sitio: papeles, cabello, corbatas, bolígrafos, etc. El estrés puede dar lugar a un deseo excesivo de control y de orden.
- Dar zancadas. Puede tratarse de una activación agresiva y de la intención del sistema nervioso simpático de luchar o huir.
- Hinchar el pecho. Puede indicar una necesidad constante de liberar tensión acumulada.
- Movimientos rápidos con los ojos o tartamudeo visual (parpadear a gran velocidad). El estrés libera adrenalina, que puede acelerar el parpadeo.

- Pasarse la lengua por los labios muy rápidamente. Es una respuesta parecida a la del tartamudeo visual.
- Tragar demasiado. La adrenalina reseca la boca y la garganta.
- Movimientos bruscos y descoordinados. El estrés genera una disonancia entre el sistema nervioso simpático y el parasimpático, lo que quiere decir que el deseo de luchar o huir choca con el deseo de permanecer quieto y relajarse. Este conflicto interior puede provocar movimientos descoordinados.
- Risa o sonrisa nerviosa. La risa no siempre se debe a la alegría. Puede ser una respuesta nerviosa.
- Manos temblorosas debido a la adrenalina.
- Ojos muy abiertos. Abrimos los ojos en respuesta al miedo o a la sorpresa. Forma parte de la respuesta de supervivencia, pero es inadecuada a largo plazo. Si se mantiene en el tiempo puede indicar miedo o estrés.

Detectar bloqueos: ya no nos escuchan ni están implicados en la conversación

- Parpadeo prolongado. Quizá no sea más que un parpadeo más lento de lo normal, pero también puede tratarse de un bloqueo visual para perderlo de vista.
- Mirar hacia abajo. Un gesto ligeramente más educado que el anterior.
- Inclinar la cabeza. Ocultan la cara, en la creencia infantil de que cuando vuelvan a mirar hacia arriba… ¡habrá desaparecido!
- Girarse completamente durante un instante.
- Alejar la silla de la mesa o del escritorio. Es posible que quieran poner tierra de por medio.
- Coger un montón de papeles y golpear con ellos la mesa. Es una costumbre muy obvia y molesta, que transmite el deseo de acabar con la reunión o con la conversación.
- Barreras corporales.
- Mirar al techo.

Detectar que nos escuchan con la mente abierta

- Incremento del contacto visual. Especialmente si sucede cuando usted habla. Por lo general, en el ámbito laboral se espera un contacto visual inicial, porque forma parte de las habilidades de escucha activa, pero la mirada puede disminuir con el tiempo. Si el contacto visual se intensifica y no es porque los haya hecho enfadar, activando una respuesta agresiva, es muy probable que haya logrado captar su atención.
- Asentir. Compruebe que los asentimientos cuadran con su discurso. Si siguen el mismo ritmo, es muy buena señal. Si van más rápido, quieren que acabe ya.
- Torsos frente a frente. Transmite atención completa y exclusiva.
- Reflejo conductual: usted se mueve y ellos lo imitan. Es una buena señal, transmite que han conectado con sus ideas.
- Cejas elevadas. Pueden indicar interés y agrado, pero sólo si no se acompañan de un encogimiento de hombros, porque entonces pueden transmitir incredulidad.
- Sonrisas. ¿Fáciles de detectar? No. Las sonrisas excesivas pueden ser un intento de ocultar el aburrimiento o la irritación. Busque sonrisas asimétricas que lleguen a los ojos. (De hecho, puede que sólo las encuentre allí.)
- Inclinarse hacia delante. Sugiere que han conectado con usted. Sin embargo, debe tener cuidado. Si se inclinan hacia delante y lo miran fijamente, es posible que estén muy enfadados.
- Contacto físico en el brazo o en el codo. El contacto físico es bueno. Sin embargo, si el objetivo es llevarlo a otro lugar, puede no serlo tanto. Si lo cogen del brazo y lo empujan suavemente, es posible que estén intentando sacarlo del despacho.
- Sentarse inclinándose hacia delante, pero sin moverse. Puede indicar una escucha muy intensa.

LEER A LOS DEMÁS EN EL LUGAR DE TRABAJO   325

Detectar que nos están juzgando negativamente

- Labios fruncidos y, con frecuencia, acompañados de un hombro encogido. Las comisuras de los labios descienden ligeramente, al tiempo que la barbilla se eleva un poco. Si la cabeza acompaña al movimiento de la barbilla, lo más probable es que se trate de una boca en herradura, que transmite rebeldía u obstinación.
- Taparse la boca con los dedos. No es el gesto de ocultamiento de un mentiroso, sino la colocación deliberada de un dedo (normalmente el índice) en vertical respecto a los labios.
- Bajar la mirada para mirar documentos. Quizá busquen comprobar sus afirmaciones.
- Mecer la mano. La mano se sostiene verticalmente y se balancea hacia detrás y hacia delante, indicando que su interlocutor no está muy impresionado.
- Bloqueo de pierna. Se cruza una pierna sobre el muslo de la otra. La pierna se eleva, para que la pantorrilla quede atravesada sobre el muslo, formando una barrera.
- Agarrar la pierna. Igual que en el punto anterior, pero sosteniendo con las manos la pierna que queda encima. Puede enfatizar la idea de que no están de acuerdo con lo que se les dice.
- Sostenerse la barbilla con la mano, con el índice en la mejilla. Escuchar con la mente abierta conduce en ocasiones a sostenerse la barbilla con las manos, pero si el índice reposa en la mejilla, es muy probable que sea una señal de que aún le queda mucho trabajo por hacer.
- Entrecerrar los ojos. Es una señal clásica de incredulidad.
- Inclinar la cabeza a un lado al tiempo que se eleva una ceja. Inclinar la cabeza puede ser señal de escucha activa, pero si se combina con la ceja elevada, puede indicar incredulidad.
- Elevar ambas cejas con la barbilla encogida. Captará la señal inmediatamente. Es un gesto de mala educación y muy crítico o sarcástico.

- Mirar por encima de las gafas. Sé que hay muchas razones lógicas que explican el gesto, pero también puede indicar que se nos está juzgando desde una postura jerárquica más elevada.
- El campanario. Un gesto muy preciso que puede implicar reflexión seria y crítica desde una postura jerárquica más elevada.

Detectar que se quiere elevar el propio estatus

- Erguirse en toda su estatura, para parecer más grande y que la cabeza quede más elevada.
- Separar las piernas. Es una señal alfa o un medio físico para elevar el propio estatus.
- Leer por encima del hombro de otra persona. Resulta intimidante. Aunque ésa no sea la intención, suscita sospechas legítimas de que se trata de una postura de poder.
- Acercarse demasiado. La agresión espacial puede ser un intento de intimidación.
- Invasión del espacio o de la mesa.
- Sentarse o quedarse de pie a un nivel superior. La elevación suele indicar que se considera que se ocupa una posición más alta en la jerarquía o que se tiene más poder.
- Intensificación del contacto visual. Puede deberse al interés o ser un intento de intimidación.

- Brazos en jarras. Es muy probable que sea inconsciente, pero aumentar visualmente el tamaño puede señalar una postura de poder.
- Apretón de manos muy firme. El aplastamiento implica dominación.
- Dar palmaditas en el hombro o en la espalda (si es en la cabeza, seguro que capta el mensaje inmediatamente). La palmadita de poder puede parecer amistosa, pero también es una manera paternalista de ponerlo en su sitio. Una señal evidente de que se sienten superiores a usted.
- Manos en campanario. Para hacerle saber que están siendo muy precisos y formales (véase la ilustración de la página anterior).
- Pecho hinchado. Otra postura alfa de poder.
- Gestos directivos y dominantes, como señalar o empujar. Los miembros de la realeza emplean el gesto que yo llamo «señalar a la nada» durante sus apariciones públicas. Al no señalar nada concreto, transmiten interés, pero también es un gesto de control grupal.
- Barbilla elevada. Lo reitero: elevar la cabeza implica mirar a los demás desde arriba, lo que sugiere superioridad.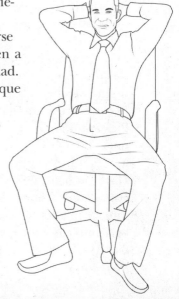
- Conductas alfa, como sentarse solo. Los monos alfa tienden a emplear el espacio y la soledad.
- Sentarse moviéndose menos que el resto del grupo.
- Sentarse con las manos tras la cabeza y con las piernas muy abiertas. Si le dedican esta postura, le están diciendo que no lo consideran una amenaza en absoluto.
- Instigar cambios de postura o de movimiento. En los

grupos, sobre todo si son de trabajo, la primera persona en instigar un cambio en la postura corporal suele ser la que ocupa la posición más elevada. El resto tiende a imitarla.

- Sentarse a la cabecera de una mesa de reuniones. Una posición de poder clásica.
- Emplear gestos expansivos, pero controlados.

Detectar que quieren llegar a un acuerdo

- Reflejan su lenguaje corporal. Posturas parecidas suelen indicar opiniones similares.
- Asentimientos de empatía, en sincronía con su discurso.
- Gestos abiertos. Las barreras corporales o las manos escondidas sugieren pensamientos ocultos, mientras que los gestos abiertos y no exagerados suelen transmitir acuerdo.
- Inclinarse hacia delante. La proximidad física suele indicar conformidad mental.
- Reflejo de las expresiones faciales. Es una señal potente, que transmite que están de acuerdo con usted.
- Palmas hacia fuera o hacia arriba. Si se hace con sutileza, sugiere apertura y aceptación.
- Respiración relajada. Decir que no o estar en desacuerdo puede alterar la respiración.
- El torso orientado hacia usted.
- Pies apuntando en su dirección. Los pies tienden a señalar en la dirección deseada. He visto muchos pies apuntando a la puerta durante reuniones complicadas.
- Hacen señales de pausa en el discurso mientras habla, como colocarse un dedo sobre los labios. Esto debería indicar que les apetece que hable, lo que, a su vez, debería indicar interés. Pero sólo si el dedo está flexionado o relajado. Si está rígido, es posible que se muestren críticos con usted.

- Mantienen el contacto visual mientras lo escuchan. No debería resultar exagerado ni forzado. La mirada ha de parecer relajada.
- Cejas levemente arqueadas. Significan «quiero saber más».
- Los labios están relajados, ni cerrados con fuerza ni metidos hacia dentro.
- Si está cerrando una venta, es de esperar que las señales de nerviosismo se intensifiquen hacia el final. Pueden juguetear, mostrarse un tanto irritables, morderse las uñas, respirar más rápidamente, pasarse la lengua por los labios, tocarse la cara, etc. Puede resultar engañoso, pero es parte habitual del proceso de acuerdo. Cuando se haya tomado la decisión de compra, presenciará una explosión de señales de alivio, como risas y sonrisas.

Detectar la aparición de conflictos o de ira

- Tartamudeo visual, parpadeo acelerado. Volvemos a encontrarnos con el aumento de la adrenalina.
- Labios apretados. La activación agresiva tensa la musculatura. Si el labio superior se le tensa como la cuerda de un violín y se levanta hasta mostrar parte de los dientes superiores, ¡salga corriendo!
- Mostrar los dientes inferiores o adelantar la mandíbula inferior. Es más que una pose agresiva y va dirigida a amenazar más que a luchar. Aunque puede que esté cogiendo fuerzas.
- Fruncir el labio superior. Es muy probable que se trate de una muestra de desagrado o de cinismo.
- Rigidez en la mandíbula. La tensión muscular afecta a la mandíbula y llega a alterar el habla; por ejemplo, nos hace hablar entre dientes.
- Cerrar las manos, formando puños.
- Dificultad para estarse quieto. Tanto dar zancadas como moverse constantemente pueden indicar una activación agresiva y que el cuerpo se prepara para la lucha.

- Apuntar con el dedo, que se convierte en un arma simbólica. Apuntar hacia usted es un apuñalamiento virtual. Observe el resto de los gestos y de las señales agrupadas para confirmar esta impresión.
- Gestos agresivos, como apuñalar el aire con las manos o moverlas en actitud desdeñosa.
- Cruzar los brazos sobre el pecho. Así se muestra la musculatura de los brazos, se protege el pecho y se logra que el volumen del cuerpo aumente ópticamente.
- Mirar fijamente. Si el contacto visual se intensifica hasta el punto de convertirse en una mirada fija, o bien se han enamorado de usted, o bien están deseando atacarlo. Le será muy fácil distinguir entre ambas situaciones. El amor dulcifica la mirada. La ira hace que los ojos se salgan de las órbitas.
- Evitar el contacto visual. Corresponde al epígrafe de «hacer como si no existiera», lo que puede resultar agresivo. Sin embargo, asegúrese de que no se trata de timidez. Si es una actitud agresiva, la barbilla debería estar levantada, como si se consideraran demasiado importantes para darse cuenta de su existencia.
- Sonreír demasiado, exponiendo ambas mandíbulas. Enseñan los dientes, como si se prepararan para una pelea.
- Autoagresiones, como rascarse, tirarse del pelo o golpearse. Son gestos que pueden indicar un desplazamiento de la agresividad. La cuestión es: ¿quién les provoca esa agresividad?

Acuérdese de ser perceptivo en el lugar de trabajo y de fijarse en los gestos y en las señales de lenguaje corporal de sus colegas, y recuerde siempre que ningún gesto aislado le dará «la respuesta». Asegúrese de que no pasa nada por alto: escuche lo que le dicen, observe la conducta general, busque pistas en aspectos como el tono de voz y analice el lenguaje corporal para encontrar tanto los gestos forzados como los delatores.

Puntos clave

- No subestime nunca las situaciones decisivas en el lugar de trabajo. Planifique, practique y ensaye.
- Recuerde que se trata de habilidades interpretativas. Aprenda a calentar y a proyectar. Limitarse a «ser usted mismo» no es suficiente.
- Salga de su zona segura con regularidad. Cuanto más se esfuerce, mejor se sentirá.
- Recuerde que incluso los detalles más insignificantes, como su manera de sostener el bolígrafo, pueden decir más de sus emociones internas de lo que pueda llegar a imaginar.
- Mire a su alrededor y observe. No hay síntomas precisos a la hora de leer a los demás en el lugar de trabajo, pero si aumenta su capacidad de observación, entenderá mejor cómo funcionan sus mentes.

RESUMEN

Este libro le ha dado muchísima información sobre cómo pensamos y nos comportamos, pero espero que ahora no se convierta en uno de esos sabiondos del lenguaje corporal que proclaman a diestro y siniestro que tienen el don casi místico de leer mentes. Recuerde que no hay interpretaciones absolutas, pero también que es, precisamente, esa complejidad lo que hace que el lenguaje corporal resulte tan fascinante. El estudio del lenguaje corporal debería ser una afición, o una ciencia, que requiera formación continua. Todos somos expertos en ella, y es muy probable que cuando empezó a leer el libro ya supiera mucho más de lo que pensaba.

Sea positivo en cuanto a sus habilidades. Logrará cambios radicales en su vida si esculpe su lenguaje corporal para que confirme sus palabras o, incluso, para que hable por usted, en lugar de ponerle la zancadilla. He adoptado un tono bastante duro, porque sé lo fácil que resulta rendirse cuando uno sale de su zona de seguridad, pero también sé que las técnicas que le he enseñado funcionan.

El esfuerzo inicial vale realmente la pena, y no se olvide de que nadie le pide perfección. No intente convertirse en el clon de otra persona, *saque a la superficie* todas sus habilidades y sus mejores rasgos de personalidad. Lo que nos hace especiales es ser diferentes a los demás, no iguales.

GLOSARIO DE LENGUAJE CORPORAL

Guía de los términos y de la jerga que utilizan este y otros libros.

Abrazo vacío: Cuando el orador dirige los brazos abiertos hacia el público, en un gesto que imita la invitación a un abrazo.

Acciones absorbidas: Las acciones que copiamos inconscientemente.

Acciones aprendidas: Gestos y acciones que debemos aprender, como mecanografiar o cambiar de marcha al conducir.

Acciones de remotivación: Acciones o gestos que se emplean para modificar el estado de ánimo actual y sustituirlo por otro. Los simios que se sienten amenazados suelen emplear señales de coqueteo para modificar los pensamientos del agresor y que pasen de pensar en la lucha a pensar en el sexo.

Acciones descubiertas: Gestos o movimientos que adoptamos sin darnos cuenta, con frecuencia porque son cómodos; por ejemplo, cruzarse de brazos.

Acciones innatas: Gestos que se hacen por instinto, en lugar de por aprendizaje o por imitación.

Activación agresiva: Ira que genera síntomas físicos. En términos de lenguaje corporal, puede incluir tensión en la mandíbula, contracción muscular y el uso de puños o de armas simbólicas, como apuntar con el dedo o dar cabezazos al aire.

Adaptadores: Nombre que se da a los pequeños gestos que hacemos cuando nos encontramos en un estado de disonancia cognitiva o de ansiedad. Como, por ejemplo, cuando nos tocamos la cara para tranquilizarnos.

Adelantar la mandíbula: Suele indicar enfado o malestar. También es una señal agresiva. Si se adelanta en dirección al enemigo, puede ser una potente señal de desafío.

Agarrar la pierna: Suele seguir al bloqueo de pierna y consiste en agarrar la pierna que ha quedado por encima.

Agrandar los ojos: Abrir los ojos mucho, llevando los párpados hacia atrás.

Álgebra cognitiva: Modo en que la mente encaja varios estímulos y señales, con frecuencia visuales, para generar una impresión general sobre alguien.

Andares saltarines: Manera de andar vigorosa que transmite energía y entusiasmo, para atraer a una pareja.

Apretón de poder: Apretones de manos que se dan con la intención de enfatizar el poder o el estatus, dejando la mano por encima o estrujando la del otro, por ejemplo.

Autoacariciarse: Acariciarse el cuerpo, normalmente para calmarse o para seducir a otro.

Autoapuñalarse: Clavarse el índice o el bolígrafo.

Autocontrolarse: Cuando alguien es tan consciente de su lenguaje corporal que empieza a autocorregirse de manera visible.

Banderillero: Término que acuñé durante la campaña electoral británica de 2005, para describir la técnica excesivamente enfática de presentar argumentos, apuntando hacia abajo con ambos índices y dejándolos caer con fuerza, como si se quisieran clavar en el atril. Tony Blair y Gordon Brown utilizan este gesto con frecuencia.

Beso distraído: Cuando dos personas se acercan para besarse, pero una, o ambas, miran por encima del hombro de la otra durante el beso. Suele resultar ofensivo, porque da la impresión de que el distraído busca algo o a alguien más interesante.

Besos al aire: Besarse en la mejilla sin llegar a establecer contacto.

Bloqueo de pierna: Cruzar las piernas, pero con la que queda arriba sobre el muslo de la otra.

Bloqueo de tobillos: Estar de pie con los tobillos cruzados.

Bloqueo ocular: Cuando el oyente parpadea con mucha lentitud y deja los ojos cerrados durante más tiempo del habitual, aparentemente para perder al orador de vista, si lo aburre.

Boca en herradura: Similar a fruncir los labios, pero con la barbilla y la mandíbula más firmes, indicando decisión u obstinación.

Bocadillo: Dar un apretón de manos con ambas manos. También se conoce como el guante.

Cabeza batuta: Muy habitual en oradores apasionados, como Neil Kinnock. Consiste en dar cabezazos laterales o frontales para indicar compromiso con las ideas.

Campanario ascendente: Cuando se hace el gesto del campanario con todos los dedos apuntando hacia arriba.

Campanario descendente: Cuando las manos adoptan la postura del campanario, pero con los dedos apuntando hacia el suelo. Suele indicar una escucha crítica.

Cara de póquer: La que emplean los jugadores de póquer para evitar que el resto de los jugadores puedan leer su expresión facial. Consiste en sentarse muy quieto y moverse muy poco, con rostro inexpresivo; se utiliza con mucha frecuencia fuera de las mesas de póquer.

Coger el ritmo: Fijarse en el ritmo del movimiento del otro e imitarlo, para generar empatía.

Combate ritual: Gestos que imitan señales agresivas o de pelea, que se utilizan como advertencia inconsciente: dar zancadas, formar puños con las manos, adelantar la mandíbula, etc.

Conducta espacial: El uso del espacio en relación con los demás.

Conducta territorial: Lenguaje corporal que marca el territorio o la propiedad.

Congruencia postural: Sentarse o quedarse de pie imitando a los demás.

Contacto visual: Cuando el orador o el oyente miran a la otra persona a los ojos.

Contar con los dedos: Técnica para captar y mantener la atención del público o para hacer saber que se quieren decir más cosas; se mantiene la mano a la altura del pecho y se van bajando los dedos a medida que se enumeran los argumentos.

Dar palmaditas: Cuando las parejas se abrazan, las palmaditas indican el final del abrazo. Los hombres tienden a dar muchas palmaditas cuando se abrazan entre ellos, para dejar claro que no hay motivación sexual.

Decir: Algunos psicólogos emplean los términos *decir* y *demostrar* para describir algunas de las señales del lenguaje corporal.

Dedo batuta: Cuando el dedo (normalmente el índice) se sostiene en alto, rígido y apuntando al otro, transmitiendo el deseo de golpearlo o apalearlo para que obedezca.

Delatores no verbales: Lenguaje corporal delator.

Demostraciones a distancia: Saludar o devolver el saludo a alguien desde lejos; por ejemplo, levantar la mano.

Demostraciones de estatus: cómo mostramos al mundo cuál es nuestro estatus ideal o real.

Demostraciones de incomodidad: Cuantas más molestias se toma un anfitrión para saludar a un visitante, mayor es el estatus aparente de la visita; por ejemplo, levantarse para saludar a alguien o incluso esperarlo en la calle cuando llega el coche.

Demostraciones de victoria: Elevar los brazos, dar puñetazos al aire, etc. Cualquier gesto espontáneo o consciente que eleve el estatus en un momento de victoria o de pseudovictoria.

Despatarrarse: Estar de pie o sentado con las piernas muy separadas.

Dilatación de las pupilas: Suele aparecer al mirar algo agradable o a la persona que se ama. Las cortesanas de otras épocas solían ponerse gotas de belladona, un veneno, en los ojos para imitar ese efecto.

Dirigir: Cuando se refleja el lenguaje corporal del otro antes de modificar el propio estado, en un intento de que el interlocutor haga lo mismo.

Disonancia cognitiva: Puede ocurrir cuando el cerebro recibe señales o mensajes contradictorios, como en las comunicaciones incongruentes.

Eco postural: Al igual que el reflejo, consiste en copiar el lenguaje corporal y el ritmo de otro, normalmente sin darse cuenta.

Emociones primarias: Emociones instintivas, como el miedo, la ira, etc.

Emociones secundarias: Emociones generadas por los propios pensamientos, como la preocupación o la ansiedad.

Enmarcar el rostro: Sostener la cabeza con ambas manos durante la conversación, en un intento de lograr que el otro se fije en esa zona del cuerpo.

Enmascarar: Desplegar expresiones faciales, gestos o lenguaje corporal que ocultan deliberadamente lo que se siente en realidad. Puede hacerse como un engaño o por educación.

Envolver: Rodearse a uno mismo con los brazos o con las manos, en un gesto tranquilizador muy parecido al autoabrazo.

Exposición de la entrepierna: Gestos conscientes o inconscientes que pretenden centrar la atención sobre la zona genital; por ejemplo, sentarse con las piernas separadas.

Exposición frontal: Expresión que acuñé para describir la acción de recostarse con las manos a la nuca y las piernas abiertas. Así quedan expuestas todas las zonas delicadas del cuerpo, incluyendo las axilas, lo que sugiere arrogancia. Las mujeres suelen moverse o arreglarse el cabello para lograr el mismo efecto.

Expresiones: Movimientos y expresiones faciales.

Fijar la postura: Mantener la misma postura mientras se habla durante una interrupción para indicar la intención de retomar el hilo.

Fruncir los labios: Se parece a una sonrisa leve e invertida, con la barbilla arrugada, los labios elevados por el centro y las comisuras hacia abajo. Es una «sonrisa» social muy habitual, especialmente en el lugar de trabajo. Sugiere estoicismo y capacidad de sufrimientos.

Gesto de anuncio: Véase Señales de alerta.

Gestos: Acciones que transmiten señales. Suelen hacerse con las manos.

Gestos característicos: Señales empleadas habitualmente por alguien, sobre todo cuando es famoso.

Gestos compuestos: Los gestos que requieren varias fases o combinaciones de movimientos.

Gestos de acicalamiento: Pueden ser reales, como quitarle a alguien un cabello de la chaqueta o arreglarse a uno mismo, retocándose el peinado; también puede tratarse de un lenguaje corporal ritualizado, el equivalente gestual de la charla intrascendente.

Gestos de autocontacto: Tocarse uno mismo.

Gestos de autorrecompensa: Saltar en el aire, abrazarse, etc.

Gestos de barrera: Las manos, los brazos o las piernas intentan «proteger» a su dueño de un «ataque»; se pueden utilizar objetos con el mismo fin. Los gestos de barrera pueden ser: cruzarse de piernas o brazos, sostener una copa de vino a la altura del pecho o aferrarse al bolso como si fuera un escudo. Algunos tipos de jugueteo, como toquetear los gemelos de la camisa o el asa del bolso, también pueden servir para adoptar temporalmente una postura de barrera.

Gestos de falso ataque: Movimientos de ataque ritual que pueden aparecer en los primeros pasos del ceremonial de exploración sexual o del coqueteo o, sencillamente, para romper la formalidad.

Gestos de negación: Pequeñas señales de lenguaje corporal o expresiones que parecen contradecir o echar por tierra el argumento principal del orador. Pueden deberse a la vergüenza o al deseo de gustar a los demás y, normalmente, aparecen al final del discurso o de la presentación. Suelen adoptar la forma de movimientos oculares, de encogimiento de hombros, de fruncimiento de labios o de paseítos ridículos para volver al asiento.

Gestos de precisión: Suelen consistir en unir el índice y el pulgar en dirección ascendente, para sugerir un conocimiento exacto y preciso.

Gestos delatores: Los que nos traicionan y dejan ver lo que sentimos en realidad.

Gestos en campanario: Cualquier gesto en que los dedos se entrelazan o apuntan hacia arriba en una forma que recuerda a la de un campanario. Suele considerarse una postura de poder.

Gestos enfáticos: Son gestos exagerados con las manos, con la cabeza o incluso con los pies, que refuerzan el mensaje intensificando la emoción.

Gestos esquemáticos: Versiones estilizadas o abreviadas de los gestos de imitación.

Gestos ilustrativos: Se imita o se define con las manos el tema de conversación.

Gestos intencionales: Cualquier gesto que advierte del movimiento que viene a continuación.

Gestos metronómicos: Expresión que acuñé para describir los golpecitos que se dan con los dedos, los pies o los bolígrafos. Funcionan como un minimetrónomo y presionan al orador para que acelere.

Gestos para automotivarse: Consisten en darse cuerda a uno mismo; por ejemplo, hacer movimientos circulares con la mano, andar adelante y atrás, en un intento de activar el cerebro.

Gestos que cubren la entrepierna: También conocidos como gestos de hoja de parra; suelen ser una demostración de inseguridad masculina.

Gestos simbólicos: Se emplean para transmitir emociones o ideas.

Gestos técnicos: Señales aprendidas que se emplean en ciertas profesiones en las que quizá no sea posible hablar.

Gestos tranquilizadores: Pueden ser simbólicos, como un orador que abre los brazos hacia el público en un abrazo vacío, o más personales, como tocar o abrazar.

Gestos truncados: Los que se quedan a medias.

Golpes de pelvis: Movimientos pélvicos que, a veces, hacen los hombres cuando están con amigos y ven a una mujer que les gusta.

Guía corporal: Emplear pequeños gestos, como palmaditas o toques, para guiar a alguien en la dirección deseada.

Hacerse la zancadilla: Autosabotaje. Cuando las señales del lenguaje corporal parecen estar en desacuerdo con el mensaje verbal.

Hachazo: Gesto que transmite ira o que da por terminada una discusión o conversación. La mano se utiliza, literalmente, como un hacha, y a veces llega a golpear la mesa o la otra mano.

Imitaciones: Gestos que copian los objetos o las acciones reales.

Inteligencia emocional: Capacidad de mostrar empatía y «ver» o «leer» qué sienten los demás.

Latigazo con la lengua: Sacar la lengua y volver a meterla muy rápidamente, con frecuencia por un sentimiento de vergüenza.

Lenguaje corporal complementario: Ocurre cuando dos o más interlocutores presentan el mismo estado de lenguaje corporal, o cuando un interlocutor busca un lenguaje corporal concreto. Por ejemplo, dos amigos pueden emplear sonrisas y gestos animados al hablar. Sin embargo, también calificamos de complementarias a las situaciones en las que una persona es dominante y dictatorial, y la otra se muestra obediente y sumisa.

Lenguaje corporal excesivamente congruente: Cuando el orador exagera los gestos y las expresiones faciales para enfatizar el mensaje. Suele parecer falso o paternalista.

Lenguaje corporal incongruente: Cuando las palabras, el tono de voz o el lenguaje corporal parecen no estar sincronizados; es decir, que parecen decir cosas distintas. En este caso, suele considerarse que el lenguaje corporal es el comunicador más creíble.

Manos de balón de playa: Término acuñado durante las últimas elecciones británicas. Michael Howard tendía a hablar con ambas manos elevadas, como si sostuviera un balón de playa imaginario. Gran cantidad de oradores le han copiado el gesto para representar la magnitud de un problema.

Manos de hámster: Acuñé esta expresión para describir la costumbre que tienen muchas mujeres de hablar con las manos entrelazadas a la altura del pecho, como un hámster agarrando una pipa.

Manos en compuerta: Tony Blair hizo famoso este gesto, al que llamé manos en compuerta, para describir su costumbre de sostener ambas manos a la altura del pecho, con las palmas mirando hacia dentro, como una puerta que se abría y se cerraba con fuerza constantemente. El gesto sugiere ideas cerradas o posición dominante.

Matamoscas: Levantar el dorso de la mano y luego hacer como que se da un golpe o se empuja al otro.

Mecer la mano: Mover la mano de un lado a otro, para indicar «quizá».

Menear los ojos: Mirar rápidamente a un lado y al otro en un intento de encontrar la salida.

Microgestos: Expresiones faciales o gestos muy rápidos que pueden resultar casi imperceptibles a simple vista, pero que son importantes en términos de lenguaje corporal. Suelen analizarse estudiando grabaciones de vídeo a cámara lenta.

Mímica: Tal y como indica el nombre, son gestos que representan la acción que se describe, como agitar una mano frente al rostro cuando le preguntamos a alguien si quiere algo para beber o colocar el pulgar en la oreja y el meñique en la boca para indicar «llámame».

Mirada fija: Los enamorados suelen prolongarla, lo que ha dado lugar al concepto de «amor a primera vista». Sin embargo, mirar fijamente también puede ser un gesto intencional e indicar el lugar donde querría encontrarse el que mira así; por ejemplo, de camino a la puerta.

Mirada intencional: La que advierte del gesto o del movimiento que ha de seguir.

Mirada prolongada: Que el contacto visual dure más de lo habitual puede ser indicio de amor, de deseo o de ira.

Mostrar las palmas de las manos: Puede indicar honestidad, a no ser que se exagere.

Muestras de celebración: Pueden ser instintivas y deberse a una subida de los niveles de adrenalina después de una victoria. Incluyen acciones como saltar, empezar a correr, dar golpes al aire o bailar; también pueden reprimirse y aparecer en forma de sonrisa modesta o de pequeño golpe al aire. Es posible forzarlas cuando no se ha ganado. Los perdedores en concursos o los nominados a los Óscar suelen sonreír y levantar los brazos cuando se anuncia que ha ganado otro.

Ojos al cielo: Mirar hacia arriba, normalmente en un gesto de exasperación.

Palmaditas de poder: Es otro de los gestos que los políticos, entre otros, utilizan para elevar su estatus. Las palmaditas en el hombro son casi como un gesto de aprobación paterna. Al darle una palmadita en el hombro a otro político o estadista en un momento crucial, el que la da consigue parecer amistoso y adoptar, al mismo tiempo, una postura paternalista y, por lo tanto, un estatus más elevado.

Parpadeo acelerado: Cuando los niveles de adrenalina suben, debido al estrés o a la ira, el parpadeo se acelera.

Pasarse la lengua por los labios: La lengua recorre los labios y las comisuras, indicando placer o anticipación, probablemente sexual.

Paso potente: Expresión que acuñé para el libro *Sex Signals*,* en el que explicaba que andar con un estilo fluido y sensual puede resultar crucial en el proceso de atracción.

* Judi James, *Sex Signals*, Piatkus Books, 2004 (trad. cast.: *Señales sexuales*, Amat, 2004).

Pistas: El lenguaje corporal da pistas que permiten llegar a conclusiones sobre los demás a partir de la observación.

Postura en tijera: Estar de pie con las piernas cruzadas.

Pulgar del poder: Suele aludir a apuntar con las falanges, pero también a colocar el pulgar sobre las mismas, para enfatizar el gesto. Los políticos lo utilizan con mucha frecuencia.

Pulgar erecto: Es, fundamentalmente, una señal masculina que indica placer. El pulgar se levanta y puede llegar a inclinarse un poco hacia atrás, como una pistola amartillada. Puede ocurrir mientras se come, se practica un deporte o incluso durante un momento de victoria o de seguridad en uno mismo en el trabajo.

Ráfaga visual: Mirada repentina, intensa y llena de significado, que suele ser una advertencia o una búsqueda de aprobación.

Rascarse las partes: Rascarse o tocarse la zona de los genitales para atraer atención sexual. Habitualmente es un gesto masculino.

Recompensa diferida: Esperar antes de los momentos placenteros, o retrasarlos, normalmente para disfrutar de la espera o para intensificar el placer.

Recompensa inmediata: Se da cuando se coge lo que se quiere en el momento en que se quiere, en lugar de esperar.

Reflejo: Eco postural, aunque el reflejo suele hacer referencia a la imitación consciente de los gestos o del ritmo del otro, para crear empatía o establecer vínculos.

Reliquias gestuales: Gestos cuyo significado original ha quedado desfasado.

Remotivadores pseudoinfantiles: Muestras infantiles de indefensión, que se emplean para provocar respuestas amables y evitar críticas.

Rictus: Sonrisa forzada.

Rituales espaciales: El modo en que las personas tienden a mantener las mismas pautas espaciales en situaciones concretas.

Rostro impasible: Rostro inexpresivo y reprimido, que suele aparecer en presencia de figuras de autoridad.

Sacar la punta de la lengua: Hacerlo por el centro de la boca transmite rechazo o asco.

Saludo flojo: Apretón de manos carente de energía.

Saludos: Distintas maneras de saludar.

Salvapantallas facial: Expresión que acuñé para describir la cara que empleamos entre una situación social y otra, que suele ser inexpresiva o incluso transmitir enfado o nerviosismo.

Señalar a la nada: Expresión que acuñé para describir el modo en que los miembros de la realeza y algunos políticos señalan hacia cualquier sitio sin importancia cuando aparecen en público, para fingir interés y demostrar que están al mando y marcan la dirección a seguir.

Señales agrupadas: Vista general de los gestos y del lenguaje corporal de alguien.

Señales ambivalentes: Emplear distintas señales, todas ellas genuinas y simultáneas, a pesar de que transmiten mensajes contradictorios.

Señales autónomas: Gestos o cambios corporales debidos al estrés, como juguetear con objetos, respirar rápidamente, palidecer o ruborizarse, llorar, etc.

Señales congruentes: Ocurren cuando las comunicaciones visuales, verbales y vocales transmiten el mismo mensaje, lo que otorga al orador una apariencia honesta y convincente.

Señales contradictorias: Lo más habitual cuando se envían señales contradictorias es que una sea sincera y la otra sea falsa.

Señales de alerta: Levantar la mano, quitarse las gafas, ráfagas visuales (véase página 138), etc., que indican el deseo de tomar la palabra.

Señales de batuta: Todas las que enfatizan el ritmo de las palabras.

Señales de bloqueo: Normalmente consisten en inclinar la cabeza o en cerrar los ojos, para indicar falta de interés o de atención o incluso el deseo de estar en otro sitio.

Señales de cierre: Indican que damos por terminada una conversación; por ejemplo, dejar de emitir señales de retroalimentación, mirar alrededor,.etc.

Señales de complicidad: Gestos de lenguaje corporal silenciosos y sutiles que se envían las personas que mantienen una relación muy estrecha, como asentimientos, palmaditas, movimientos oculares, etc.

Señales de complicidad con contacto físico: Manera en que se tocan los amigos muy íntimos o las parejas para comunicarse en público.

Señales de desplazamiento: Se dan cuando se dirige el ritual de lenguaje corporal hacia una persona u objeto distintos a los que han originado la emoción. Por ejemplo, mordernos el labio cuando nos enfadamos con alguien.

Señales de distracción: Son propias de los simios y de los seres humanos en momentos de nerviosismo. Parecen contraproducentes; por ejemplo, bostezar o pararse para acicalarse en situaciones de miedo intenso.

Señales de escucha activa: Gestos como asentir, reflejar las expresiones faciales, ladear la cabeza, etc., que indican que se está escuchando al otro.

Señales de retroalimentación: Gestos que animan al orador a seguir, como asentir con movimientos de cabeza.

Señales de sumisión: Señales de obediencia que reducen el propio estatus, como bajar la mirada o encoger el cuerpo.

Señales excesivas: Reacciones exageradas.

Señales fisiológicas: Respuestas de lenguaje corporal como ruborizarse, romper a sudar, etc.

Señales por defecto: No reaccionar lo suficiente.

Sincronización interactiva: Situación en la que las personas se mueven de manera similar. Parece casualidad, pero puede deberse a que se siguen las pistas de lenguaje corporal de los demás.

Sistema nervioso simpático: Activa la respuesta de lucha o huida; por el contrario, el sistema parasimpático intenta inducir la calma.

Sonreír sin alegría: Expresión que acuñé para describir las sonrisas amplias, pero que no llegan a los ojos.

Sonrisa asimétrica: Sonrisa ladeada.

Sonrisa panorámica: Una sonrisa repentina y exagerada.

Sonrisa relámpago: La de Gordon Brown. Se borra con la misma rapidez con la que ha aparecido, como un rayo que surgiera de la nada.

Sonrisa reprimida: Apretar los labios para disimular una sonrisa.

Sonrisa social forzada: La sonrisa amplia y exagerada que se suele utilizar en situaciones sociales aburridas.

Sopesar con las manos: Gesto en que se imita una balanza con ambas manos para indicar que el orador está valorando distintas opciones.

Tartamudeo visual: Parpadeo irregular que indica confusión.

Territorio íntimo: Espacio que nos rodea y que sólo los amigos íntimos o los familiares pueden invadir sin que nos sintamos incómodos.

Zona personal: Área de entre cuarenta y cinco y cien centímetros alrededor de una persona.

Zona pública: Distancia superior a los tres metros y medio entre dos personas.

Zona social: Distancia de entre un metro y medio y tres metros entre dos personas.

Zonas de proximidad: Lo cerca que se está de otra persona. (Normalmente, definidas con base en tres zonas clave. Véanse Zona personal, Zona pública y Zona social.)

ÍNDICE ANALÍTICO Y DE NOMBRES